甲午战争与近代中国丛书

甲午战争

戚其章 著

济南出版社

图书在版编目（CIP）数据

甲午战争 / 戚其章著 . -- 济南：济南出版社，2024.11. --（甲午战争与近代中国丛书）. -- ISBN 978-7-5488-6815-6

Ⅰ . K256.307

中国国家版本馆 CIP 数据核字第 2024B7L884 号

甲午战争
JIAWU ZHANZHENG

戚其章　著

出 版 人　谢金岭
责任编辑　赵志坚　李文文　孙亚男
装帧设计　谭　正

出版发行　济南出版社
地　　址　山东省济南市二环南路 1 号（250002）
总 编 室　0531-86131715
印　　刷　济南新先锋彩印有限公司
版　　次　2024 年 11 月第 1 版
印　　次　2024 年 11 月第 1 次印刷
开　　本　165mm×230mm 16 开
印　　张　19.75
字　　数　254 千字
书　　号　ISBN 978-7-5488-6815-6
定　　价　88.00 元

如有印装质量问题 请与出版社出版部联系调换
电话：0531-86131736

版权所有　盗版必究

出版说明

甲午战争是中国近代史上的重大事件，成为中国近代民族觉醒的重要转折点。2024 年为甲午战争爆发 130 周年。济南出版社隆重推出甲午战争研究专家戚其章先生的"甲午战争与近代中国丛书"，包括《甲午战争》《北洋舰队》《晚清海军兴衰史》《甲午战争国际关系史》《国际法视角下的甲午战争》《甲午日谍秘史》等 6 册。

《甲午战争》从战争缘起、丰岛疑云、平壤之役、黄海鏖兵、辽东烽火、舰队覆没、马关议和、台海风云等关键事件入手，以辩证的目光对关键问题和历史人物进行评述，解开了诸多历史的谜题。

《北洋舰队》主要讲述了北洋舰队从创建到覆没的全过程，以客观的辩证的历史角度，展示了丁汝昌、刘步蟾、林泰曾、杨用霖、邓世昌等爱国将领的形象，表现了北洋舰队抗击日军侵略的英勇顽强的爱国主义精神。

《晚清海军兴衰史》细致地叙述了晚清时期清政府创办海军的历程，从战略角度分析了北洋海军失败的原因，现在看来仍然振聋发聩。

《甲午战争国际关系史》从国际关系的角度，论述了清政府的乞和心态和列强的"调停"过程，突出表现了清政府的腐败无能和列强蛮横贪婪的真实面目，指出列强所谓的"调停"只是为了本国利益，并非为了和平，清政府的乞和行为是注定不会成功的。

《国际法视角下的甲午战争》把法理研究与历史考究有机地结合起来，把争论百年的甲午战争责任问题放在国际法的平台上，进行全面、系统、客观、公正的整理与评论，是一部具有历史责任感和国际法学术观的著作。

《甲午日谍秘史》对日本间谍在甲午战前及战争中的活动进行揭露和分析，明确这场侵略战争对中国人民造成了严重伤害，完全是非正义的，因此对这场侵略战争中的日本间谍，应该予以严正的批判和谴责。

"甲午战争与近代中国丛书"全面客观地评述了甲午战争的背景、过程和影响，教育引导新时代的我们勿忘国耻、牢记使命，把历史悲痛化为奋斗强国的不竭动力。

甲午战争是一本沉甸甸的历史教科书，让我们在深刻的反思中始终保持清醒，凝聚信心和力量，肩负起时代赋予的光荣使命。

目 录

第一章　战争缘起
　　第一节　明治黩武 / 1
　　第二节　开战外交 / 7
　　第三节　权变策略 / 14
　　第四节　醉心调停 / 21

第二章　丰岛疑云
　　第一节　不宣而战 / 28
　　第二节　济远应敌 / 33
　　第三节　高升事件 / 40
　　第四节　师期暗泄 / 49

第三章　平壤之役
　　第一节　初战成欢 / 59
　　第二节　平壤大战（上）/ 67
　　第三节　平壤大战（下）/ 76
　　第四节　败绩反思 / 88

第四章　黄海鏖兵
　　第一节　战前态势 / 92
　　第二节　海战始末 / 99
　　第三节　步蟾改阵 / 118
　　第四节　方案之讼 / 124

第五章　辽东烽火

　　第一节　分兵犯境 / 136

　　第二节　旅顺惨案 / 149

　　第三节　辽东战局 / 159

　　第四节　规复海城 / 165

　　第五节　辽河会战 / 173

第六章　舰队覆没

　　第一节　威海陷落 / 188

　　第二节　刘岛师燔 / 200

　　第三节　身后疑案 / 215

第七章　马关议和

　　第一节　和战之间 / 226

　　第二节　决策乞和 / 235

　　第三节　日本逼和 / 243

　　第四节　议和之旅 / 251

　　第五节　拒和运动 / 273

第八章　台海风云

　　第一节　抗日保台 / 279

　　第二节　义军抗敌 / 287

　　第三节　黑旗誓师 / 296

　　第四节　台南沦陷 / 302

第一章　战争缘起

第一节　明治黩武

水有源，树有根。凡事情的发生都有它的根由、它的原委、它的因果关系。有因必有果；反之，有果必有因。甲午战争自然不能例外。

甲午战争，这是中国人的叫法。日本人叫日清战争。在某些日本历史学者的著作里，经常宣扬一种观点：日清战争是偶发事件，日清战争不是日本明治政府有预谋的战争，而是由于某些偶然因素才阴错阳差地发生的，日本并不是战争的责任者。这种观点，可以叫它"偶发"论。在日本学术界，虽然"偶发"论并未取得普遍认同，有些日本历史学者还对"偶发"论持批评的态度，但"偶发"论者一般都很顽固，时不时就会把"偶发"论改头换面地拿出来宣扬一番，所以绝不能小看它。

我们之所以认为"偶发"论不能成立，主要是基于日本明治政府的实际表现，也就是基于许多无可辩驳的历史事实：

第一，锐意扩张。1868年，明治天皇睦仁登基伊始，即开始推行"武国"方针，确立对外侵略扩张的大陆政策为基本国策。他发表所谓《天皇御笔信》，宣称"日本乃万国之本"，须要"继承列祖列宗的伟业"，"开拓万里波涛，布国威于四方"。不言而喻，日本要布国威的首要目标，就是一衣带水的西邻朝鲜和中国。

睦仁的《天皇御笔信》发表后，在日本政坛刮起了一股旋风，鼓吹"征韩论"一时蔚然成风。当时，倡导"征韩论"最力者是参议木户孝允。他有一套说辞云：

> 韩地之事乃皇国建立国体之处，推广今日宇内之条理故也。愚意如为东海生辉，应以此地始。倘一旦动起干戈，不必急于求成，大致规定年年入侵，得一地后，要好自确立今后策略，竭尽全力，不倦经营，不出两三年，天地必将为之一变。如行之有效，万事不拔之皇基将愈益巩固矣。①

木户所论与外务省的意见完全相合。外务权大丞柳原前光对"征韩论"的阐述更为透彻：

> 皇国乃是绝海之一大孤岛，此后纵令拥有相应之兵备，而保周围环海之大地于万世始终，与各国并立，弘张国威，乃最大难事。然朝鲜国为北连满洲、西连鞑清之地，使之绥服，实为保全皇国之基础，将来经略进取万国之本。②

第一步，征服朝鲜；第二步，占领中国东北；第三步，"绥服"中国；第四步，"经略进取万国"，称霸世界。这就是日本"征韩论"者的如意算盘和实施步骤。

于是，日本政府选中了激进的"征韩论"者久留米藩士佐田白茅，派他去朝鲜调查政情和军备。1870年3月，佐田向政府上了一篇著名的《建白书》，其主要内容是：（一）朝鲜有必伐之罪，不愁找不

---

① 《木户孝允文书》，第3卷。
② 《日本外交文书》，第3卷，第149页。

到出兵借口。（二）伐朝鲜必胜无疑，"不出五旬而虏其王"。（三）伐朝鲜有利而无损。"朝鲜则金穴也，米麦亦颇多，一举拔之，征其人民与金谷。""故伐朝鲜者，富国强兵之策。"（四）伐朝既可防列国对朝鲜的觊觎，又是实行海外扩张的大好机会，"吕宋、台湾可唾手而得"。（五）伐朝可继之伐清。"当天朝加兵之日，则遣使于清国，告以伐朝鲜之故，若清必出援兵，则可并清而伐之。"

但是，日本政府的最高决策层，在讨论如何或何时对朝鲜开战的问题时却产生了意见分歧：一派是急征派，以时任参议的陆军大将西乡隆盛为首，恨不得马上出兵伐朝，主张由自己充当使臣赴朝，先设下圈套，诱朝鲜政府入彀，必然带来开战之机；另一派是缓征派，以参议兼大藏卿大久保利通为首，主张处理朝鲜要讲究步骤，必须周密计划，统一方略，缓缓图之。双方意见对立，争论激烈，演成一场势不两立的政争，最终以急征派的下台而结束了这场"征韩论"之争。

第二，发兵侵台。"征韩论"之争刚刚落幕，"征台"声浪又甚嚣尘上。这时，恰有琉球国居民出海遇上台风，在台湾南部上岸，闯入牡丹社乡，被土著居民所杀。睦仁认为这正是发兵侵台的绝好机会，特派时任外务卿的副岛种臣使华，并授意以谈判的"要旨"：

> 清国政府若以政权之不及，不以其为所属之地，不接受这一谈判时，则当任从朕作处置。清国政府若以台湾全岛为其属地，左右推托其事，不接受有关谈判时，应辩明清政府失政情况，且论责生蕃无道暴逆之罪，如其不服，此后处置则当依任朕意。①

就是说，以琉民被杀问题作为突破口，无论清政府怎样作答，日本都要掌握发兵侵台的主动权。果然，双方在北京谈判时，清朝官员讲了

---

① 《（明治）敕语》，译文见《历史研究》1999年第1期，第23页。

一句"生蕃姑且置之化外"的话，被日方抓住，解释为：台湾土著部落为清政府"政权所不及之地"，可视为"无主之地"，日本有充分理由兴师问罪。

1874年4月4日，日本政府组织"台湾生蕃探险队"，任命陆军中将西乡从道为台湾蕃地事务都督。在此以前，日本先后派遣5批15人次的间谍到台湾侦察，其目标有二：一是观察山水道路，测量地形，调查风俗民情，以备进军之用；二是寻找一处可开辟的居留地，以备日军长久盘踞之用。5月7日，日本侵台军从琅𤩦（今恒春）登陆，总兵力为3 658人。18日，日军向牡丹社发动进攻，遭到猛烈抵抗，并不像原先估计的那样能够一鼓荡平。日军连日进攻，不但未达到预定的军事目的，反而处境日趋艰难。当时，日本侵台军所面临的最大困难有三：

其一，陷于被动。日军侵台时，适逢连绵霖雨，山溪暴涨，水势滔滔，要路又被砍倒的大树堵塞，不仅前进困难，弹药、粮食也难以运送。土著居民则潜伏在岩石荆棘之间窥伺，敌兵接近即加以狙击。日本侵台军参军、海军少将赤松则良不由得惊呼："粮食补给之路杜断，士兵都饥饿不堪，枵（音消 xiāo，空）腹之下，自难作战！"这时的日军，既要警戒土著居民袭击，又担心北面的清军来逼，真有草木皆兵、防不胜防之感，已在军事上丧失主动，陷于被动的境地。

其二，士气低落。台湾南部本被日人视为"南海绝岛瘴疠之地"，此次越海作战自难适应环境，加上地势炎热如灼，宿营设备极其简陋，所谓营帐只是一块天幕，不得不忍受蚊虫的叮咬，以致全军上下皆为疟疾所困扰，营区一片苦闷呻吟之声。其中，有病死者，有不胜病苦而自缢或投海者，其人数有600多人，约为侵台日军的六分之一。据一位随军医生回忆："很多人精神忧郁，缺乏生气，只是怀念家乡的父母妻子，意志消沉。希望早日归国，几乎成了口头禅。"曾先期潜入台湾侦察的日谍水野遵目睹此情此景，内心受到极大震撼，挥笔写下一首七绝，颇能体现当时日军上下普遍的悲切无奈的心情：

> 白沙黄草埋枯骨，戍鼓无声月色空。
>
> 曾向故山归不得，孤魂夜夜哭秋风。

侵台日军士气低沉到了极点，完全丧失了战斗力。

其三，不得人心。日本骤兴不义之师，用费浩繁。出兵之前，西乡从道曾夸下海口："征讨费50万元足够，若是超过，情愿引咎切腹！"结果，日军此役所耗经费：所谓"征蕃费"及办理大臣派遣费两项花掉362万日元，购置兵器及船只等花掉593万日元，合计955万日元。几近日本当年年度财政收入的百分之十五，这是西乡所保证的"征讨费"的近20倍。且悬师境外，久无所成，耗费国帑将伊于胡底！当时日本羽翼未丰，国力尚弱，发兵侵台纯属军事冒险，难以长久支撑，很怕迁延时日。朝野为之议论纷纭，十分不得人心。

清政府获知日军侵台的消息后，特派船政大臣沈葆桢为钦差，办理台湾等处海防兼理各国事务大臣。沈葆桢主张在军事上加强戒备，调派武毅铭军13营分批渡台，驻防凤山；又以福建水师兵轮6艘长泊澎湖。此时，侵台日军数千人局促于台岛南端一隅之地，已成骑虎之势，但又不甘心无所得而归，便寄希望于外交讹诈，最后，以抚恤、修路、建房等名目勒索50万两白银而撤兵。日本第一次尝到了越海侵略的甜头，遂以此次侵台为契机，悍然于1879年3月8日将琉球国吞并，使之成为明治政府黩武扩张政策的第一个牺牲品。

第三，策议征清。日本明治政府实行黩武扩张政策，以大陆作战为主要目标，始终将发展军事力量置于优先地位。1878年，日本设立参谋本部，即大力推行大陆政策，将中国作为主要的侵略目标。从1884年起，日本便开始了长达10年的大陆作战准备。1887年，日本参谋本部觉得发动侵华战争的时机日近，便发动属员条陈征清方策。现在共发现7份条陈：6份为海军属员所拟，1份为陆军属员所拟。其中，参谋本部第二局局长、陆军大佐小川又次所作《清国征讨方略》发现较早，也最为有名。其他6份为参谋本部海军部代理科长、海军少佐樱井规矩之左右等所作之《征清方略》，因系近年发现，故知道的人不多。

樱井规矩之左右等的《征清方略》，提出以攻占北京为要着，但从海军作战的角度考虑，必须完成三项任务：（一）与北洋舰队决战，击毁其四分之三以上的舰只，使之不能成编，以便顺利护送陆军前往北洋。（二）谋取海军前进的根据地，先以先锋攻占旅顺，继则击破渤海门户威海卫，方可使进攻北京之要道畅通无阻。（三）选好进攻北京的登陆地点，乘夜暗之机，以运输船为先导，摧毁沿海的炮台要塞，并支援陆军部队登陆，逐步向北京进逼。

小川又次的《清国征讨方略》内容更为全面详备，强调对中国采取进攻战略：

> 谋清国，须先详知彼我政略与实力，作与之相应之准备。养成忠勇果敢精神，经常取进取之术略，定巍然不动之国是，实乃维持和平之根本，伸张国威之基础。

> 清国终非唇齿相依之国，论战略者不可不十分注意于此，而现今又乃最需注意之时机。因此，乘彼尚幼稚，断其四肢，伤其身体，使之不能活动，我国始能保住安宁，亚洲大势始得以维持。

这实际上是对睦仁《天皇御笔信》精神的进一步发挥和阐释。

《清国征讨方略》提出日本对华作战的总目标是：击败北洋舰队，攻占北京，擒获清帝，迫其结城下之盟；然后将中国分割为6块，或直接划入日本版图，或为日本的属国和保护国，或建立由日本"监视"的傀儡政权。可以看出，这是一个分割中国的计划，也是一个灭亡中国的计划。从而说明：早在甲午战争前七八年，日本已经就发动大规模侵华战争进行了周密的策划。

种种事实表明，甲午战争绝不是一次偶发事件，而是日本明治政府长期推行黩武主义侵略扩张政策的产物和必然步骤。

第二节　开战外交

说到甲午战争，首先要了解发动这场战争的一位关键人物，就是陆奥宗光。他作为日本政府的外交大臣，利用朝鲜东学党起义之机，不惜翻云覆雨，施尽狡狯手段，发动了甲午侵华战争。正因为如此，他被日人尊为"日本外交之父"。这一时期的日本外交也就冠以"陆奥"之名，被称为"陆奥外交"。

陆奥宗光从1892年8月出任伊藤博文内阁的外交大臣，到1894年7月才两年的时间便挑起了甲午战争，这是他一贯自诩的得意之作。所以，他在晚年所著《蹇蹇录》一书中得意地说："将来如有人编写中日两国间当时的外交史，当必以东学党之乱为开宗明义第一章。"但是，令陆奥生前万万没有想到的是，在他死后的一百多年间，对陆奥外交性质的评价却极为参差，聚讼纷纭不已，竟成为日本学术界争论的热点问题之一。

在日本国内，对陆奥外交的性质有多种说法，最具有代表性的见解有四种：

　　第一，二元外交说。陆奥宗光于 1897 年病逝，第二年有人为他写传时便提出了此说。何谓二元外交？是说当时的日本外交不是外务省一家说了算，日本参谋本部也左右其间。传记作者阪崎斌认为，陆奥乃至内阁总理大臣伊藤博文与军部的意见并非完全一致，因为当时军人社会的潜在势力非常强大，政府对其不能完全控制。所以，甲午战争不是在陆奥和伊藤有准备的情况下发生的，只是在骑虎难下的情况下才不得已诉诸干戈的。此说的中心意思是，发动甲午侵华战争的责任不能都归咎于陆奥宗光。

　　第二，和平外交说。此说最初是在 20 世纪 30 年代提出的。有一本专门论述甲午战争时期日本外交的著作，书名就叫《陆奥外交》。此书作者信夫清三郎相信二元外交说，但在此基础上又向前跨了一大步，认为就陆奥外交本身而言，它是和平主义外交。因为在作者看来，当时日本的军备还不能独立，不足以支撑一场大规模的对外侵略战争。何况当时的国际形势也决定了陆奥外交只能致力于和平的目的。此说至今仍为一些历史学者所坚持，并为官方所接受。1995 年（中日《马关条约》签订 100 周年），日本外务省的外交史料馆专门组织了一次"陆奥宗光与日清战争特别展示史料"的展览，当时我正应邀在东京参加学术会议，有机会前去参观，发现所陈列的史料都经过精心的挑选和布置，特别凸显出陆奥外交的和平主义色彩。这使我深切地感受到，此说在日本的影响是多么广泛而深远了。此说将陆奥打扮成和平使者，要完全洗清他发动甲午侵华战争的责任，不能不引起人们的质疑。

　　第三，时代外交说。20 世纪 80 年代，在日本又出现了对陆奥外交的另一种解读，就是时代外交说。此说的提出者冈崎久彦不是一般历史学者，而是一位资深的外交官。他不同意和平外交说，反倒承认陆奥外交具有战争的目的，指出它只是时代的产物，不值得大惊小怪。因为在弱肉强食的帝国主义时代，推行强权政治和霸权主义，不过是常例而已。他还公然宣称："陆奥外交不仅在当时正体现了帝国主义外交的精髓，而且也是今天日本的选择，甚至是当代日本外交选择的唯一榜样。"像这样赤裸裸地歌颂帝国主义侵略外交，确实是不同寻常的。

第四，开战外交说。早在 20 世纪 60 年代，此说就提出来了。其后，此说的提出者中塚明教授又对陆奥宗光《蹇蹇录》的草稿和不同版本进行对比研究，有了新的发现，就是陆奥生前对这份草稿作过不少修改，其中暗藏着许多有关陆奥外交的信息，这便为深入陆奥当时的内心世界提供了一把开启的钥匙。原来，陆奥为发动这场侵华战争，真是煞费苦心，起初一则为寻找适当的开战借口而犯难，一则为担心西方列强特别是英国插手干涉而焦虑。后到 7 月间，他断定英国正为调停不成功而犹豫不决，其他列强也都暂取观望的态度，认为这是发动甲午战争的难得机会，机不可失，稍纵即逝，于是立即作出了开战的决定。陆奥在《蹇蹇录》草稿里明明白白地写道：

> 我认为，使这种犹豫不决的状态永远继续下去，最终会成为招来第三国干涉的缘由，因此，设法促成日清两国间的冲突为上策。

据此，开战外交说的提出者，一面指出二元外交说与和平外交说有悖于历史事实，一面批评时代外交说是死抱着侵略史观而不肯接受历史教训的人的主张，从而得出了自己的结论：陆奥外交是预谋战争的开战外交。

中国有一句古话：二论相订，是非乃见。真与伪，是与非，不经过比较往往很难看清其真相。开战外交说的突出贡献就在于深刻地揭露了陆奥外交的侵略本质,使其他几种谬说不攻自破,难有立足之地。为了说明开战外交说的正确性,我们还可用陆奥宗光外交实践中的几起重大事件来进一步加以验证:

其一,诱清代戡。自朝鲜爆发东学党起义后,日本报纸纷纷报道,大造开战舆论,鼓吹"宣扬国威在此时,百年大计在一战"。陆奥宗光认为,这确实是对外实行侵略扩张的难得良机,绝不可失之交臂,但从外交的角度考虑,出兵总得有所借口。于是,他密令日本驻朝鲜公使馆注意朝鲜政府的举动,特别是要密切观察朝鲜官员与清政府驻朝鲜总理交涉通商事宜袁世凯之间的往来联系。到5月29日,陆奥已经急不可待,再次密令驻朝鲜代理公使杉村濬抓紧探听朝鲜是否已向中国求援。6月1日,杉村探知朝鲜决定借兵,但不知中国是何态度,急派书记生代表他去拜访袁世凯,询问中国何不代戡,并表示日本政府将乐观其成,必无他意。第二天即6月2日,杉村亲访袁,以知交旧好相见,分外亲热,无所不谈,也透露出急盼中国代戡的迫切愿望。袁世凯果然被诱上当,信之不疑,当即电禀直隶总督兼北洋大臣李鸿章:"杉与凯旧好,察其语意,重在商民,似无他意。"李鸿章也信以为真,于四天后即6月6日请准派北洋数营兵马赴朝。

其实,在杉村濬访袁世凯的同一天,日本内阁会议就根据陆奥宗光的提议,通过了出兵朝鲜的决定。这就是有名的"六二出兵"。当天夜里,陆奥还将同样主张开战的参谋本部次长、陆军中将川上操六请到外相官邸,商讨落实出兵朝鲜的问题,并决定所派兵力一定要压倒中国。据当时在场的外务次官林董回忆,他们讨论的重点是怎样进行作战和如何取胜的问题。三天后,日本又成立了大本营,规定凡军事动员计划、出兵数量以及运输计划等等，完全归军事统帅掌握，由大本营决定。这表明：日本在"六二出兵"以后，即已开始为大规模的侵华战争作出兵准备了。否则的话，日本只派出一个混成旅团，顶多派出一个师团，是完全没有必要成立大本营的。

其二，公使回任。 日本内阁决定出兵朝鲜后，陆奥宗光即命回国休假的驻朝公使大鸟圭介迅速回任，并密授其便宜行事的非常权力。陆奥还将政府的意图明告大鸟：

> 我们有即使不得不诉诸干戈亦在所不辞的决心。因此，在向这个方面前进时，即使因阁下的措施而和平破裂，我将完全为之负责。阁下莫如有过激的思想，采取毫无顾忌的断然措施。①

大鸟完全听懂了陆奥的意思是"想借此机会把清国打败"，也感到异常兴奋。陆奥这样急促地命大鸟返回任所，是他在这场外交博弈中最重要的一着，就是把挑起战端的任务托付给了大鸟。

其三，挟王劫政。 大鸟圭介回任后，发现汉城平静如常，毫无纷扰情形，而且清军3 800人又远在牙山一隅之地，并未逼近汉城，一旦陆军少将大岛义昌所率混成旅团7 600人进扎汉城，不仅朝鲜政府会反对，也必将引起西方国家驻朝使节的异议，因此极为犹豫，函告大岛旅团暂勿入京。大鸟此举引起陆奥宗光的强烈不满，复电说：

> 外交上虽或许少有纷议，但以大岛部下本队入京为得策。因极盼迅速恢复和平，故清兵如仍驻牙山不进时，阁下即要求以日兵镇定暴徒亦无不可。关于对朝鲜将来之政策，日本政府不得已或至采取强硬之处置。②

---

① 《林董回忆录》，第257页。
② 田保桥洁：《甲午战前日本挑战史》，南京书店1932年版，第88页。

明告大鸟：无论用什么借口，哪怕是帮助平定东学党的名目也行，都要让大岛旅团的主力进驻汉城，引起外交纷议也在所不顾，因为政府下一步可能要采取强硬的处置。

根据陆奥宗光的指示精神，大鸟圭介除照办不误外，又先后提出了两项强行处置的方案：

第一，6月15日的方案。"乘此机会向朝鲜政府和清使提出要求，必须在日军撤走之前撤走清兵。如拒绝这一要求……便使用武力将清兵逐出朝鲜境外。"

第二，7月10日的方案。"此际采取断然处置，注意不留后患，颇为紧要。"最好莫如采取"用兵威逼之法"，"派卫兵固守汉城诸门，且守王宫诸门，以迄彼等承服为止"。大鸟的第二个方案，是说不必再进行徒劳口舌的交涉，彻底解决问题的办法只有一个，就是"用兵威逼"，不惜演出"挟王劫政"的全武行。陆奥也最支持这个方案。

但是，大鸟圭介的这个方案，在内阁会议讨论时却没有通过。以伊藤博文为首的大多数阁僚，虽也有挑起战争的决心，但怕引起外交上的麻烦，至于拿出何种开战理由也一时举棋不定，故认为慎重从事为好。对于伊藤等人的意见，陆奥并不从正面反对，只是强调：

> 桌上会议不必多费唇舌，除从实际出发，根据朝鲜局势的演变，采取临变的措施以外，已经没有再处理其他问题的时间。

"从实际出发"一句看似简单的话，却巧妙地借此把挑起战端的决定权归到外务省即其本人的手里。

此后，日本便加紧了促成开战的步伐。7月12日，陆奥宗光先向大鸟圭介发出电令：

> 目前有采取断然措施的必要，不妨利用任何借口，立即开始

实际行动。

13日，又派参事官本野一郎速返汉城，向大鸟传达密令：

> 促成中日冲突，实为当前急务。为实行此事，可以采取任何手段。一切责任由我负之，该公使丝毫不必有内顾之虑。①

23日凌晨3时，大鸟派人向朝鲜政府送去一份"势非出于兵力不可"的最后通牒。5时，日军便攻破王城，闯入王宫，演出了"挟王劫政"的武剧。

这出"挟王劫政"武剧确实令人触目惊心，幕后导演是陆奥宗光，前台指挥则是大鸟圭介。本来，大鸟的汉学素养不怎么样，诗才也难以令人称道，但是受激于演出成功后的极度兴奋，他还是诗兴大发，挥笔写下了这样的诗句：

> 扶弱制强果孰功？兵权掌握觉谈雄。
> 请看八道文明素，在此弹丸一发中！

"弱"指朝鲜；"强"指中国。"扶弱制强果孰功"是句设问，答案尽在不言中：这是我大鸟圭介之功。因为有重兵在手，说起话来也觉得理直气壮，雄辩无比。如今日本文明即将泽及朝鲜八道，靠的就是"弹丸一发"啊！

这样，大鸟圭介紧接着的下一步棋，就是着手组织傀儡政权，命其废除所有朝鲜与中国签订的各种章程，并授日军以驱逐驻朝清军之权。至此，日本终于获得进攻清军的一个借口了。到8月1日，日皇睦仁便发布诏书，正式对中国宣战。

---

① 陆奥宗光：《蹇蹇录》，第68~69页。

第三节　权变策略

>　　彻夜深思，我感到帝国政府在外交上已达到不得不转向运用权变策略的时机。
>
>　　采取向朝鲜政府质问"朝鲜是否为中国的属邦"的狡狯手段……即使说中日两国的战争，毕竟起因于中朝宗属关系的外交问题为先驱，终以炮火展开最后的悲剧，也绝不是失当之言。
>
>　　　　　　　　　　——〔日〕陆奥宗光《蹇蹇录》

陆奥宗光追述他如何挑起甲午战争时的这两段自白，表明"运用权变策略"或"采取狡狯手段"是陆奥外交的精髓和灵魂，也是陆奥外交实践中的最为得意之笔。他是以此而自诩的。

确实，日本为发动甲午侵华战争而蓄谋挑起衅端时，面对的是一种异常复杂的国际环境。（一）日本要想让战火先从朝鲜燃起，必须有所借口才能够派大军入朝，并且长时间待下去，直到开战的时候为止。（二）日本作战的首要目标是中国，就必须使用办法不让清军撤走，否则失去对手，战争便无从打起。（三）英俄对峙是当时远东国际形势的基本格局，日本要实施其开战外交，不能不周旋于英俄两大强国之间，折冲樽俎殊非易事。而陆奥宗光却能大展"权变策略"或"狡狯手段"，纵横捭阖，左右逢源，终于实现了开战的目的。他对付朝、中、俄、英四国的手法是因事制宜，各有不同，可以归结为压、拖、稳、拉四个字。

对朝鲜：压。日本明治政府早就想染指朝鲜，"征韩论"之争虽暂时烟消云散，但并未放弃"征韩"企图。从1875年到1885年的10

年间，日本不断制造事件，找借口向朝鲜施压，强迫朝鲜签订了多个不平等条约。祭起强权之剑，压迫朝鲜就范，已经成为日本对朝交涉的惯用伎俩。如今日本要实现预谋的挑衅计划，只能故伎重演，对朝鲜采取施压的办法。为此，日本接连走了三步棋：

第一步，强行派兵。朝鲜政府得知日本要派兵入朝后，感到极大恐慌，立即照会日本驻朝代理公使杉村濬，希望他速电日本政府，"即施还兵之举"。杉村早有定见，复照说："来文中'即施还兵之举'一节，我政府已有训令，本代理公使难从尊意。"将朝鲜政府的正当要求，硬顶了回去。其后，当大鸟圭介亲率兵队向汉城进发时，朝鲜政府又派官员迎至途中，请勿率兵入京，并劝其返回，大鸟也坚持不允。大鸟率兵进城后，朝鲜外务督办赵秉稷亲自面见大鸟，抗议日本入京，要求立即撤兵，也被断然拒绝。

第二步，改革内政。日兵虽已进入汉城，但要挑起战端还得找一个合适的题目，这就是提议由中日两国共同改革朝鲜内政。其办法是：

> 由日清两国常置委员若干人，先从事下列事项之处理：一、稽查财政；二、淘汰政府内部及地方官吏；三、使朝鲜置警备兵以保持国内安宁。

中方认为，朝鲜有自主之权，不应对其内政滥加干涉，予以拒绝。其实，这也是日本早已预料之中的事，随即决定以独力勒逼朝鲜改革内政。大鸟圭介向朝鲜政府提出"厘治纲目"26条，限定时间拟定实行。日本是企图借"改革内政"之名，行控制朝鲜政府之实，朝方委员当然不能接受。于是，大鸟恼羞成怒，露出狰狞面目，威胁道：

> 贵国既不同意，是与贵国提携之道已失，今后我政府当唯我利害是视，欲以独力行其必要之手段。①

---

① 杉村濬：《明治二十七八年在韩苦心录》，第40页。

第三步，最后通牒。到 7 月 20 日，大鸟向朝鲜政府发出带有决绝语气的照会，以维护朝鲜"自主之权"为名，让朝鲜"亟令清军退出境外"。声明"事关紧急，务须迅速施行"，"倘若延不示复，本公使自有所决意行事"。终于图穷匕见，日本版的"挟王劫政"武剧即将上演了。

对中国：拖。日本在挑战的过程中，对中国采取的策略是以拖待变。它一边同中国协商，一边积极从事战争准备。同中国协商，目的是防止西方列强插手，又可以制造假象，渲染和平气氛，使中方麻痹而疏于戒备，然后突然出手。双方的协商分别在三个地方进行：

北京 日本驻华代理公使小村寿太郎先奉陆奥宗光的训令，到总理衙门说愿两国商谈朝鲜事，以后双方进行了两次会谈：第一次是在 7 月 7 日。中方参加者有庆亲王奕劻及军机大臣、兵部尚书孙毓汶等，日方则由小村携译员参加。小村先提出：谈判开始，应先讨论两国从朝鲜撤兵问题。这是日方有意引中国上钩，奕劻大喜过望，以为和平有望，欣然应诺。第二次是在 7 月 9 日。仅仅过了两天，小村的态度便来了个一百八十度大转弯，声称："在事情未定之时，我兵员绝不撤回。"14 日，小村竟送来一份日本政府强硬照会，指责清政府"唯主撤兵之言"，是"有意滋事"。还声称："嗣后因此即有不测之变，我政府不任其责！"这样便导致双方谈判破裂。

汉城 起初，大鸟圭介率军入汉城时，朝鲜政府抗议和阻止都无效果，只得函请袁世凯禀北洋设法援救。李鸿章电告袁谈判的底线是："约定彼此同时撤兵。"于是，袁借回访大鸟之机，就两国共同撤兵问题进行商谈。袁说："请双方共同撤兵，勿使他国有可乘之机。"大鸟回应道："对此实有同感。"其后，双方就撤兵步骤继续谈判，并达成一致意见：两国皆撤回主要兵力，日本留下 250 名士兵，中国留下

400名士兵，待朝鲜局势平静即同时撤回全部兵力。看来，谈得非常圆满，但需要注意的是大鸟在表示同意撤兵后，却对袁世凯说了这样一句话："此事不能自作主张，必须等待政府的训令。"其实，陆奥宗光已经电示大鸟绝不能撤回日军，大鸟对政府的决定心知肚明，谈判撤军只是拖延之计，所谓"必须等待政府的训令"云云，不过是为日后变卦留下一个口实罢了。

天津 中日在北京和汉城的会谈虽告中断，但在天津双方的联系始终保持。李鸿章与日本驻天津领事荒川已次仍在秘密接触。陆奥宗光一则想让荒川借此探听清政府的内部消息，一则继续制造假象，使清政府仍觉得与日本和商有望。所以，直到战争爆发的前几天，李鸿章仍派幕下的伍廷芳和罗丰禄先后与荒川密谈。伍廷芳告诉荒川："中堂能够解决朝鲜问题，无须考虑总署的态度。"到7月22日，罗丰禄又告知荒川说，李鸿章已派他为秘密特使，假托驻日公使汪凤藻相召，前往东京与伊藤博文商谈朝鲜问题，衷心希望双方能够和解，但要求日本政府保证在秘密特使到达东京之前，驻朝日军不采取敌对行动。24日，陆奥复电，表示"不特别反对罗丰禄来日本"。李鸿章信以为真，命罗准备东渡。其实，早在23日凌晨，汉城日军已经攻占了朝鲜王宫，随后又挥师南下准备进攻牙山清军；日本海军也于当天奉命离开佐世保港，寻找北洋舰队行踪以进行攻击。

日本对中国采用一个"拖"字诀，便达到了预期的目的。

对俄国：稳。甲午战争前夕，日本与俄国的关系相当微妙。由于俄国在远东采取扩张政策，与日本在根本利益上存在严重冲突。所以，从长远看，日本早就把俄国视为最大的假想敌，准备有朝一日与之较量一番。不过，日本盱衡宇内形势，感到短时间内尚难与俄国度长絜大，必须采取先避开强手而打击弱手的战略，将主要进攻矛头指向中国，对俄国则采取暂时稳住的方针。

陆奥宗光对俄国采用"稳"字诀，每每在关键时刻发挥作用，帮助日本渡过了一次又一次的外交难关。他对付俄国有两张最有效的牌：一是"监视中国"；一是"朝鲜独立"。

监视中国牌 先是在6月初，日军派兵入朝，俄国十分关注，命驻日公使希特罗渥访问外务省，希望得到解释。陆奥宗光保证：日本派兵纯为保护侨民和使馆，当然也是"监视中国的行动"。后又信誓旦旦地作"最肯定的保证"，"日本绝不想占有朝鲜，日本并准备随时与中国同时撤兵"。希特罗渥听后很满意，向国内报告："即使没有第三方面的调停，战争或者也可避免。"

朝鲜独立牌 到6月底，由于日本拒绝与中国同时从朝鲜撤兵，列强群相猜疑，俄国尤为担心，特照会日本政府提出"忠告"："如果日本有意阻碍而不与中国同时撤军，则日本应负严重责任。"日本政府的答复是："日本毫无夺取朝鲜内政的意图，其目的系在真正保卫朝鲜实际脱离中国而独立。"朝鲜独立牌，本是日本投给俄国的钓饵。俄国早就想插足朝鲜，但遇到了中国"宗主权"的障碍，如果日本留兵朝鲜能够拆除这道障碍，当然是求之不得了。直到7月中旬，大鸟圭介勒逼朝鲜政府限期改革内政，其所作所为犹如朝鲜的太上皇，任意发号施令，完全排除了俄国在朝鲜存在的可能性，俄国政府开始觉得日本的所谓"朝鲜独立"似乎是一张空头支票，这才着急起来，电令希特罗渥向日本提出警告。陆奥宗光亲口继续保证："日本兵无理由将他向朝鲜所提各项要求保守秘密，因为这些要求并不违背朝鲜的独立。"这已是7月22日的事。第二天凌晨，汉城的日军便攻占了朝鲜王宫。

对英国：拉。甲午战争前，英国早就是远东势力最大的殖民主义者，它致力于维护并扩大在这一地区的既得利益和优势地位，要极力维护远东国际关系的现有格局。因此，它唯恐俄国南扩，在远东与英国争雄，从而使既得利益和优势地位受到列强的冲击与挑战。为此，它不希望中日两国之间发生战争，以免俄国获渔人之利。为阻止日本对中国开战，英国曾多次出面调解，目的皆在于此。如倡议"五强联合调停"，是为预防俄国单独干涉；提出中日两军在朝鲜"划区占领"方案，是想使俄国在朝鲜没有插足之地。

对于英国的这些如意算盘，陆奥宗光是了然于心的。一方面，他担心英国真正插手干涉；另一方面，又企盼对中国开战能够得到英国的默许和支持。因此，他想尽一切办法要把英国拉到自己一边。为达到此目的，他也有两张牌：一是"防俄南扩"；一是"保护朝鲜"。

防俄南扩牌 当时，英国政府内部流行一种"恐俄症"，几乎是谈俄色变。英国越是恐俄，日本越是通过各种渠道渲染俄国干涉的势头，甚至散布俄国欲插手中日纠纷从中渔利的谣言。如从朝鲜就传出消息说："俄国驻日公使在怂恿日本达成一项相当优惠俄国的秘密协定。"这本来纯属无稽之谈，日本驻英公使青木周藏却就此添枝加叶地说：

> 俄国公使希特罗渥曾劝日本与其签订政治协议，说作为交换条件，俄国可以根据日本意愿签订经济条约或修改条约。在朝鲜问题上，中国比日本更有可能与俄国达成某种协议。①

日本公使如此言之凿凿，不由得听者不信。随之类似的传言纷至沓来。英国驻日公使巴健特从东京来电说："中国似乎希望通过俄国迫使日本从朝鲜撤军。"英国驻华公使欧格讷也从北京来电说："中国很有可能全力求助于俄国。"这样一来，英国政府便加重了对中国的疑心和

---

① 《英国外交文件》上，第52号。

戒心，更担心中国有朝一日会投向俄国的怀抱。

保护朝鲜牌 在陆奥宗光看来，光渲染恐俄气氛不够，还要在保护朝鲜问题上做文章。他授意青木周藏到英国外交部游说，大讲"阻止俄国人南犯"的问题。青木说："中国是无力与俄国抗衡的。如果朝鲜要落入俄国手中，日本将不惜代价地保护朝鲜。"随后，还向英国外交部递交了一份长篇备忘录。试看其中几段重要的文字：

> 鉴于目前的政局，朝鲜绝对无力抵抗俄国的进攻，而且如果不确立俄国保护国的地位，它只要向朝鲜施加压力，就能夺取部分领土。
>
> 无疑，中国会把永兴湾，甚至更多的朝鲜领土让给俄国，而不会拿大清帝国的江山去冒险。
>
> 如果日本参与保护朝鲜，问题就完全不同了。从日本对马的军事前哨到朝鲜南部港口，轮船数小时便可到达，由英国人帮助建起来的日本海军，等装备上威力巨大的维多利亚型战舰建成（尚在英国建造），将在太平洋上独霸一方。[①]

应当承认，日本的这张保护朝鲜牌是十分奏效的。本来，从英国的防俄战略来说，它视中国为防俄南下的一个巨大缓冲地带，和中国有着广泛的一致利益。如今却觉得中国实在是一堆立不起来的烂泥巴，完全无力抵御俄国的南犯，为了防俄的战略需要，只有改弦易辙，用牺牲中国的办法来满足日本的侵略欲望，开始将其远东政策的重点移向日本。这样，日本便将外部的不利因素变为有利因素，从而为发动甲午侵华战争扫清了外部障碍。

[①]《英国外交文件》上，第31号。

第四节　醉心调停

此次与日构衅，始终皆望言和，未尝大修军实。至事势危急，则望欧洲各国居间调处，如斯而已矣。

——〔德〕汉纳根《德员绪论》

外交把中国骗苦了，因为信赖调停，未派军队入朝鲜，使日本一起手就占了便宜。

——〔英〕赫德《致金登干》

德籍洋员汉纳根和在中国海关任总税务司达30余年之久的英国人赫德，都是著名的"中国通"。他们在甲午战争爆发前后，对这次战争发表过许多精辟的评论。像他们这两段对清政府在日本挑衅面前一直醉心于列强调停的批评，就是颇为中肯的。

自从日本派大军进入朝鲜后，清政府极为重视，内外臣工也多有建言，应如何应对则声音不一，但保全和局却是主调。当政者既怕"衅自我开"会给日本造成借口，又相信"两国交涉全论理之曲直，非恃强所能了事"，故寄希望于列强出面干涉或调停。总归是由于昧于外情，既对眼前的对手做不到知彼知己，又对列强之间的错综复杂关系不甚了了，只能有病乱投医了。

乞俄干涉　起初，在李鸿章的乞请下，俄国表现得相当积极，甚至一度想采取干涉的政策，但后来又突然中止执行。之所以有此变化，与俄国外交部调整对中日冲突的方针及驻外使节意见不一有关。这主要涉及三个人：

喀西尼　俄国驻华公使。他是主张积极干涉的。6月下旬，喀西尼请假回国路过天津，顺便拜访李鸿章。李趁此机会乞请俄国干涉。喀西尼出于对俄国自身利益的考虑，对此事表现出异乎寻常的热心。他对日本出兵的野心估计不足，认为只要俄国出面，不难让日本撤兵。这样，可以加强俄国在朝鲜和远东的地位，是符合俄国利益的。他对李鸿章的请求欣然表示同意，并发电向国内报告：

> 我国绝不应错过目前中国要求我们担任调停者的机会，况且此事对于我方既无任何牺牲，又能大大增加我国在朝鲜以及整个远东的势力，并足以消除在朝鲜发生不可避免而对我方甚为不利的武装冲突之可能。①

俄外交部复电表示同意，并令喀西尼暂留天津，以便与李鸿章保持联系。同时电令驻东京的公使希特罗渥，劝告日本政府从朝鲜撤兵。

希特罗渥 俄国驻日公使。与喀西尼的主张不同，他对外交部的指示颇不赞成。他认为，英国正在等待机会，一旦俄国"以任何方式表示援助中国时，英国很可能站在日本一边"。更有甚者，在此前后，希特罗渥与陆奥宗光多有接触，他对陆奥的花言巧语往往信之不疑，还几乎成了陆奥的传话筒。试看他给外交部的报告：

> 看来谁也不要战争，即使没有第三方面的调停，战争或者也可避免。另一方面，根据很多迹象来观测，若干其他强国倒很乐于见到我们牵连到远东问题中去。②

最后这句话，正是俄国政府最担心的，不能不谨慎从事。

吉尔斯 俄国外交大臣。他开始倾向喀西尼的意见，准备对日本采取干涉政策，并上报沙皇亚历山大三世批准。但他在接到希特罗渥的报告后，不免犹豫起来，深怕卷入中日纠纷的漩涡，产生对俄国不

---

① 《中国近代史资料丛刊·中日战争》，第 7 册，第 230 页。
② 《中国近代史资料丛刊·中日战争》，第 7 册，第 233 页。

利的影响。随即又向亚历山大三世报告，取消前此之计划，建议正式调停只能在中日双方都同意时才可能进行。就是说，经过全面权衡得失，决定对日本仅限于"忠告"而已。

于是，吉尔斯一面命亚洲司司长克卜尼斯特会见日本驻俄公使西德二郎，提出：鉴于朝鲜政府希望撤出一切军队，俄国认为这是"最好的办法"；否则，"如果某些国家由于他们的行动而制造出朝鲜问题，或甚至挑起冲突，则他们应负严重的责任"。一面训令希特罗渥向日本外务省发出照会，要求日本政府接受朝鲜政府的撤兵请求，并致"忠告"："如日本或清国对同时撤退驻扎朝鲜军队事加以妨碍时，应负重大责任。"

虽说俄国提出的仅是"忠告"，但葫芦里究竟卖的什么药，陆奥宗光一时还摸不清楚，而日本挑战之心已定，不容退缩，因此心中颇费踌躇。他彻夜苦思，并与伊藤博文商定，决定令驻英公使青木周藏将消息暗地透露给英国外交部，以怂恿英国出面牵制俄国。这一手打中了俄国的要害，果然奏效。陆奥心里有了底，便复照希特罗渥称：

> 查帝国政府向该国派遣军队，对目前形势实属不得已之举，绝无侵略领土之意。若至该国内乱完全平定、祸乱已无再起之危险时，当然即将军队撤回，此则可与贵公使明言者也。①

日方用外交辞令拒绝了俄国政府的"忠告"。

喀西尼获悉此事后，立即致电吉尔斯重申积极干涉的意见，其理由有三：（一）日本所作的"和平的保证"是虚伪的，因为"它的行动明白说明它企图排除俄国与中国，从而擅自左右朝鲜的命运"。（二）日本有"惹事企图的政策"，它"无疑是我们在大陆上的怨邻"。（三）中国"目前所以不诉诸战争行动，无非因为对我们所做努

---

① 陆奥宗光：《蹇蹇录》，第39页。

力的成功尚怀有希望之故"。吉尔斯回电说：

> 我们完全珍视李鸿章对我们的信任，然而我们认为不便直接干涉朝鲜的改革，因为在这建议的背后，显然隐藏着一个愿望，即把我们卷入朝鲜纠纷，从而取得我们的帮助。①

至此，李鸿章乞请俄国干涉的计划终于落空。

俄国政府之所以从准备干涉转为采取不干涉政策，其原因主要有三：

第一，从军事上看。采取干涉政策必须以军事实力为后盾，当时西伯利亚铁路尚未修成，俄国的军备、特别是海军力量皆未备齐。

第二，从外交上看。俄国一方面担心英国会有所动作，于己不利；另一方面越来越觉得喀西尼过于相信李鸿章，很容易被这位"狡猾的直隶总督"所利用，成为日本直接面对的敌人。

第三，从战略上看。俄国想要向南扩张，重划东部边界，中国是它首要的侵夺目标，所以它不可能真正帮助中国，以免产生增强中国力量的结果。俄国参谋总长奥布鲁乞夫有一句非常直白的话："中国变得愈弱，对俄国就愈有利。"道出了其中的底蕴。

邀英斡旋 李鸿章早在乞请俄国干涉之前，先找过英国驻华公使欧格讷，请英国出面斡旋，劝告日本从朝鲜撤军。欧格讷起初态度并不积极，迟迟不作回复；后见李鸿章频与喀西尼接触，始恐俄国先占一着，对英国在远东的利益有损，才觉得插手中日交涉实有必要。于是，命驻天津领事宝士德持函往访李鸿章，以探听虚实。宝士德问："俄廷出为排解，有诸？"李答："有之。"既而借机激之曰：

> 英水师雄天下……应请欧（格讷）转电外部，速令水师提督带十余铁快船径赴横滨，与驻使同赴倭外署，责其以重兵压韩无

---

① 《中国近代史资料丛刊·中日战争》，第7册，第245页。

理，扰乱东方商务，与英大有关系，勒令撤兵，再议善后，谅倭必遵，而英与中倭交情尤显。此好机会，勿任俄着先鞭。①

欧格讷接宝士德电后，虽觉得李鸿章的提议绝不可行，但其"勿任俄着先鞭"一句话却正与自己的想法不谋而合。

当时，英国以防俄为第一要务，并不希望中日之间发生战争，以免给俄国以南下的可乘之机。所以，英国虽想迫使中国作出让步，以满足日本的侵略欲望，却又担心弄不好把朝鲜局势搞乱，致使俄国从中浑水摸鱼。为此，英国外交大臣金伯利深感束手无策。在他看来，防俄与防中日关系破裂同等重要，而二者又是互不相容的。他多次接见日本驻英公使青木周藏，有些话也似乎讲得很重：

> 我必须提醒，日本因同中国冲突而可能会遇到危险。英国政府担心日本在似乎妥协的态度的掩护下，突然向中国军队开火。中日战争带来的问题不仅影响到朝鲜，而且影响到整个东亚的局势，对中日双方都不利。同时，还会干扰通商口岸的贸易往来。欧洲列强经济受到影响，自然不会无动于衷。②

陆奥宗光接到青木周藏的电报，认为是对日本的警告，因为把"不会无动于衷"这句话理解为"英国不能袖手旁观"了，感到颇为棘手。但是，青木确信英国不会真的对日本的行动进行干预，随后又电陆奥："应当相信英国外交大臣，他早就倾向于你。"陆奥这才放下心来，让巴健特转告金伯利："日本政府会尽一切努力友好地解决这个问题，并无任何交战的意图。"几句轻描淡写的谎言，就把英国政府的劝告应付过去了。

五强调停 此事是因喀西尼三国会议之说而起的。俄国政府决定

---

① 《清光绪朝中日交涉史料》，卷十三，第30页。
② 《英国外交文件》上，第29号。

放弃干涉政策后，喀西尼并不甘心，又向李鸿章提出建议：中、日、俄三国各派大员到天津会议，以商谈朝鲜善后问题。对李鸿章来说，这当然是求之不得的。但此事却引起了英国的警惕。金伯利认为，与其让俄国联络各国，使英国陷于孤立，毋宁英国出面主导，以打乱俄国的计划。这时，欧格讷建议，由英国倡议"五强联合调停"，以取代俄国三国会议之说，正合金伯利的心意。所谓"五强"，除英国外，还有俄、法、德、美四国。

俄国 俄国看清了英国此举是牵制自己的一种手段，所以对英国的倡议迟迟不作答复。7月4日是俄国外交部接见外国使团日，平时外交副大臣基斯敬和亚洲司司长克卜尼斯特必定出面接见，英国驻俄大使拉塞尔斯想趁此机会前去听取回话，不料却不见二人踪影。拉塞尔斯联想到过去的情况，不禁感叹说："遇到热点问题时，他们两位尤其是基斯敬先生，总不在外交部，怕是遇到不便回答的问题吧！" 6天后好不容易见到克卜尼斯特，这位司长告诉拉塞尔斯：英国建议已经呈送沙皇，可沙皇正在芬兰，一时恐难得到批复。拉塞尔斯明知俄国外交部是用搪塞来回避答复，却也无可奈何。这不难理解，因为俄国看穿了英国的计谋，所以宁肯暂时观望，保持独立行动的自由，等合适的时机到来再捞取利益。

法国 法国一开始对英国倡议采取回避的态度。7月8日，英国驻法大使杜佛黎拜会法国外交部长阿诺托，谈到英国倡议时，阿诺托装出一无所知的样子，但答应必找出英国建议进行研究。事实上，当时法国有倾向日本之意，对调停不感兴趣。据陆奥宗光称，法国驻日公使阿尔曼曾私下里对他说："将来有以日法同盟维持东亚大局和平之必要。" 正由于此，法国外交部最后正式照会杜佛黎："如果其他各国都联合行动，一旦需要时，法国将跟随其后。" 所说"其他各国"

主要是指俄国，因有俄法同盟之故，法国当然不会抛开俄国而另搞一套了。

德国 当时德国虽公开表示希望中日两国争议和平解决，但暗地里是支持日本的。德国驻日公使哥特斯米德曾向陆奥宗光表示："为使中国从过去的迷梦中觉醒过来，到底非有人给以当头一棒不可。"日本挑起战争后，德皇威廉二世偕皇后在皇室剧场观剧，发现中国公使许景澄没有出场，便秘密召见新任日本驻德公使青木周藏，紧握其手说："朕以满腔之喜悦吐露，祝日本海陆军之大捷！"所以，德国是不可能参与调停的。最后，德国外交部通知英国驻德大使马来特：本部已命驻北京公使绅珂，对其他国家驻北京代表"可能采取的任何措施"提供帮助。用几句含糊其词的外交辞令拒绝了英国的邀请。

美国 美国的态度非常明朗，对英国政府的答复也很干脆："美国也已敦促日本通过仲裁解决中日争端。"实际上是不愿意参加英国所建议的联合调停。

这样，由于其他欧美强国不肯响应英国的建议，英国成了孤家寡人，其五强联合调停计划也只能胎死腹中。

清政府醉心调停的教训是深刻的，其后果也是极其严重的。当政者不知依靠本身的努力和发挥自身潜在的优势，却一味地依靠列强的调停，和既无决断，战又无决心，迁延时日，以致最终入日人彀中，走上步步被动挨打的地步，欲求不败是不可能的。

第二章　丰岛疑云

第一节　不宣而战

丰岛之役是甲午中日战争的第一战，拉开了历时8个多月的甲午战争的序幕。这次海战虽然规模很小，但对以后战争的发展却影响至大。此役也留下了重重疑云，有待于逐一廓清。

谁先开炮？ 说到丰岛海战，首先需要弄清楚的是，究竟是谁先开的第一炮，向对方发起了攻击。海战发生后，日本外务大臣陆奥宗光向欧美国家驻东京公使发送照会，声称中国军舰在丰岛海域轰击日舰，企图倒打一耙将责任推给中国，以掩盖其挑起战争的真相。日本文献记载和官方著作更是绘声绘色，把挑起战争的祸首说成是受害的自卫者。兹举一例：

> 清舰对我将旗不仅不发礼炮，反而作战斗准备。……7时52分，彼我相距3 000公尺左右距离时，济远首先向我发炮。旗舰吉野立即应战，以左舷炮向济远轰击。接着，秋津洲在55分，浪速在56分，亦以左舷炮向济远猛射。

这条记载来自日本海军军令部编纂的《二十七八年海战史》，代表日本政府对丰岛海战责任问题的最后定调。

但是，此类日本官方记载疑点颇多，包括中日两国历史学者在内的国际学术界很少有人采信。早在20世纪30年代，日本田保桥洁教授就对此提出异议：

> 济远管带方伯谦不独并未如日本海军方面所言整顿战斗准备，且对于数倍于自己之优势的敌舰队而谓为具有战意，亦属难以凭信。
>
> 发炮时间孰先？亦不成重要问题，开战的责任在于日本舰队。当时日本国政府称济远首先发炮而开战端，努力将开战责任转嫁于清国政府者，大概欲努力将"日本国起于被动的"之概念传布于各国之故欤？①

田保的看法是有道理的，但也只是一种推断。

后来，随着研究的不断深入和新资料的发现，人们对此问题才有了进一步的认识。先是在1894年7月20日，日本大本营接到了北洋舰队将赴朝鲜牙山的情报。当天，日本军令部部长、海军中将桦山资纪便带着参谋总长有栖川宫炽仁亲王的密令乘船离开横须贺。22日下午，桦山抵达日本联合舰队聚泊的军港佐世保，向其司令长官、海军中将伊东祐亨传达了速到朝鲜西海岸袭击北洋舰队的命令。23日傍晚，联合舰队启碇。离港时，桦山座舰高挂信号旗"发扬帝国海军荣誉"，以向全舰队官兵鼓劲打气。24日傍晚，联合舰队绕过朝鲜半岛的西南端，抵达里山岛时，伊东命令先锋队司令官、海军少将坪井航三率吉野、秋津洲、浪速三舰，继续前进侦察。25日上午7时20分，日舰在丰岛海面发现了中国军舰济远和广乙，坪井因奉有伊东内命，遂下达攻击命令。据此，日本藤村道生教授写道：

---

① 田保桥洁：《甲午战前日本挑战史》，南京书店1932年版，第188页。

甲午战争

25日凌晨，由"吉野"号、"秋津洲"号、"浪速"号所组成的日本舰队，已经对清国舰队发射了揭开日清战争的第一炮。①明确指出日本舰队不宣而战，对中国军舰进行了海盗式的突然袭击。

何时开战？日本联合舰队发射了甲午战争的第一炮，已经不容置疑。但日舰何时发射的第一炮，仍是个问题。对此，论者大致有三种答案：

第一种，模糊处理。即对开战时间不作确切的记述。西方学者大都采取这种办法。他们在谈到开战时间时，或称"25日午前7点"，或称"25日早晨"，有的甚至对开战时间避而不谈，将此问题置而存疑。

第二种，7时52分。持此论者虽然认为是日舰首先开炮，却又为日本海军军令部的说法所误导，所以就采取简单的办法，将日本军方所说"济远7时52分开炮"改为"吉野7时52分开炮"。如前面提到的藤村道生教授就是这样做的。有一些中国学者也采取了同样的做法。应该说，肯定日舰发射了海战第一炮是对的，但在毫无佐证的情况下将日本军方所说济远开炮时间变为吉野开炮时间，不仅不够妥当，也恐难令人信服。

第三种，7时55分。主张此说者是根据日本浪速舰长、海军大佐东乡平八郎当天的日记：

午前7时20分，在丰岛海上远远望见清国军舰"济远"号和"广乙"号，即时下战斗命令。7时55分开战。5分多钟后，因被炮烟掩盖，只能间断看见敌舰，加以炮击而已。

但是否据此就能够认定海战是7时55分打响的？显然并不一定。为什么这样说呢？

首先，表述不清。"7时55分开战"这句话极不明确，是指海战

---

① 藤村道生：《日清战争》，上海译文出版社1981年版，第88~89页。

开始时间还是浪速发炮时间，令人不知所云。按一般的理解，这是浪速舰长的作战日记，所记时间应该是指浪速发炮时间，而不会是指海战开始的时间。

其次，相互矛盾。东乡日记说 7 时 55 分开战，而《二十七八年海战史》说秋津洲 7 时 55 分发炮，浪速 7 时 56 分发炮，二者是相互矛盾的。即使对此置而不论，不管 7 时 55 分是浪速发炮还是秋津洲发炮，都不表明这是海战开始的时间。

再次，回避要害。《二十七八年海战史》也好，东乡日记也好，都对吉野的发炮时间讳莫如深，而这正是问题的要害所在。试看《二十七八年海战史》所记诸舰的发炮时间：济远 7 时 52 分首先发炮，吉野立即应战；接着，秋津洲、浪速分别在 55 分和 56 分发炮。对其他各舰的发炮时间都写得很具体很清楚，唯独对吉野的发炮时间却含糊了事。东乡日记更干脆，对吉野提都不提。这种情况，既不正常，也不合理。因为吉野是日舰先锋队的旗舰，乃司令官座舰，为全队各舰所注目，只有它所发的第一炮才是全队攻击的开始。所以，忽略或不提吉野的发炮时间，绝不是偶然的疏忽，而是要隐瞒关系重大的战争责任问题。

其实，在日舰先锋队三舰中，吉野发炮应该早于秋津洲、浪速二舰。这是日舰先锋队的航行顺序所决定的。据东乡日记所述，日舰先锋队早在从佐世保港出海的前一天，即 7 月 22 日，便确定了全队航行的顺序：旗舰吉野在前，秋津洲继之，浪速殿后。《二十七八年海战史》也承认吉野最先"应战"，接着才是秋津洲和浪速发炮。这样看来，无论 7 时 55 分发炮的是秋津洲还是浪速，吉野的发炮时间必在 7 时 55 分之前，这是毫无疑问的。

中方记述 对照一下中方参战人员的记述，问题便逐渐明朗了。

济远舰帮带大副何广成撰有《冤海述闻》一书，也提到丰岛双方开战的情况：

> 7点半将出汉江，望见倭船三艘，一吉野，一浪速，一不知名，旋转取势而来。知其有异，遂号令广乙严备备战。驶近1万码左右，忽听倭督船（吉野）先发号炮一声，倭三船遂船声并起，均向济远轰发。

何广成亲历战斗，而且当时正在驾驶台执勤，观望双方开战情况最为真切，其所言吉野发炮是在7点半以后，应该是可靠的。由此便可得知，吉野发炮的时间是7点半与55分之间。但对其具体时间的确定，还需要找到参战军舰的《航海日志》才行。

航海日志 当时中外军舰都有《航海日志》，记录该舰每天所从事的主要活动。我们知道，济远舰于1895年2月为日本所获，不久之后日方便公布了其《航海日志》的某些片段。其中，恰好就有7月25日这天的记录：

> 7点，见三艘倭船前来。一刻，站炮位，预备御敌。43分半，倭督船放一空炮，……45分，倭三艘同放真弹子，轰击我船。

由此可知，吉野发炮的时间是在7时45分，这才是海战开始的时间。

弄清楚了吉野发炮的时间，便可以将丰岛之役中日参战之主要军舰的发炮时间逐一排列起来：7时45分，吉野首先开炮，向济远轰击；7时52分，济远发炮还击；7时55分，秋津洲向济远猛射；7时56分，浪速亦向济远发炮。

乍看起来，吉野的发炮时间似乎是一个小问题，其实不然。如果这只是一个小问题，日方何必要千方百计地回避它呢？这个问题正是判断丰岛海战性质的关键所在，一旦把这个谜团解开，谁是战争的责任者也就一清二楚了。

第二节 济远应敌

1894年7月25日上午7时45分，日本舰队在丰岛海面袭击中国军舰的炮声响起来了。

先是在22日早晨，北洋舰队提督丁汝昌命济远、广乙、威远三舰由威海出发，以济远管带、副将方伯谦为队长，护卫爱仁、飞鲸等运兵船到朝鲜牙山。23日，方伯谦见朝鲜形势已趋于紧张，据报日本舰队明日要来，担心本是木质练船的威远轮难以承受炮火，命其先行起航回国。到25日凌晨4时，济远、广乙二舰启碇，鱼贯出口，依山而行，当舰行至丰岛附近海面时，终遭日舰先锋队三舰的截击，由其旗舰"吉野"号于7时45分发射出了丰岛海战的第一炮。

军力对比 丰岛是朝鲜牙山湾外群岛中的一个岛屿，地当牙山湾之冲要。岛北水深，可航巨轮，为进出牙山湾的必经之路。当时，双方军力对比相当悬殊：日本三舰总吨位为1.1万吨，中国二舰总吨位才3 300吨；日舰的主要火器有新式速射炮22门及大、中口径克虏伯炮8门，中国军舰没有新式速射炮，仅有各种口径的克虏伯炮6门；日舰的平均航速为20节，其中吉野达到22.5节，中国二舰则皆为15节。显而易见，日本方面占有压倒的优势。

济远苦战 在日舰先锋队三舰集中炮火的猛轰下，济远官兵陷于苦战之中，坚决发炮回击。8时20分，济远发出的炮弹正击中吉野右舷之侧，贯穿钢甲而坠入机器间，只是由于炮弹质量差，虽击中而未爆炸，致使该舰侥幸免于沉没。

在敌强我弱力量对比极为悬殊的情况下，济远广大官兵临危不惧，拼死搏战。其中不少人表现十分突出，如：

沈寿昌 字清和，上海人。曾考入上海出洋总局，因成绩优异，被选派出洋学习。1881年，清政府初创海军，急需海军人才，下令召回出洋学生。他奉调回国后，即上威远舰见习，不久升为该舰二副。后积功升署北洋海军右营都司，派为济远帮带大副。在这场激烈的炮火交锋中，他一直在舰前屹立司舵，指挥炮手击敌，多次命中吉野，并将浪速舰尾击伤，毁其海图室。正在激战之际，日舰发射的一发炮弹击中济远望台，立即爆炸，其中一块弹皮击中沈寿昌头部，随即仆地不起。

柯建章 福建人。本是一名船生，因在工作中刻苦学习，技艺日进，被提拔为战官。又积功升署北洋海军中军左营守备，派为济远枪炮二副。他见帮带大副沈寿昌壮烈牺牲，在此紧急关头毫不迟疑，继续指挥发炮击敌。不料敌弹丛集，柯建章胸部中弹，当即阵亡。

黄承勋 字栋臣，湖北京山人。1886年，考入天津水师学堂驾驶班。1890年毕业后，被派上济远舰实习。此次奉命赴援牙山，慷慨就道。行前，嘱托其挚友说："他日骸骨得归，唯君是赖！"已抱定为国牺牲的决心。他见大副、二副先后阵亡，自告奋勇登台指挥，召集炮手装弹猛击敌舰。正指挥间，也被敌弹击中，臂断倒地，流血不止。有两名水手要把他抬进舱内急救，他摇头说："尔等自有事，勿我顾也！"遂闭目而死。

此外，还有军功王锡山、管旗头目刘鹍等中炮阵亡。全舰官兵共有30人牺牲，27人受伤。真是前赴后继，视死如归，表现了气壮山河的英雄气概！

广乙搁浅 当济远遭到日本三舰聚攻之际，广乙赶到作战海域，立即投入战斗。当它驶近秋津洲时，向其舰尾逼近，遭秋津洲猛烈回击，先是桅楼中弹全毁，后舱又中榴霰弹，以致死伤多人，连舵手也中弹牺牲了。接着，浪速亦来，与秋津洲合击广乙。日本二舰皆为3 700吨，而广乙只是1 000吨的小舰，强弱对比极为悬殊。在敌舰的连续打击下，广乙受伤甚重，官兵伤亡70多人，难以支撑，便向右转舵走避。浪速随后尾追，广乙回击一炮，弹穿其左舷之侧，由内部穿透后甲板，将锚机击碎。浪速遂停止追击。广乙脱险后，驶至朝鲜西海岸搁浅。管带林国祥下令凿破舰上锅炉，率残部登岸，并遗火于弹药仓任其自焚。

搁浅自焚的广乙舰

尾炮击敌 海战打到8时30分，济远独立支撑，势难抵御，便伺机以全速向西驶避。日舰吉野、浪速尾追不舍。8时53分，浪速先逼近济远，济远乃悬白旗，然仍向前疾驶。浪速追到相距3 000米时，以舰首26厘米口径大炮猛轰。济远又在白旗之下加悬一面日本海军旗。这时，浪速一面挂出信号："立即停轮，否则炮击！"一面向旗舰吉野报告："敌舰降服，已发出命令停轮之信号，准备与彼接近。"

正在这时，中国所雇用的英国商船"高升"号从浪速右舷通过，向东驶去。浪速命令高升停驶，又要追击以全速西驶的济远，难以兼顾。于是，坪井航三命令浪速监视高升，由吉野追击济远。到12时38分，吉野追至距济远2 000米处，以右舷炮猛击，共发6枚炮弹。此刻，济远后主炮之炮手，或阵亡，或重伤，已无法发炮回击吉野。在此紧要关头，一些水手激于义愤，挺身而出，奔向尾炮，装弹反击敌舰。其中表现最突出的是水手王国成。

王国成 山东文登人。少时务农。成年后投北洋海军练勇营，后派上济远舰当水手。他平时工作积极，留意学习舰上各种技艺，人称"好把式"，为水手们所敬重。他奔向舰后炮位时，另一水手李仕茂也来协助，还有些水手帮助运送弹药，用15厘米口径尾炮对准吉野连开四炮：第一炮中其舵楼；第二炮中其船头；第三炮走线，未中；第四炮中其舰身要害处。12时43分，吉野多处受伤，不敢停留，转头向来路驶逃。济远遂驶向威海卫，于翌日晨安全抵港下锚。

丰岛海战后，提督丁汝昌嘉奖济远击伤吉野有功人员，向李鸿章报称：

> 查却敌保船，全恃此炮水手李仕茂、王国成为功魁，余帮放送药送弹之人亦称奋勇，昌已传令为首李、王赏1 000两，余众共1 000两，告谕全军，以为鼓励。①

此次奖赏，王国成得银500两。战后，他返回故里，娶妻购田，想务农为生，无奈天灾人祸接踵而至，生计难以维持，乃去旅顺谋事，终因生活无着客死异乡。时年仅34岁。

济远功过 丰岛海战只是一次规模很小的海战，但它是中日海军的第一次炮火相见，故济远舰在海战中的表现仍为人们所关注，对其评价不一，聚讼至今。大致有四种看法：

---

① 《李鸿章全集》电稿二，上海人民出版社1986年版，第825页。

第一，见敌即逃。从 20 世纪 50 年代起，有学者认为济远"见敌舰开炮"，即"向旅顺飞逃"。又有论者因该舰在日舰浪速逼近时，曾"竖白旗，继又竖日本（海军）旗"，更觉不齿，视为无耻的行为。现在，这次海战的整个经过已经很清楚了，到底打了多长时间，可以有两种计算方法：一是从 7 时 45 分吉野炮击济远算起，到 8 时 53 分济远在浪速逼近时悬白旗历时 1 小时 8 分钟；一是从 7 时 45 分算起，到 12 时 43 分吉野受伤停止追击，历时 4 小时 58 分。无论用哪种方法计算海战过程，都说明济远不是见敌即逃，而是英勇战斗过的。

至于济远西驶时悬挂白旗和日本海军旗的问题，也要根据海战的实践来作出评判。试看济远在 8 时 53 分浪速逼近时先悬白旗，但仍向前疾驶；及浪速发炮猛击，济远又悬日本海军旗，浪速于是一面挂信号令济远停轮，一面向旗舰报告说济远降服。事实上，济远并不理睬浪速的信号，继续向西疾驶，到吉野追近时已是 12 时 38 分了。就这样，济远赢得了 3 小时 45 分钟的西驶时间，为它安全返航创造了一定的条件。所以，济远虽悬挂了白旗和日本海军旗，然并未停驶，不能视为投降的行为，况且兵不厌诈，不应该过于苛求前人。

第二，战略退却。持此论者认为，济远在海战中，"战败逃避，保船保存实力，以便继续抵抗"，是"战略退却"。当时，济远在日本三舰的猛攻下，能够在英勇抵抗后脱围西驶，这本身就是一个奇迹，不能否定。但是，也没有必要把它提到战略的层面来认识。按一般的理解，凡是战略行动，都是关系战争全局的，而且是有计划地进行的，因此，即便是处于弱势的地位，也不是完全丧失主动权，而是能够随时随地采取对敌人的进攻战。济远基本上是孤舰奋战，既无法与北洋舰队联系，又谈不上有计划的后续行动，不可能做到这一点，称之为战略退却，显然是不恰当的。

第三，先败后胜。提出此说的理由是，济远虽战败西驶，却"给予日方最强之巨舰吉野、浪速以深重打击"，所以"立功颇大"。济远在海战中先后击伤日舰吉野和浪速，这是不容讳言的事实。至于说"沉重打击"，则完全谈不上。吉野和浪速虽受伤，却并无大碍。试看浪速在追击济远之后，回头便击沉了中国所雇的运兵船"高升"号；吉野作为旗舰，仍在继续指挥浪速和秋津洲，一个多月后又参加黄海海战，成为日本舰队主力中的翘楚。至于济远在西驶过程中再伤吉野，也只是为摆脱敌舰的纠缠而安全返航提供了可能性，既称不上败敌，当然也称不上胜利。评价历史要实事求是，应该力求做到合理公允，不能拔高和溢美。

第四，以弱御强。对济远来说，丰岛之战完全是一场以弱御强的战斗。面对处于绝对优势的日本三舰，中国的两艘弱舰，特别是济远奋勇拼战，取得了一定的战果，这已经是很不容易的了。对此，意大利学者武尔披齐《中日战争资料汇编》一书有一段评论说：

> 济远和广乙同日本三艘军舰的战斗，的确是一件很了不起的有胆量的事情。因为日本三艘军舰中的任何一艘，都要远远超过济远和广乙两艘军舰加在一起的战斗能力。在这次战斗中，真是一次大胆的行动。

这是非常客观的历史评价。历史地看问题，能够做到这一点，就足以对济远在丰岛之战中的表现作出肯定评价了。

失利原因 从丰岛之役的结局看，中国确实是失利的一方。究其原因，表面上看是由于弱不敌强所造成的，实际上却是北洋舰队改变护航计划所带来的直接后果。

本来，当爱仁、飞鲸等运兵船赴援朝鲜牙山时，丁汝昌作好了率舰队主力定远等八舰护航的计划。7月22日，李鸿章对这个计划也表示同意："汝统大队船往牙山一带海面巡护，如倭先开炮，我不得不应。祈相机酌办。"根据"相机酌办"的指示，丁汝昌考虑到两点：（一）"大队到彼，倭必开仗"，所以必须采取主动，"倘倭船来势凶猛，即行痛击"。（二）牙山深缩在汉江口、即江华湾内，水域狭窄，夜间易遭偷袭，因此说"白日唯有力拼；倘夜间暗，猝不及防，只听天意"。不料丁的复电大拂李之意，认为丁悲观胆怯，训斥说：

> 大队到彼，倭未必即开仗。夜间若不酣睡，彼未必即能暗算，所谓人有七分怕鬼也。……暂用不着汝大队去。将来俄拟派兵船，届时或令汝随同观战，稍壮胆气。①

丁汝昌感到委屈，不知自己的顶头上司何故要改变大队护航的计划，但又不能不执行帅令，只能在致友人信中发点牢骚而已：

> 海军进止，帅意日一变迁，殊令在下莫计所从也。昨者之电，意在令昌亲带大队赴牙（山）；今日之电，复又径庭。②

其实，在7月22日李鸿章电令海军大队出海的当天，发生了两件事：一是俄国公使喀西尼派参赞巴福禄来访，告以：日兵在汉城筑炮台并守城门，俄驻朝鲜公使韦贝"已电请国家派兵驱逐"，喀西尼本人也要"电本国酌办"；一是驻英公使龚照瑗来电，说英国已向日本政府提出警告："如必执己见，以后有开战事，倭国一肩担当。"李鸿章认为，既然俄国会出兵干涉，英国也要问罪日本，日本绝不敢悍然挑起战端。这才是他要改变护航计划的最主要原因。

李鸿章改变护航计划的后果是严重的。如果不是改变护航计划，不但不会造成丰岛之役的失利，反而必会给日舰先锋队以重创。有时人指出：

---

① 《李鸿章全集》电稿二，上海人民出版社1986年版，第805页。
② 《丁汝昌集》，第209页。

该时济远正与倭三船鏖战，更得大队船掩其后，倭船必全没，不特后至之操江、高升两船可保无恙，而倭船经此大挫，海疆必不至如今日之荡摇矣。①

丰岛失利后，丁汝昌成了替罪羊，受到各方面的指责，小说《孽海花》里也借此对丁汝昌大加嘲讽，皆是不了解其中内情的缘故。

第三节　高升事件

当丰岛海上正在激战之际，中国所雇用的运兵船"高升"号也驶近附近海域，正从日舰浪速的右舷通过，向东驶去。浪速舰长东乡平八郎断定船内装有清兵，便挂出信号："下锚停驶！"震惊世界的高升事件就要发生了。

高升赴朝　"高升"号是一艘英国籍商轮，吨位为1 355吨，属于伦敦印度支那轮船航海公司，在中国的代理商是上海怡和洋行。该船是由李鸿章手下的罗丰禄经手，租来运兵和装载饷械的。据档案记载，当时高升上面装载饷银2.5万两，还有大炮12门和各类步枪500支，但装载了多少清军，则缺少准确记载，仍然是一个疑团。

关于高升装载的清军兵数，曾有1 500人、1 220人、1 100人和950人四种说法。其中，以1 100人比较接近事实。经反复核查，实有官兵共1 116人。统带官为仁字军营务处帮办高善继，通永练军左营营官骆佩德、义胜前营营官吴炳文也随船而行。

先是7月7日，罗丰禄与怡和洋行在上海签订了租用高升的合同，规定租金为每月9 000墨西哥元（约合白银7 200两）。高升于20日抵

---

① 何广成：《冤海述闻》。

达大沽，23日早晨起航出海。25日上午8时30分，当高升驶近丰岛时，英国船长高惠悌发现前方情况有异，但他倚仗是英国船，又悬挂英国旗，相信足以保护自己免受一切敌对行动，因此决定仍按原航线徐徐前进。

日舰浪速命令高升下锚停航是在上午9时15分。高惠悌见浪速来势凶猛，便将船停下来。9时30分，浪速又挂出第二次信号："原地不动，否则承担一切后果！"随后，它便驶到距高升400米的海面上停下，将舰上所有大炮都露出来，并用右舷炮对准高升船身。

宁死不屈 上午10时，浪速放下一只小艇，向高升开来。小艇靠上高升后，几名全副武装的日本海军军官登船，要求检查商船执照。高惠悌出示后，请登船的日军军官注意高升是在伦敦注册的英国籍商船。日本军官置之不理，要求高升跟浪速走。高惠悌在威胁下屈服，说："如果命令跟着走，我没有别的办法，只有在抗议下服从。"这几名日本军官回舰后，浪速又挂出第三次信号："立即斩断绳缆，或者起锚，随我前进！"

直到这时，高升上的清军官兵才弄清了日本军官同船长交涉的结果，并且还发现高惠悌正准备随浪速行驶，无不激愤万分，顿时全船骚动，人声鼎沸。高善继见日军用武力迫降，情况十分危急，对官兵们说："我辈同舟共命，不可为日兵辱！"随后又奔向高惠悌，拔刀怒目曰："敢有降日本者，当污我刀！"高惠悌因言语不通，完全听不懂高善继的意思，便让临时搭乘高升的德国人汉纳根担任翻译。于是，在帮带高善继与英国船长之间开展了一场激烈的争论：

船长："抵抗是无用的，因为一颗炮弹就能在短时间内使船沉没。"

帮带："我们宁死不当俘虏！"

船长:"请再考虑,投降实为上策!"

帮带:"除非日本人同意'高升'号返航大沽口,否则拼死一战,决不投降!"

船长:"倘使你们决计要打,外国船员必须离船。"

他们在争论中观点的互相对立,完全体现了东西方生死观的差异。

高善继 字次浦,江西彭泽县人。1888年中举人,保举五品衔知县。1894年春,高善继见国家处于多事之秋,东邻日本虎视眈眈,似有不轨之图,自思此正男儿挺身卫国之时,便去天津谒见李鸿章,愿投笔从戎,为国效命。因话不投机,愤然辞去,转投直隶通永镇总兵吴育仁幕下,留为仁字军营务处帮办。后北洋决定增援牙山,高善继见为国报效之时已到,便慷慨陈词,请赴前敌。吴育仁十分感动,便命其带队前往。

时人池仲祐《海军实纪》记高善继在丰岛遇敌时宁死不降之壮举

此时,高善继见英国船长不肯配合,便下令看管了全船所有吊艇,不准任何人离船。高惠悌要求用信号请日舰再次派人谈判。汉纳根先对日本军官说：

> 船长已失去自由，不能服从你们的命令，船上的士兵不许他这样做，军官和士兵坚持让他们回原出发的海口去。

高惠悌经过与高善继的一番争辩，也觉得帮带的话不无道理，遂向日本军官提出：

> 请带信给舰长，说华人拒绝"高升"号当作俘虏，坚持退回大沽口。考虑到我们出发尚在和平时期，即使已宣战，这也是个公平合理的请求。①

日本军官答应将意见带给舰长。

这时已到中午12点半，交涉整整历时3个小时。在这场交涉中，以高善继为代表的爱国官兵，面对强敌，宁死不屈，挫败了敌人的迫降企图。东乡平八郎恼羞成怒，又挂出信号："欧洲人立刻离船！"表示要开炮之意。在此危险时刻，清军官兵"慷慨忠愤，死志益坚，不许西人放舵尾之小船"。于是，高惠悌用信号向浪速请求："士兵不准我们离船，请再派一小船来。"浪速根本不理睬高惠悌的请求，反在樯头上挂出一面红旗。这是一个危险的警告。而高惠悌竟然俯首听命，坐等高升被击。

随后，只见浪速向前驶近，先是绕巡高升一周，便停在距高升150米处。此时为下午1时，浪速突然发射一枚鱼雷，但未命中。浪速又用右舷6门大炮瞄准高升，猛放排炮。东乡平八郎在当天的日记里写道：

> 清兵有意与我为敌，决定进行炮击破坏该船。经发射两次右舷炮后，该船后部即开始倾斜，旋告沉没。历时共30分钟。

在此危急关头，高善继鼓励官兵说："我辈自请杀敌而来，岂可贪生

---

① 武尔披齐：《中日战争资料汇编》，附件。

畏死？今日之事，有死而已！"骆佩德、吴炳文二营官皆表必死的决心："公死，我辈岂可独生？"士兵也毫无畏惧，手持步枪，勇敢向浪速还击。即在高升垂沉之际，全船清军官兵依然视死如归，奋力向敌射击，一直坚持到船身没入水中。时为下午1时30分。

高升沉没时，许多清军士兵跳入海中，也有些放下3只吊艇，试图乘小艇登岸。但日舰为了报复，对落水的士兵绝不放过，或用舰上快炮轰翻小艇，或放下小艇用步枪向落水者扫射。德国人汉纳根因水性好，竟游泳上岸。他逃到济物浦（今韩国仁川）后，向英国领事馆作了以下证言：

> 在这个时候，我们都跳下海去游水。在游水时，我见船沉下去，船尾先下。……我看见一只日本小船，满载武装士兵，我以为他们是来拯救我们的，但悲伤得很，我想错了。他们向垂沉的船上的人射击。我不明白他们的目的是什么。①

死难人数 高升船毁人亡，究竟有多少人遇难？对此说法不一，也都很笼统。主要有三种说法：（一）1 000多人；（二）950人；（三）700多人。但这几个数字之间相差甚远，究竟哪个更接近事实，颇难确定。

其实，只要先弄清楚获救人数有多少，问题便迎刃而解了。经查总理衙门档案，发现有当时外国军舰搭救落水清军官兵的详细资料，从中获知：法舰救起42人，德舰救起112人，英舰救起87人，合计241人。只有通永练军左营2名士兵被日军俘虏。另外，还有2名直隶籍士兵凫水飘至孤岛，"渴吸海水、饥食野草40余日"，始遇过路船搭救。由此可知，高升原载清军官兵1 116人，其中有245人遇救获生，其余871名官兵全部壮烈殉国。

---

① 武尔披齐：《中日战争资料汇编》，附件。

高升遇难人数还应该包括该船船员在内。恰好从英国外交部档案里找到了高升的船员名单，由此得知该船共有79名船员。其中，船长高惠悌、大副田泼林等7名高级船员皆是英国人；舵手4名是菲律宾人；其余的水手或服务人员68名都是中国人，籍贯为广东、福建或浙江。高升沉没后，除船长、大副及舵手以下共17人得救外，余下的5名英国船员，以及1名菲律宾舵手和56名中国水手等人员，共62人，皆葬身海底。

恶人告状 日舰击沉英国商船高升后，英国驻日本临时代理公使巴健特向日本外务省提出了严正交涉。陆奥宗光为此极为紧张，担心此次意外事件会在日英之间引起一场重大纠纷。他忧心忡忡地写信给伊藤博文说："此事关系重大，其结果几乎难以估量，不堪忧虑。"在他的内心深处，最担心的是：万一英国政府改变其所谓"局外中立"的立场，转而采取干涉政策，无疑将会给日本的战争计划带来严重的挫折。于是，便决定采取恶人先告状的办法，以摆脱日本的被动处境。

7月29日，日本联合舰队关于击沉高升的报告到了海军省，经研究觉得报告所述的事实经过对日本不利，便着手加以修改，并确定了两项重要修改原则：（一）倒打一耙，诬称中国军舰首先发动攻击："济远驶至距浪速300公尺以内，济远虽向浪速施放鱼雷但未命中。于是，浪速向济远发炮，吉野亦随之发炮。"（二）谎称事后才知道击沉的运输船是英国商船："运输船船长投降，但船员、士兵拒绝并抵抗。于是，浪速终于将其击沉。……事后判明，上述运输船为印度支那航海公司所属之英船，因载运士兵、军用品为清政府所雇用者。"陆奥宗光对修改后的报告很满意，便一面训令驻英公使青木周藏，按此原则向英国外交部解释清楚，一面按同样内容答复巴健特。

陆奥宗光害怕以上解释不被英国政府接受，也是为了给自己留下回旋的余地，又特加声明：

> 关于此事详细之报告尚未到达。待充分调查后，万一日本国方面有何理屈之处，日本政府保证予以充分的满足。①

其目的是先稳住英国政府，为其下一步施展诡计创造机会。

索赔风波 日本军舰击沉英国商船高升事件发生后，震惊中外，成为举世瞩目的国际重大事件。英国舆论大哗，各报纸连篇累牍地刊载评论文章，或谓日本海军侮辱大不列颠帝国的国旗，应使日本政府道歉；或谓日本海军的暴行是在战争开始以前，即使发生在和平时期，日本政府也应对船主及英国臣民的生命财产损失给予赔偿。还有其他言论激烈以宣泄愤怒之情者，不一而足。英国司法局也就高升事件进行了研究，函告外交大臣金伯利："英国政府有权要求日本政府对沉船及由此带来的英国公民的生命财产损失提供全部赔偿。"后面签名的是英国皇家法院的两位法官里格比和里德。

当时，英国在远东因受到俄国南下扩张的压力，不愿意损害与日本的关系，故态度游移不决。恰在此时，英国收到日本政府发来的高升船长和大副的证词，内称："（船长）想跟随'浪速'号或离开'高升'号时，都受到来自中国军官的生命威胁。"日本政府本想借此证词把责任推给遇难的中国军官，却恰恰戳穿了日本先前的报告所说事前不知为英国船的谎言。金伯利又将证词转给司法局征询意见，实际上是想以此来改变法官的态度。然而，仍由里格比、里德两位法官签名的答复是："我们认为，即使日本此番来电内容属实，也不能改变日本政府对英国公民蒙受损失应负的责任。"

金伯利在社会舆论和皇家法院法官们的双重压力下，不能再犹豫

---

① 《英国外交文件》上，第175号。

下去。于是，照会日本公使青木周藏称：

　　英国政府就来函所述与皇家法院的法官们进行了商讨。最后认为，由于日本海军的行为而使英国公民生命财产所遭受的一切损失，日本政府必须负全部责任。①

这份照会的措辞貌似强硬，实则暗示日本政府这只是皇家法院法官们的决定，并不是英国政府的本意，为此后英国政府改变态度留下伏笔。

陆奥宗光接到英国政府的照会后，不敢怠慢，立即进行详细研究，从中觉察到照会的强硬措辞并不反映英国政府的真实态度。为了改变这种严峻的局面，也为了给英国政府找一个台阶儿下，他一连采取了三种办法：

第一，"充分调查"。陆奥宗光授意日本法制局长官末松谦澄对高升事件提供调查报告。报告的主要内容有二：（一）浪速是在战争已经开始后才对高升行使交战国权利的。（二）高升船籍虽属英国，但在事变中途已被中国军官强占。最后得出结论是：浪速"行为并无不当之处"。

第二，贿买舆论。为改变英国舆论一边倒的反日态度，陆奥宗光指示青木周藏采取贿赂的办法，也起到了很大的作用。青木发给陆奥的秘密报告，便一面要求增加"特工经费"，一面告知：

　　《每日电讯报》、友好的《泰晤士报》和其他主要报纸，由于审慎地雇用，均就此事件改变了腔调。除路透社外，其他通讯社都保证了合作。英国权威人士韦斯特莱克公开表示：根据国际法，浪速舰是对的。在德国，《科隆报》和友好的《大陆报》也因此受到影响。②

---

① 《英国外交文件》上，第206号。
② 《日本外交文书》，第27卷，第720号。

韦斯特莱克博士是英国剑桥大学教授和著名法学权威，此时甘心为虎作伥，连英国及欧洲的一些主要报纸都"改变了腔调"，齐声为日本的侵略行径辩护了。

第三，外交游说。日本公使馆雇用欧洲人做说客，对英国外交部进行游说。日本说客的主要论点有三：（一）"是中国开了第一炮。中国军舰发射了一枚鱼雷，继之以火炮击中日本军舰。"（二）"英国运输船高升成为敌对的中国远征队的一部分，失去其中立立场。"（三）"高升被击沉时并未处在英国船长和水手的掌握之下，中国人控制了该船，从而使其带上了海盗的特征。"日本说客鼓其如簧之舌，任意颠倒黑白，信口雌黄，竟使英国外交部出面接待的副大臣柏提无言答对。

事实上，英国政府对高升事件的态度已从根本上有了改变。金伯利一面指示柏提给印度支那轮船航海公司写信，极力说服该公司向中国索赔，一面指示驻华公使欧格讷，由他正式向清政府提出索赔的要求。英国政府的这一决定，引起印度支那轮船航海公司董事会的极大不满，复信说："日本人在犯下如此野蛮的屠杀罪行，使如此众多的无辜英国臣民丧生，并对英国国旗表示不敬之后，竟能完全逃脱惩罪，董事们深感失望！"欧格讷也不愿意担任这个不光彩的角色，复电说："英国迟迟不想限制日本，使自己背上了'亲日'的重大嫌疑。一旦发现英国又想在中国身上捞取补偿，将会极大地伤害中国人的感情，并造成极坏的影响。"这样，高升索赔问题便暂时搁置下来。

中国赔偿 到了1900年，尽管事过境迁，高升事件的是非曲直已经大白于世，但英国政府却趁八国联军侵华之机，提出"不论理之曲直，只论款之赔否"，强逼清政府为高升的沉没赔款。在英国的强索下，清政府只得按英方要求赔了 33 411 英镑，折合白银 312 922 两。这才了结了这桩旷日持久的公案。

在强权政治横行的世界里，对于弱国来说，确实是没有资格"论理之曲直"的。故时人为之慨叹曰："国际法云云，岂有定评哉！"

第四节　师期暗泄

> 十年来，（倭）孜孜侦探，其遣间谍至我国者，或察政务之设施，或考江山之形胜，无不了如指掌。……迨至兵衅既开，彼又密遣间谍阴赴各处侦探，师期暗泄机要，遂致高升被击，船没师燔。
>
> ——佚名《论行军以间谍为先》

此文认为高升之所以遭日舰拦截击沉，与日本间谍事先探知其出海日期有关，是符合历史情况的。那么，"师期"是怎样泄密的呢？对此，历来说法不一，迄今尚无定论。最流行的说法有两种：一是电报泄密；一是书吏泄密。

电报泄密说　此说最早为姚锡光提出。他当时在山东巡抚李秉衡幕下，曾往来于山海关内外及胶东沿海观察军情，必有所闻，所以在《东方兵事纪略》一书中写道："倭人间谍时在天津，贿我电报学生某，得我师期。"电影《甲午风云》里也采用这个情节，使此说成为家喻户晓的了。

事实上，此说只是来自传闻，并无史料以资证明，何况贿买电报学生的事情也是不可能发生的。因为按《寄报章程》规定，电报局只收发电码，并不负责翻译，"如系送来密码，局中无从知道"。所以，从电报局内部无法获取电报内容，用贿买电报学生的办法是行不通的。此说只能是讹传而已。

书吏泄密说 高升被日舰击沉后，天津破获一桩日本间谍案，即被称为甲午日谍第一案的石川伍一案。但是，石川伍一被查获后，李鸿章却隐匿不奏。后在言官的参奏下，李鸿章一个多月后才将审理结果电告总理衙门。因为石川是在天津军械局书吏刘棻家里捉到的，于是朝野皆相信石川案与丰岛日舰袭击有直接关系，认为刘棻就是真正的泄密者。如户科给事中洪良品即奏称：

在其（刘棻）家内搜出私信一函，所有高升轮船兵若干、带兵官姓名，并所带物件及青菜若干斤，均详信内。其为与之暗通无疑。①

后来池仲祐撰《海军实纪》一书，以此为论，指出："天津军械所有老书手者，为日军间谍，以情输日，高升被击，实彼通信于日，故日军得其准时。"这就进一步肯定了书吏泄密说。

但是，从李鸿章报到总理衙门的《石川伍一供词》看，并无片言只语涉及高升事件，也没有从刘棻家中搜出"私信一函"的内容，这就无法证明书吏泄密说的可靠性。当然，这里有两种可能：一是日谍石川虽潜伏天津打探军情，却与高升事件并无关系；一是确如洪良品所奏那样，而李鸿章在报给总理衙门时却隐瞒了这一重要情节。无论是哪一种情况，都表明这还是一个需要进一步探讨的疑案。

津门群谍 看来，我们需要把视野再扩大一些，不单是局限于石川伍一案本身，可能会有更多的发现。因为天津是北洋大臣衙门所在，也是当时中国海陆军最高统帅的驻节之地，成为日本间谍机关注意的重点地区，派有大量日本间谍活动于此是必然的。其中，最值得注意

---

① 《清光绪朝中日交涉史料》，卷二十，第17页。

的日本间谍是以下 4 人：

神尾光臣 长野县人，步兵少佐。是日本陆军部内的"中国通"之一。1882年，奉派到中国从事情报工作。从1892年4月开始，担任日本驻北京公使馆武官。此人神通广大，曾买通军机处某官，向他提供军机处的机要情报。然后，神尾将这些情报用暗语电告驻上海的联系人、以茶叶商人身份为掩护的角田隆郎，由角田再改为新闻通讯文字电告大阪《每日新闻》社，转报日本参谋本部。1894年4月，神尾又奉命驻天津，专门监视李鸿章的行动。

泷川具和 东京人，海军大尉。是日本海军内屈指可数的"中国通"之一。1884年中法战争进行之际，他奉命乘清辉舰巡航中国近海，寻找适合大部队登陆的地点或口岸。1892年11月，他被调到海军参谋部，奉派到中国承担秘密使命。他来到天津，却不具备公开的武官身份，只能在法租界里栖身，或装扮商人活跃于市井，或一身破衣烂衫混迹于苦力群中。1894年4月，他从天津出发，由陆路前往山海关，沿途考察山川形势，研究对华开战的进军路线和攻击目标。另外，还重点侦察了旅顺、威海要塞，以及南北洋舰队和海军衙门的内部机密，向国内报告。

宗方小太郎 熊本县人。少时学习汉籍，最喜读史书。1884年10月，宗方来到中国，入日本玄洋社所创办的东洋学馆进修中文，并研究中国问题。一年后东洋学馆停办，他又辫发华装，跋涉华北九省，进行各方面的调查。1886年春，投入日人荒尾精在汉口所设的乐善堂间谍机构。1888年，乐善堂设北京支部，派宗方为负责人。同时考虑到天津是北洋大臣兼直隶总督的常驻地，而时任此职的李鸿章又集军事、外交大权于一身，从而使天津的地位更加重要，所以又加设天津支部，仍由宗方负责。当时的分工是：北京支部专门负责对清政府内部情形的侦察，天津支部则负责对直隶、山东、山西、东北各省乃至蒙古的调查事宜。1894年7月，宗方奉日本海军军令部之命，调往烟台，专门负责监视北洋舰队的行踪。

石川伍一 秋田县人。少时攻读汉籍，并学习汉语。1884年，他来到中国，在烟台专心研究中国问题，并熟练汉语会话及应用，凡三年之久。1887年，投奔汉口乐善堂，从此开始了在中国的间谍生涯。1891年，石川被派到天津，担任驻在武官关文炳海军大尉的助手，遍历山东、直隶及奉天省各地，从事各方面的调查。1893年5月，又担任武官井上敏夫海军少佐的助手，乘帆船由烟台出发，游历渤海海口各海岛，并观看旅顺炮台；回程又往旅顺后路，以及朝鲜大同江和仁川口等处侦察，经威海卫返抵烟台。同年8月，再次随同神尾光臣等进入旅顺、大连湾、威海卫等处，窥探各要塞形势，从而掌握了大量的重要情报。其后，石川回到天津，住在紫竹林松昌洋行，以该行职员的身份为掩护，专门搜集军事情报。

在以上所介绍的4名日本间谍中，除石川伍一外，其他3人都有可能与日舰的丰岛袭击有重大关系，也是不能够忽视的。

石川落网 丰岛海战发生后，日本驻华使馆人员下旗回国，泷川具和要求留在天津潜伏，未被批准。由驻华公使小村寿太郎报告外务省，批准辫发改装的石川伍一继续潜伏。但此时形势吃紧，石川的行踪已被天津城守营所注意。石川似有觉察，便准备搬到天津城里的刘棻（又称刘树棻）家里躲避。8月4日，他刚走进刘棻家不久，就被城守营派人拿获了。

石川被获后，美国驻华代理公使田夏礼出面搭救，命天津领事李德转交一函致李鸿章称："据日本国声称，石川伍一并非奸细。本大臣应请中堂开放，送交驻津李（德）领事转饬回国。"李鸿章觉得事关重大，不敢大意，便命津海关道盛宣怀代为驳辩：

  本道查《中日修好条规》载明，两国商民，均不准改换衣冠。是两国和好，尚然有此禁例。现在两国失和，忽然改装易服，潜匿民家，四处窥探，其意何居？况日本领事出口之后，日本人在中国口岸者，已由贵国兼理，该犯石川尽可安寓租界洋行，何以假冒华人，私至城内居住？……至该犯被获之时，形迹可疑之处，不一而足。其为奸细无疑！①

  经派委员阮国桢与天津知县李振鹏会审此案，石川伍一对其刺探军情一事供认不讳。石川供称，战前他联系过刘棻两次：第一次，刘给开过炮械数目清单；第二次，刘又开过营兵数目清单。石川先后付刘谢金洋银80元。后来，第三次托刘打听中国派兵情形，刘回过几次信，却都不是准确的消息。9月17日，将审结情况电告总理衙门，并附上《石川伍一供词》。20日，由李振鹏监刑，将二犯分别处决：刘棻即绑赴市曹正法；石川押赴教场，照公法枪决。

  据此可知，石川伍一确实是探听军情的日本间谍，但与"师期暗泄"并无直接关系。有论者不相信这个结论，提出两点反驳理由：（一）高升载有饷银和军械，必须从天津军械局装运。作为该局的书吏，刘棻可以得到这个具体情况。这种断语有悖于事实，因为高升是在塘沽装载人员及饷械后直航牙山的。（二）石川得到运兵情报后，完全可以用密电拍发出去。这也绝不可能，因为日本在华间谍发电报都是用明码暗语，而不是密码，而且发密电反而容易引起中国官方的注意，是不允许这样做的。

  如实地承认石川伍一没有得到高升运兵计划，并不是说石川案的破获毫无价值；恰恰相反，石川案所引起的余波，倒为我们提供了破

---

①《清季中日韩关系史料》，第2215号，附件。

解这个谜团的有利条件。

真假供词 石川伍一案虽告审结，然其余波却长期未能平息下来。此案在审理过程中存在种种疑点，令人难以参透，因而以此参奏李鸿章者大有人在。其中，最为奇特的是礼部侍郎志锐的奏折，竟然断言："所奏者，非实情也，乃伪供也。"而且，他为了证明李鸿章所报的《石川伍一供词》是"伪供"，还附上了一份《日本奸细石川伍一供单》的抄件。如果当初《日本奸细石川伍一供单》送到了光绪皇帝手里或者公开出去，肯定会成为爆炸性的新闻。但是，军机处的亲王大臣们不知出于何故，却未敢送呈御览，压了下来。就这样，志锐的奏折连同《日本奸细石川伍一供单》在军机处的旧档案堆里沉睡了上百年。直到20世纪80年代，我在准备为中华书局编辑《中国近代史资料丛刊续编》的《中日战争》卷时，才在故宫档案里发现，使之得以重见天日。

志锐说李鸿章报的《石川伍一供词》是"伪供"，而他所奏呈的《日本奸细石川伍一供单》才是"奸细亲供"，是否可信？好在《日本奸细石川伍一供单》文字不长，尚不足500字，既然至关重要，不妨抄录如下，以资鉴别：

我系神大人差来坐探军情的。自光绪九年，即在中国北京、天津等处往来。现在住在军械所刘树棻家中，或来或去。代日本探官事的人，有中堂签押戴姓、刘姓、汪大人，还有中堂亲近的人，我不认识。我认识刘树棻，系张士珩西沽炮药局委员李辅臣令汪小波引荐的，已有二三年了。刘树棻已将各军械营枪炮、刀矛、火药、子弹数目清册，又将军械所东局、海光寺各局制造子药每天多少、现存多少底册，均于正月底照抄一份，交神大人带回我国。张士珩四大人与神大人最好，因此将中国各营枪炮子药并各局每日制造多少底细告知神大人。水师营务处罗丰禄大人的巡捕于子勤,还有北京人高顺,在烟台、威海、旅顺探听军情。神大人同钦差、领事起身之时,约在六月二十八九。七月初二、三日,神大人半夜在裕太饭馆请中堂亲随之人,并汪小波、于子勤、戴景春、戴姓、刘姓、汪大人、刘树棻等商议密事,遇有要紧军情,即行飞电。所说皆系实话,未见面的人不敢乱供姓名。我系日本忠臣,国主钦差遣探军情,不得不办。在中国探军情的不止我一人,还有钟崎,住在紫竹林院元堂药店。又穆姓在张家口,现在均到北京。又有钟姓一人,由京往山海关,皆穿中国衣服。又有日本和尚,现在北京,能念中国经,皆说中国话。打电报叫日本打高升船官兵的信,是中堂衙里送出来的;电是领事府打的。所供是实。

对比志锐所呈《日本奸细石川伍一供单》和李鸿章所报《石川伍一供词》,明显地看出二者的差别是很大的。《石川伍一供词》只供认托刘棻开过炮械数目及营兵数目清单,而《日本奸细石川伍一供单》则供出了不少《石川伍一供词》所没有的内容及涉案的嫌疑人。现在的问题是,志锐所呈的《日本奸细石川伍一供单》是否就是石川伍一的"亲供"呢?

《日本奸细石川伍一供单》称:"所说皆系实话,未见面的人不敢乱供姓名。"这样,便可从考察所供之人入手,了解其所供是否真实了。在所供的涉案人中,张士珩是李鸿章的亲外甥,时任北洋海军军械局总办。罗丰禄曾任清朝驻德、英等国使馆翻译,时为李鸿章的助手。李辅臣乃张士珩的亲信,时为西沽炮务局委员。此外,还有4个有姓无名者颇值得注意:

戴姓 即戴士元。他曾参加神尾光臣在裕太饭馆"商议密事"的聚会。后来也被查获，供认勾结石川伍一，被处以斩刑。

汪大人 即汪忠贵。他也是神尾光臣在裕太饭馆"商议密事"聚会的参加者。后虽被查获，但坚不承认勾结日人，或有某种背景，以"不据实首告"罪，从轻发落，处以5年监禁。

钟崎 即钟崎三郎，日本福冈县人。1891年来中国，进入上海日清贸易研究所学习。随后化名李钟三，潜伏芜湖。1894年3月，奉日本海军军令部指示，徒步经淮安进入山东境，再东行考察半岛及港湾形势。6月，他来到天津，做泷川具和大尉的助手。日使下旗回国时，命其与石川伍一继续潜伏下来，但因找不到安全的住处，便逃往山海关一带活动。

穆姓 即穆十，是日本间谍所收买的汉奸。当时，他正随日谍宗方小太郎到烟台，屡次奉派到威海和旅顺探听情况。

由此可见，《日本奸细石川伍一供单》内容的真实性是无可怀疑的，因为其所供的这些有名有姓者或有姓无名者，大都可以一一查考清楚，想胡编是绝对编不出来的。《日本奸细石川伍一供单》供出了许多鲜为人知的日本间谍活动的内幕情况，具有很高的史料价值。那么，李鸿章所报的《石川伍一供词》是否就是"伪供"呢？也不能得出这样的结论。但有一点可以肯定的是：此案涉嫌者当中有许多李鸿章的亲戚、亲信及其衙门里的员弁都没有在《石川伍一供词》中出现，可见志锐指责李鸿章必将其"大为改饰"，这应该是真实的。

真相大白 《日本奸细石川伍一供单》发现之后，可以说"师期暗泄"的真相基本上清楚了。原来，当时神尾光臣住在日本驻天津领事馆里，将李鸿章身边的一些人收买，为其效劳。所以李鸿章的一举一动皆在其掌握之中。李鸿章调船运送士兵或饷银也好，派北洋舰队护航也好，神尾都一清二楚。所以《日本奸细石川伍一供单》说：

"打电报叫日本打高升船官兵的信,是中堂衙里送出来的;电是领事府打的。"此话是绝对可信的。

当然,日本间谍窃取中国运兵和护航的情报,也不会只有一个渠道。像泷川具和这个人,平时就常装成苦力,出入于塘沽码头区,与搬运工人们厮混在一起,要想了解高升的装载情况和开船时间是很容易的。据时人记载,当高升等运兵船停泊塘沽码头时,码头区并无任何警戒,一般闲人皆可自由来往,并发现竟有日本人"来往不绝,凡我船开行,彼即细为查探,非但常在码头梭巡,竟有下船在旁手持铅笔、洋簿,将所载物件逐一记数,竟无委员、巡丁驱逐"。日谍活动之猖狂,官员职守之不忠,此为最突出之一例。

德国商人满德的亲身经历也证实了这一点。他手下的职员向他报告,"有一倭人久住塘沽","才具甚大,华、英、德、法语言具能精通",与他人谈话时随时记录。照这位洋行职员所描述的情况来看,此人只能是泷川具和,殆无疑义。满德从塘沽乘火车返回天津时,在车厢里也坐着一个日本人,他在一封信里写下了对此人的印象:

> 及满德坐火车时,又有一倭人同载,……则爱仁、飞鲸、高升载若干兵、若干饷,何人护送,赴何口岸,该倭人无不了彻于胸也。既能了彻,安见不电知上海,由上海电知伊国也。不然,高升船之罹灾,何以若是之速也?[①]

不管满德遇到的"倭人"是否是他手下职员看到的那个"倭人",他的推测都是完全有道理的。

日本间谍不但紧盯塘沽的运兵情况,更重要的是要了解北洋舰队派舰护航的情况。当时,日谍宗方小太郎就住在日本驻烟台领事馆内,专门监视北洋舰队的行踪。宗方的这段传奇经历,也是到20世纪80

---

① 《盛宣怀档案资料选辑之三·甲午中日战争》下,第103页。

年代才开始为人们所注意。原来，宗方勤于用笔，有写日记的习惯，每天都要把自己的活动详细记下来，所以他的日记便成为研究日本间谍在华活动的重要史料。但《宗方小太郎日记》的发现经过却很曲折。20世纪40年代，在日本"中国派遣军"总司令冈村宁次手下任职的某位日本人士，正着手写一部《宗方小太郎传》，他便用宗方的日记手稿做基础材料。1945年日本宣布无条件投降，在华日人都要被遣送回国。此人书还没有写完，所用资料又不便携带，只好交其要好的某华人代为保管。其后，不知为何这部日记手稿竟流散出去了。20世纪50年代，宗方的女婿从日本给郭沫若先生写信，请帮忙寻找手稿，也无结果。其后，年子敏先生竟在苏州的旧书摊上发现了宗方手稿，喜出望外，便花钱买了下来。到20世纪80年代，我编辑《中国近代史资料丛刊续编》的《中日战争》卷时，决定收入《宗方小太郎日记》，将其公之于世。

从宗方日记可以知道，当时宗方小太郎坐镇烟台，身边还有华人侦探2人：一是穆十；一是《日本奸细石川伍一供单》上提到的高顺。高顺又称高二或高儿，系宛平人，卖身投靠日本间谍机关，先在日本武官井上敏夫指挥下侦探军情，如今又随宗方来到烟台。宗方曾几次亲自到威海港侦察。当他回烟台期间，则派穆十和高顺轮流在威海监视北洋舰队的动静。到7月19日，他便得到了北洋舰队"已作准备，将于今日或明日相率赴朝鲜"的情报。此报告迅速从上海发电传回国内，日本大本营随即下令着手袭击北洋舰队和清军运兵船的准备。

日本海军在丰岛海上袭击济远和击沉高升，看似仅是一种通常的军事行动而已，人们怎能知道这内里还隐藏着一段如此复杂曲折的背景故事！

第三章　平壤之役

扫码获取
- 历史回响
- 战事风云
- 军事秘闻
- 以史明鉴

第一节　初战成欢

成欢之战是甲午陆战的第一战。这次战斗发生得很奇特，当时日本一方固然是在千方百计地挑起战端，而中国一方却殚思极虑地要避战，为何最终还是发生了呢？这还要从清军赴援朝鲜说起。

清军赴朝　先是在6月初，朝鲜政府决定请求清军赴援时，陆奥宗光即认为这正是挑起衅端的绝好机会，便命其驻朝公使馆密切注意此事，并伺机引诱中国上钩。于是，日本驻朝代办杉村濬等人几次拜访袁世凯，表示企盼中国迅速派兵入朝，并特别强调说："我政府必无他意。"袁相信了日本的鬼话，认为日本顶多借保护使馆为名，派百余兵来，不会发生什么事的。李鸿章也认可袁的判断，相信日使大鸟圭介"不喜多事"，"自无动兵意"。由于袁、李的轻信，清军赴援之始便落入了日方所设下的圈套。

清军赴朝之初，李鸿章便定下了两条原则：一是中国派兵是专为协助朝鲜政府平息内乱而来；一是清军入朝后要远离汉城和各通商口岸。同时，他还将这个规定通知了日本驻天津领事荒川已次，并且要荒川转告日本政府，希望日本："不必派兵，致人惊疑。……如已派保护官商，断不可多，且非韩请派，断不可入内地，致华日兵相遇生衅。"日本的挑衅之心已定，绝不会就此罢休，对李的要求只能嗤之以鼻。

清军先后分三批渡海入朝，共2 400多人，进扎于朝鲜西海岸江华湾南岸的牙山。牙山深处江华湾内，由停船处改乘驳船进入内河，逆流而上，行35公里，才能到达。故此处虽近海滨，但运兵和接济都十分困难，时人称之为"绝地"。后增兵到来，总兵力才到达3 800人。牙山这支清军，被称为芦榆防军，由直隶提督叶志超担任总统，太原镇总兵聂士成为分统。

日本对派兵的规模早有定算。陆奥宗光曾与日本参谋本部次长川上操六专门讨论过出兵朝鲜的计划。他们一致认为，中国所派军队不会超过5 000人，而日本要居于必胜的地位，就需要派一支6 000到7 000人的部队。最后决定由陆军少将大岛义昌率第九混成旅团入朝，兵力达到7 600多人。日军从仁川登陆后，即派先头部队进入汉城，并占据了汉城附近的要地。这样，日军在朝兵力已经占有绝对优势了。

当时，聂士成有鉴于此，特派测绘学生前往汉城，察看地形，测其险要，绘成地图。并致书袁世凯，提出派洋枪队400人进入汉城，保护公署；另派400人驻扎汉城以南的水原，以为接应。袁世凯回电："请勿轻动！"李鸿章与袁同见，他担心移军水原与日军驻地相近，反而会给日军提供挑衅的借口。认为："倭兵……已占先着。我多兵逼处，易生事；远扎，则兵多少等耳。"按照这一奇怪的逻辑，他命令驻牙山的清军必须"静守勿动"。

其后，叶志超也感到局势岌岌可危，再次提出统兵往汉城的建议。袁世凯不敢违背李鸿章的调度，复电说："我如一振，日必自衰。惟兵来意，在保局息事，殊无奈何！"李鸿章也电叶称："切不可移近韩都挑衅！"予以制止。

此事虽密，不知为何竟传出去了。不久，汉城即风传聂士成要率2 000人入京的消息。大鸟圭介非常惊慌，准备制止，甚至要以武力相拒。但陆奥宗光有所顾忌，回电说："可进行劝告以制止其入京，但不可使用武力。"可见，当时清军在军事上力争主动，并及时增兵入朝，不失为可行的办法。但这样的机会稍纵即逝，一旦错过就再难挽回了。

进退失据 进入7月以后，朝鲜日趋危急，牙山清军处境孤危，中国驻朝官兵和清军将领皆认为，衅端一成，即无归路。于是，为解救驻牙山清军的困境，纷纷建言献策，其中最主要的是以下三策：

第一策，移营北上。袁世凯认为，日本派大军入朝，绝不肯空手而归，欲挑起衅端，不愁找不到借口，而叶志超一军偏处牙山一隅，接济颇难，因此建议速派船来全部装船北上，或到鸭绿江下岸，或往平壤，以待大举。否则，"衅端一成，即无归路"。

第二策，撤队班师。聂士成主张撤队内渡，力请班师。他先将此策电禀李鸿章，随后又恳叶志超发电力请。其建议称：

> 我军本奉命平韩乱，非与倭争雄也。倭乘间以水陆大队压韩，据险寻衅，蓄谋已久。又敌众我寡，地利人和，均落后着，与战正堕彼术中。今匪乱已平，正可趁此接队内渡，免资口实，此老子不为人先之谋，亦兵家避实击虚之计。……否则，倭将先发制我，衅端一启，大局可危。①

他还专派幕友乘船内渡天津，面陈朝鲜形势，请速派轮接队，免启边衅。

---

① 聂士成：《东征日记》。

第三策，南北会师。叶志超不反对撤队班师，但认为这只是中策，而他的上策是：一方面，"速派水陆大军由北来"；另一方面，由叶本人率所部以护商为名，"由此前进，择要扼扎"，以期南北会合。否则，一旦决裂，必将"进兵无路"。

在以上三策中，叶志超的南北会师策名为上策，其实完全脱离实际。因为当时在朝鲜北部根本没有驻扎清军，现派清军进入朝鲜北境也不是立马可办的事情。何况叶部北进只有两条路：一条是以"护商"的名义进汉城，此举必定牵动全局，而且以叶部区区 2 000 余人的兵力也难以有所作为，是很难行得通的；一条是绕道朝鲜东海岸北行，这条路长达 1 000 余公里，走起来十分危险，无异于脱围逃跑。所以，李鸿章对此策批了四个字："似须缓办。"

聂士成的撤队班师策与袁世凯的移营北上策，乍看起来十分相似，故李鸿章说是"同见"。其实，两策仅是形似而已，其着眼点则有高下之分：袁策着眼于保全叶部，是权宜之计；聂策则着眼于大局，是一种积极的战略退却。聂策若被采纳，不仅可以改变当时中国在军事上的不利处境，而且在政治及外交方面也会赢得主动，对于日本发动这场侵华战争的计划来说，必将是一个沉重的打击，使其难以实现。而李鸿章却认为此策"示弱"，不予采纳，以致错过了这次实行战略退却的大好时机。后来，张謇批评李鸿章"败和"，不是没有道理的。

在此关键时刻，李鸿章多次电示叶志超，其要义就是四个字："静守勿动！"强调说：

> 日虽竭力预备战守，我不先与开仗，彼谅不动手，此万国公例。谁先开战，谁即理诎（音躯 qū，同屈）。切记勿忘，汝勿性急！①

---

① 《李鸿章全集》电稿二，上海人民出版社 1986 年版，第 794 页。

他相信万国公例，一心依赖列强调停，既不敢进，又不肯退，这只能使叶志超所部陷于被动挨打的境地。

兵营药商 清军进驻牙山以后，即处在日人的监视之下。在一段时间里，清军兵营附近经常有一个商人打扮的人在走动。此人自称是神户华侨，做药材生意，官兵们也都并不在意。这位药材商究竟是谁？原来此人就是日本资深间谍山崎羔三郎。

山崎羔三郎 日本福冈县人。1888年被玄洋社派到上海，随后投奔汉口间谍机构乐善堂，研究中国问题。1889年初，他便辫发华装，化名常致诚，深入云、贵两省调查，历时近一年。1890年初，又深入两广调查，历时半年回到上海。他风尘仆仆地奔波于西南数省，就是要寻找一块起事的根据地。后因形势变化，寻找起事根据地的事停了下来。从1891年起，他先是在荒尾精创办的上海日清贸易研究所担任庶务，随后又奉命回汉口潜伏。

1894年6月，山崎羔三郎由上海乘船到烟台，偷爬上一艘中国运兵船来到朝鲜。他上岸后，先到汉城龙山见大岛混成旅团的参谋长长冈外史少佐，接受了潜入牙山清军营地侦察的任务。于是，他便以华侨药材商的身份为掩护到清军兵营内外走动，详细了解清军的兵力及番号、防御工事的所在、附近河流的深浅等，一连活动了7天。最后，因所带地图及指南针被清兵发现，怀疑为日本奸细，将其逮捕。但在押解途中，山崎侥幸逃脱。他立即跑到龙山旅团司令部，将侦察情况向长冈参谋长作了汇报。根据山崎的侦察报告，大岛混成旅团制定了进攻牙山清军的作战计划。

沮泽伏击 早在7月23日，即丰岛海战发生的前两天，日本第九混成旅团旅团长大岛义昌少将已接到大本营发来的进攻牙山清军的电令，因为当时日军正实施围宫劫王的计划，所以到25日才率旅团主力

4 000余人从龙山出发，向牙山进犯。

7月25日，探报日军由汉城南下，其前锋已抵水原，将电话线破坏，致使清军信息不通。26日，由于情况紧急，清军不能困守牙山绝地，叶志超便决定分兵三路：由聂士成率2 800人移扎成欢驿，布置防御；叶自率500人往驻公州，以为聂部后援；留500人驻守牙山，守护辎重。这样一来，本来就不多的兵力更加单薄了。

7月28日，日军旅团本部到达安城河北岸的素沙场，才发现只有小部分清军驻守牙山，大部分已移营于成欢驿。于是便重新修改作战方案，并决定于当天午夜发起攻击。

沮泽伏击是成欢之战的一次前哨战。日军欲进攻成欢驿，由素沙场南行，正好安城河横亘于前，须过河才能到达。河之南北两岸乃是沮泽之地，一片泽国水乡，沼泽与水田交错。唯中通驿道一线，为由汉城南下的必经之路。跨河有一桥，即安城渡。渡口南岸驿道东侧，有村庄叫佳龙里，聚居农户数十家。由此再往南行，就是成欢驿了。聂士成经过实地考察，知日军进攻必经佳龙里，便命武备学生周宪章率士兵20余人埋伏于此；另命帮带冯义和率骑兵300人藏在河旁松林间，以为策应。

日军进攻部队分左右两翼：左翼为主力，由大岛义昌少将亲自率领，从东路主攻成欢驿清军阵地；右翼为辅助，由武田秀山中佐率领，从西路接近敌阵，以为牵制。7月29日凌晨半点，日军右翼队在夜幕的笼罩下前往安城渡。渡桥甚窄，且桥面有一半毁断，大部队通过速度甚慢。河水深过人肩，河床为陡坡，且烂泥很深，无法涉渡。所以，直到凌晨3时许，日军右翼前卫才全部通过安城渡，随后穿过水田到达佳龙里。突然，枪声四起，清军开始向日兵群里猛射。当时，夜色黝黑，村路狭窄，日兵处境不利，只好退到村外沼泽地散开伏卧，与清军展开对射。

　　这时，日军右翼后继部队也陆续到达村外的沼泽地，在塘下散开，支援前卫。因清军藏于暗处，又占据有利地形，频频狙击日兵，使其寸步难进。日军中尉时山龚造急于救援前卫，率先挥刀前进，其部下跟随于后，误陷沼泽之中，水深没肩，两脚深陷不能拔，与部下29人全部溺死。日军大尉松崎直臣试图摆脱困境，命令前卫全队冲锋。他挥刀从田埂上跃起，也连中数弹，倒地毙命。日军士气大挫，纷纷后退，拥向渡桥，无奈桥窄人多，拥挤落水溺死者甚众。

　　当日军右翼前卫濒于瓦解之际，右翼大队总算赶到，又继续发起冲锋。冯义和所率清军骑兵队虽出现于村边，但四处都是水田和沼泽地，无法驰骋杀敌，又因目标过大而陷于被动，被迫后撤。周宪章等坚持抵抗，但敌我力量过于悬殊，又无后队支援，在激烈的战斗中全部壮烈牺牲。凌晨4时，日军右翼队进占了佳龙里。

　　成欢激战　与日军右翼队通过安城渡和进攻佳龙里同时，大岛义昌率领日军左翼队已从安城河上游涉渡，逼近成欢驿。凌晨4时，西方的枪声归于沉寂，大岛断定右翼队进攻已经得手，便传令全队作好攻击的准备。5时，他才下令对清军阵地发动总攻。

　　成欢驿地处交通要冲，形势十分险要。驿之东、西、南三面皆山，峰峦蜿蜒起伏，只有一条大道贯穿驿街。驿西为牛歇里山，驿东为月峰山，驿街即位于其西北山麓，地势险要，易守难攻。聂士成移营此处后，连日构筑防御工事，共筑壁垒6座，并就现有兵力进行部署，以待敌人来攻。

　　日军的进攻是从炮击开始的。日军配备野炮8门，早已测准距离，瞄准月峰山东侧清军两座壁垒，发炮每每命中。清军壁垒乃仓促构建，皆筑土为墙，只及胸高，一炮落下，墙土四散纷飞，黑烟腾起，士兵根本无法隐蔽，战斗异常艰苦。清军虽坚持御敌，无奈敌人炮火太猛，无法进行持久的抵抗，被迫撤出阵地。这两座清军壁垒终被日军攻占。武田秀山听到东边炮声大作，知道总攻已经打响，便率日军右翼队从佳龙里出发，向牛歇里山清军阵地进逼。武田所部在左翼队炮火的支援下发起猛攻，又先后攻占了清军左翼的两座壁垒。于是，日军便左右夹攻，对清军阵地采取钳形攻势。清军誓死拼战，但伤亡很重，不得已溃围而出。7点半，日军攻进了清军的最后两座壁垒。

此战，日军死37人，伤50人，合计87人。清军伤亡较大，加上北撤途中因饥疫而死者，损失有200余人。这虽是一次规模很小的战斗，却很典型，故许多军事史著作都把它作为战例来研究，对其影响也绝不可小觑。此战之后，日军完全切断了从中国到朝鲜西海岸的航道，从此可专力北顾，为其后发动平壤战役解除了后顾之忧。因此可以说，成欢之战的结果，预示了平壤之役清军的失败。

失败原因 清军失败的原因是多方面的，但主要有三：

第一，消极防御。清军惯于国内作战，在战法上墨守成规，重视一城一地之得失，故视阵地战为不二法门。即使面对外来强敌，也不知变通。特别是炮兵，乃日军的强项，清军根本无法与之相比。就阵地战而言，无论攻的一方还是守的一方，都要靠强大炮火的支持，否则是不行的。清军设阵地于成欢驿，摆出一副挨打的架势，尽管所处地势险要，在敌人猛烈炮火的打击下也是难以长久支撑的。

第二，兵力分散。日军进攻的兵力有4 000多人，清军的总兵力近3 900人，大体上旗鼓相当。但就官兵的军事技能和素质来说，清军却比日军要差。所以，在具体的战斗中，清军一定要在数量上居于优势，才有可能取胜。清兵不足4 000人，反一分为三，参加战斗的才2 800多人，面对的又是训练有素的强敌，其结果也就可想而知了。

第三，部署失当。由于敌情不明，未料到日军会分兵两支，其中一支主力绕道出东路，所以未能击敌于半渡，或截敌于中途，致使其得以顺利逼近清军阵地东侧，这是造成清军失败的主要原因。又由于抛不开阵地战情结，清军组织沮泽伏击虽然是正确的，但布置兵力过少，而骑兵队又派不上用场，结果只能靠20多名步兵作战，以致功败垂成。这本是一场漂亮的伏击战，却因部署失当而败北，是十分令人惋惜的。

第二节 平壤大战（上）

平壤之役是中日两国陆军的一场大战，双方投入的兵力都在万人之上。研究甲午战史者皆称"陆战决于平壤"，从战争的结局看固然如此，但细究起来又不尽然，因为清军在这次战役中不一定是必败的。此役清军之所以走向失败，是缘于四军入朝后着着失误而造成的。

四军入朝 日本海军在丰岛不宣而战后，清政府对当时的形势作出了乐观的估计，认为：（一）日舰击沉英国商船"高升"号，显然违犯国际公法，英国必不答应；（二）日军在汉城围宫劫政，各国当动公愤；（三）英国正联络各国合力逼日本从朝鲜退兵，日本不敢不从。据此，李鸿章相信国际形势变得对中国有利，想借此机会以战促和，因此主张对日本作出决裂的态度。于是，他一面电商总理衙门撤回驻日公使，作宣战的准备；一面严催清军从朝鲜北路进兵，要抢先进入平壤，以遏制敌人的阴谋。

从北路先后进入朝鲜的援军，是4支清军部队，号称四大军。他们是：

盛军 原驻天津小站，是淮军中最大的一支，由记名提督宁夏镇总兵卫汝贵统率，总兵孙显寅为分统。先后三批赴朝的盛军，共13营6000人。

毅军 原驻旅顺口，亦属淮军，四川提督宋庆统率。由总兵马玉崑率毅军一部赴援朝鲜，共4营2 000人。

奉军 原分驻奉天各地，由淮军旧将高州镇总兵左宝贵统率，总兵聂桂林为分统。奉命赴援朝鲜者，原只马步8营3 500人，后又奉命招募500人，成立炮队1营。共计4 000人。

奉天盛军 又称奉天练军盛字营，由副都统丰升阿统带。它是四大军中最后入朝的一支，人数最少，除丰升阿原统之盛字马步4起外，又拨给吉林练军马步2起，共马步6起1 500人。

四大军的总兵力达到13 500人。其中，盛军、毅军、奉军在当时堪称清军精锐，李鸿章颇寄予厚望，并抱有很大信心。他认为，有此三军赴援，可保万全。其致总理衙门电称：

> 派赴平壤卫汝贵、马玉崑、左宝贵各军，皆系鸿旧部，练习西洋新式枪炮多年。屡饬该统将等和衷商办。凡其力所能及者，当可无误机宜。①

李鸿章所说倒近于实情。但是，有将无帅，各不相属，能否做到"和衷商办"，就很难说了。后来事实证明，问题就出在不能"和衷商办"上。

至于丰升阿所统带的奉天盛军，不仅纪律欠佳，也毫无战斗力可言。故时人戏称为"鸭蛋兵"。清政府调派这样的部队入朝，是一个重大错误。

抢进平壤 7月下旬，当清军先头部队进入朝鲜北境之初，平壤

---

① 《李鸿章全集》电稿二，上海人民出版社1986年版，第839页。

形势已经相当严峻。成欢之战后，大岛义昌最怕清军进入平壤，然后自平壤南下袭击汉城，便命步兵中尉町口熊槌化装为商人，潜至平壤伺机行事，并派骑兵队随后前进，以便策应。在当时的情势下，谁先进入平壤谁就会占据有利地位。所以，平壤之得失，对其后战局的发展关系甚大。

町口熊槌进入平壤城后，便住在早期潜伏日谍所开设的店中。7月30日，他探听到清军已渡过鸭绿江，并正向平壤行进，便立即奔向电报局发电向大岛义昌报告。因其举动怪异，引起当地民众怀疑，町口连忙逃出城外。31日，他行至中和时，正与日本骑兵少尉竹内英男所率骑兵队相遇，于是共同商定：趁清军未到平壤之前，先将平壤电报局破坏，切断清军的通讯，以引起混乱，乘机抢占平壤。

先是在7月29日，李鸿章接到义州电报局转来的平壤急电，内称日军已抵大同江口，这才着急起来。他立即电令卫汝贵："日兵已抵（大同）江口，恐先据平（壤），事更棘手，须与马荆山（玉崑）合力图之。"卫汝贵接电后，不敢怠慢，全队开拔又行进迟缓，决定派哨官曲德成率亲兵马队先行。曲德成兼程前进，于31日抢先一步进入平壤。

8月1日夜，町口熊槌与竹内英男率骑兵抵达大同江南岸船桥里，见岸边小船皆被收至北岸，便派军曹川崎伊势雄泅水过江，因江流湍急而未能到达北岸。2日，日本百余人仍然试图渡江，以强行占领平壤。曲德成急率队出南门截击，连放排炮，将日兵惊退。3日，他更提高警惕，率队昼夜守城，以防日兵偷袭。町口、竹内见清军有备，不敢造次行事，只好放弃偷袭平壤的计划。平壤终于转危为安。

8月4日，卫汝贵和马玉崑先抵平壤。6日，左宝贵赶到。9日，丰升阿最后到达。至此，四大军都集结于平壤了。清军抢先进入平壤，有了立足之地，并且拥有了1万余兵力，这从战略上说是十分有利的。问题是清军未能充分利用这一有利条件，最后只能走向失败了。

帅位久虚　从7月中旬清廷降旨派军由北路入朝到四大军抵平壤后的8月底，历时一个半月，竟然没有任命一位主帅统率前敌大军，这真是战争史上罕见的怪事！为什么会出现这种"有将无帅"的局面呢？原来这内中是有隐情的。其实，在此期间，朝廷内外也在忙于物色合适的前敌主帅，曾先后考虑过多个人选，其中主要有4位：

第一位，刘铭传。淮军宿将，是第一任台湾巡抚。他曾在台湾领导抗法战争，功绩卓著，是比较合适的主帅人选。李鸿章本着淮将统淮军的原则，最先提出起用刘铭传。但刘以重病为由，不肯出山。李鸿章多次劝驾，也无效果。据传刘深知即使目前对日开仗，不久即会主和，故有"知和议在即，我绝不出"之语。这才是他不肯出山的主要原因。

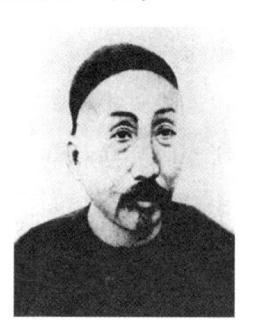

刘铭传

第二位，刘锦棠。湘军宿将，是第一任新疆巡抚。他曾随左宗棠西征，在收复新疆之役中建立功勋。当时，帝党主要成员翁同龢倾向于以湘将统淮军，以平衡湘淮两方面。既然刘铭传不肯应召，便想到了刘锦棠。但李鸿章绝不同意以湘将统淮军，但又不便明说，就采取婉拒的办法，在复电中把朝鲜战局说得十分有把握，不另派主帅也不会误事。事实上，刘锦棠当时业已病重，即使朝廷明诏起用，也不能命驾北上，不久就病故了。

第三位，李秉衡。时任山东巡抚，尚未赴任。有帝党官员提出，请简派李秉衡担当此任。中法战争期间，李秉衡奉旨暂护广西巡抚，并督办广西后路军务兼会办广西前敌军务。他虽是文官出身，但善于调和诸将，士气大振，接连取得了镇南关和谅山两次大捷，以此名声大噪。时人认为，他与冯子材"同得民心，亦同功最盛"。因有此前例，故帝党颇想倚重于他。此时，李秉衡正来京陛见，翁同龢亲自询问有意与否，他深知驾驭淮军甚难，以"军事未谙"辞之。

第四位，宋庆。行伍出身，时为四川提督，但未赴任，统毅军驻防旅顺。宋庆虽非淮军嫡系，但在北洋驻防有年，也可列入淮系了。故有淮军官员向李鸿章建议："目前资历最深，战功最著，首推宋祝三（庆）军门。即可奏请特派督办朝鲜事务，再以伯行（李经方）星使副之，则淮将无不联络一气，如我傅相（李鸿章）亲临前敌无异，必成大功。"李经方，字伯行，是李鸿章的嗣子，曾任驻日本公使。因宋庆不是淮军嫡系，故提出以李经方为副。李鸿章知道以宋庆为主帅，淮军将领必不服气，而李经方又素不知兵，且无威望，用他担任副帅必遭非议，未敢采纳这一建议。

其实，帅位久虚，终究是李鸿章的一块心病，他何尝不想早任命主帅，无奈环顾帐下诸将，难有可当此任者。不料，8月23日，叶志超到平壤以后，事情却发生了戏剧性的变化。本来成欢之战，叶志超正驻扎公州，不但不设法支援聂士成军，反率军北上，一路数次谎报战功，先是说"倭兵死一千数百名"，后又说"顷探实倭兵将死亡确有3 000内外"。清廷信以为真，传旨嘉奖，并颁赏银2万两。

叶志超冒功受奖，局外人怎知真相，皆认为叶以寡敌众，坚忍卓绝，堪称大将风范，实为主帅的不二人选。当时，李鸿章的主要助手盛宣怀有个三弟，名叫盛星怀，正在盛军营务处当差，他在叶志超到达平壤的当天即以密电禀报：

> 叶（志超）今日可到，士气更壮。毅军奋勇精炼，奉军和衷协力，盛军兵亦强悍，惜人心不固。看此情形，非有督办不可。

……弟无知，姑妄言之，兄若顾全大局，务速密告中堂。①

这份密禀来得及时，也正合李鸿章的心思。两天后，即8月25日，便有谕旨派叶志超为总统，命其"督率诸军，相机进剿"。可是，聂士成所部最了解叶志超的总统是怎么得来的，觉得实在不可思议，一军皆惊。

清廷任命叶志超这样既怯怯畏敌又惯于饰败为胜的将领担任总统，平壤之役的结局也就不问而知了。

战守两歧 四大军既到平壤，又有了主帅，理应急筹战守之策，在战略上争取主动。然而，恰恰在此关键时刻，从朝廷到前敌，意见极为纷纭，难以取得统一。大致说来，有三种意见，即进、守、退。

第一种：进。所谓进，就是挥师南下，进兵汉城。此种意见以光绪皇帝为代表。

早在8月初，光绪即电寄谕旨，命李鸿章迅速电催北路入朝各军"星夜前进，直抵汉城，与叶志超合力夹击"。四大军齐集平壤后，又几次电谕"迅速进兵"，并警告且勿迟缓，"若株守以待，未免坐失事机"。进入下旬以后，光绪见前敌各军迁延不进，更电寄严旨催令进兵：

> 平壤前敌各军，到者计及万余。倭人闻我进兵，亦屡有派兵北赴平壤之信。自应迅图进剿，先发制人。况各军到彼休息亦已旬余，后路来到之兵亦应陆续全到，若迁延不进，坐失事机，致彼汉城之守益固，各处险隘布置益周，剿办更为棘手。著李鸿章电饬各军统将，克期进发，直指汉城，……倘敢退缩逗留，即以军法从事。②

第二种，守。所谓守，就是"坚扎营垒"，"先定守局"，实即以守城为至计。此种意见以李鸿章为代表。

---

① 《盛宣怀档案资料选辑之三·甲午中日战争》上，第103~104页。
② 《中国近代史资料丛刊·中日战争》，第3册，第50页。

先是在叶志超到平壤之前，李鸿章即通过盛宣怀告诫卫汝贵：
"现宜稳守平壤，勿轻敌深入！"所以，每当马玉崑、左宝贵提出进兵时，卫汝贵总是竭力阻止。到叶志超抵达平壤的当天，盛宣怀又派人持专函告知与李鸿章"熟筹"之策："目前我兵太单，只可先筹自守，未可躁进失机。各路援军，总须十月间方能陆续到平（壤）。……能迟至冬间进兵，自可操必胜之势。"卫汝贵知盛函所述乃是李鸿章之意，也向盛宣怀表态说："贵与曙老（叶志超）同袍谊重，自当竭尽愚钝，以期共济。此时东支西吾，万不敢孟浪进兵。"盛军是平壤诸军中最大的一支，有了卫汝贵的表态，李鸿章心里也就有了底，于是公然与朝廷唱起了反调：

> 目前只能坚扎平壤，扼据形胜，俟各营到齐，后路布妥，始可相机进取。将来若近逼王京（汉城），必如诸将所请，添足三万人，步步稳慎，乃可图功。①

第三种：退。所谓退，就是退出平壤，回师国门之内。此种意见以叶志超为代表。

叶志超在成欢之战时不战而退，现在他的真实意思是仍想不战而退出平壤，反正李鸿章有"迟至冬间进兵"的话，正可作为退兵的借口。于是，他召集平壤诸将会商，提出自己退兵的意见：

> 敌人乘胜大至，锋芒正锐，我军弹药不齐，地势不熟，不如各整队伍暂退瑷州（辽东），养精蓄锐，以图后举。②

他没有料到的是，左宝贵立即怒形于色，反驳道："朝廷设机器，养军兵，每岁糜金钱数十万，正为今日耳。若不战而退，何以对朝鲜而报国家哉？"叶志超深知此事非同小可，关系到自己的身家性命，不

---

① 《中国近代史资料丛刊·中日战争》，第3册，第44页。
② 栾述善：《楚囚轶事》。

敢坚持己见，遂作罢论。

在以上三种意见中，李鸿章的守仍是消极防御，叶志超的退简直就是逃跑，只有光绪的进尚可算得上一个积极的方案。但是，积极的方案必须有相应的措施来加以贯彻。进的方案恰恰忽视了这一点，因而出现了四误：

其一，命帅非人。任命叶志超为平壤诸军总统是一个致命的错误。曾有官员认为，四川提督宋庆所部毅军"素精训练"，建议朝廷责成宋庆赴朝，"相度机宜，克期深入"。这是一个好的建议。宋庆是一位敢战之将。毅军后来成为辽东战场的主力部队，打了许多硬仗，也经历了许多苦战，其队伍反而越打越大，就是最好的证明。如果当时清廷不用叶志超而用宋庆，必然会是另一番局面。可惜清廷对此建议未予考虑，以致铸成大错。

其二，南军北撤。本来，按光绪的谕旨，朝鲜南路的芦榆防军与北路的四大军，应"合力夹击"，收复汉城。这样，成欢之战后，芦榆防军的动向便成为贯彻谕旨的关键。对此，当时官员们有两种不同的主张：（一）北路四大军"先行绕道前去，择地驻扎，相机而动"；南路芦榆防军"分投并进，相为犄角"；海军则游弋"牙山口外一带，阻其粮道，并声东击西，以牵其势"。（二）"全队东行，且战且走，绕归北路，方是死中求活法。"前者本是正确的主张，而朝廷却未采纳。后者，对芦榆防军自身来说，固然是"死中求活法"；对战争全局来说，却是一步死棋。后来的事实便证明了这一点。这是又一大错。

其三，依军不行。当四大军进入平壤后，黑龙江将军依克唐阿自请亲率马步8营由吉林进入朝鲜咸镜道，相机进剿。朝廷当即批准了依克唐阿的请求。当时，平壤清军官兵听到依军赴朝的消息，深感鼓舞。此议若果能付诸实施，依军从东路进入朝鲜，与盛、毅等军遥相呼应，既可切断从元山到平壤的通路，又可作为游击之军分散敌人的兵力，将会有力地配合和支援盛、毅等军及时采取攻势，这在战略上是十分有利的。然朝廷主意不定，朝令夕改，又以奉天防务紧要为名，改谕依克唐阿前赴沈阳。此谕令前敌将士大失所望，严重地影响了士气。

直到9月18日，即平壤大战后的第三天，依克唐阿又两献"暗出奇兵"之计。第一计是趁日军主力北趋平壤而汉城空虚之际，亲率山中猎户万人，由吉林直入朝鲜咸镜道内，"相机绕拊汉城之背，两面夹攻，掣敌之肘，出其不意而攻其不备"。第二计是从陆路分三路进攻：淮军近万人为一路，奉天各军近万人为一路；依军则由吉林"相机暗进，以攻敌之所必就"，并分一队猎户"不穿号衣，不张旗帜，各带干粮军械，穿山而进，为声东击西之计"。这样三路"首尾环攻"，"倭人必接应之不暇，败之必矣"。此计若被采纳，必使清军在战略上变被动为主动，打乱日军既定的作战计划，是有利于战局发展的。而清廷却见不及此，将建议再次搁置起来。

其四，海军失策。当时，北洋海军的进止颇为朝野所关注。日本为顺利完成朝鲜境内的作战，或散布要在直隶登陆的谣言，或派一两艘舰只扰袭威海卫，以吸引北洋舰队远离朝鲜西海岸。北洋舰队疲于奔命，却一无所得，完全陷于被动的境地。曾有官员提出"海军战船进攻仁川口敌舰"的建议，也未被朝廷重视。其实，北洋舰队在此期间完全可以做到这一点，因为当时日本舰队在此处仅有少数舰只往来，且多是弱舰，对其发动突然袭击，必可给敌人以沉重打击。如果趁大岛混成旅团进攻成欢，而汉城空虚之际再护运10余营登陆仁川，进袭汉城，也当可唾手而得。所以，对于北洋海军来说，关键的问题在于能够制订正确的作战计划，掌握战争的主动权，这样必可使朝鲜的战局为之改观。可惜的是，中枢的决策者也好，李鸿章也好，都看不到这一点。李鸿章采取"保船制敌"之策，到头来敌人没制服，船也没保住。

由于上述四误，光绪皇帝"进"的方案很难贯彻下去，最后还是只能采取李鸿章"先定守局"的办法了。

第三节 平壤大战（下）

先是叶志超被委任为诸军总统，知道此番不同儿戏，便电请盛宣怀转禀李鸿章，说自己忽得"目眩心跳之症，每日犯数次、十数次不等，眩迷不能自主"，病得很厉害，请准予"开缺回津就医调养"。盛宣怀回电称："朝廷倚托甚重，岂能言退！"

株守待敌 进入9月以后，各方面的消息传来，知日军已分路进逼平壤。先前朝廷屡次电催平壤清军南进，李鸿章都以兵力不足回奏；今见情势紧迫，这才着急起来，急电叶志超"预备进击"。叶志超回电却说："现平壤不过万人。陆军劳费万端，必有四万余人，厚集兵力，分布前敌后路，庶可无虞。请筹调添募。"他想的不是如何胜敌，而是怎样保护自己。大敌当前，即使"筹调添募"也来不及，岂非望梅止渴？光绪皇帝看了叶志超的电报，深感诧异："叶志超前在牙山，兵少敌众，而词气颇壮；今归大军后，一切进止，反似有窒碍为难之象"，前后判若两人。他万没想到，前者只是叶志超的假象，后者才暴露出他懦夫的真面目。

叶志超见日军已向平壤逼近，既不敢主动攻击，又不敢向北后退，处于踌躇无计之中。到9月12日，各路日军已进至平壤近郊，情况万分吃紧，叶志超召集诸将会议，讨论如何部署兵力，加强防御。最后确定的防御原则是：划区防守，相互支援。

这时进入平壤的四大军,除奉天盛军已大部调往后路外,盛军有4营,奉军和毅军各有1营,也都调去防守后路,只剩下9 500人。成欢之战后北撤的芦榆防军有3 500人。这样,驻守平壤的清军尚有1.3万人。当时,叶志超分配给各军的防守任务是:城南之船桥里一带,由毅军及盛军防守;城北之牡丹台及玄武门一带,由奉军防守;城西七星门一带,由芦榆防军防守。

至此,部署总算就绪,诸将皆按各自的防区驻守,叶志超本人则驻城中调度。实际上,他是推掉了指挥的责任,让诸将各自为战,株守待敌。

分进合击 当平壤清军筹备战守未妥之际,日军便采取分进合击战术,对平壤发动了进攻。日军进攻部队包括第五师团全部和第三师团之一部,共1.6万多人。其中,有第五师团本部5 400人,由师团长野津道贯中将率领,绕攻平壤城西;第五师团第九混成旅团3 600人,由旅团长大岛义昌少将率领,攻击平壤城南;第五师团第十旅团一部,又称朔宁支队2 400人,由旅团长立见尚文少将率领,进攻平壤城北;第三师团第五旅团一部,又称元山支队4 700人,由联队长佐藤正大佐率领,与朔宁支队合击平壤城北。

按照野津道贯预定的进兵计划,各路日军于9月14日皆到达平壤外围,于15日凌晨向平壤发起了总攻击。

船桥挫敌 日军对平壤的总攻击,是从城南船桥里开始的。平壤有六门,其南门称朱雀门。出朱雀门到大同江东岸,有一船桥相连,故习惯上称东岸为船桥里。沿江迤南,筑堡垒3座;其外围也筑堡垒2座。有毅军1营和盛军3营在此驻守。

15日凌晨4时,战斗开始打响。日军先用炮火摧毁外围2座堡垒,然后集中兵力进攻沿江的3座堡垒。这样,日军便可通过船桥进抵城下，再轰开朱雀门，平壤城必提前陷落。所以，对于清军来说，守住三垒就是胜利。于是，双方展开了一场争夺三垒的激烈战斗。这场战斗经历了三个阶段：

第一阶段，坚守三垒。日军集中兵力进攻船桥里沿江三垒，一面从正面进攻，一面分兵从右侧绕攻。这样，三垒便处于敌人的两面夹击之中。与此同时，日军炮队还向三垒猛轰，大小火炮不间断地发射。在日军的猛烈进攻下，守军毅、盛两军4营虽处于困难的境地，但在马玉崑和卫汝贵的指挥下顽强搏战，毫无畏惧之色。

马玉崑 字景山，原籍安徽蒙城，后迁居涡阳。1864年，投宋庆毅军，充亲军营管带。后统毅军4营，兼管全军营务处。1874年，率军出嘉峪关，随左宗棠抗击阿古柏和沙俄的侵略。左赞其"勇略冠诸军，倚为靖边之助"。1889年，经李鸿章奏调北洋，派至旅顺驻防。1894年，补授太原镇总兵。不久，奉调赴平壤，在入朝四大军中表现最为突出。

面对敌人的强大攻势，马玉崑指挥守军决不退让，坚守三垒。这时，江北岸的盛军也连连发炮支援，军势大振。双方展开了激烈的炮战。据日方记载：

> 大小炮弹连发如雨，炮声隆隆震天撼地，硝烟如云涌起，遮于面前。……原以为敌兵会立即溃散。然而，我军前进一步，敌军亦前进一步，彼此步步相互接近。此时，除使炮击更加猛烈外，亦别无他顾。战争愈来愈激烈，乾坤似将为之崩裂。①

守军抵抗之坚决，在日军将领的意料之外。他们久闻马玉崑以"剽悍"著称，今日始知名不虚传。

这时，天将破晓，东方稍露白色。卫汝贵从北岸瞭望南岸，知敌

---

① 《日清战争实记》，第8编，第6页。

营所在未占地利，宜乘机而攻之。于是，他当机立断，亲率盛军两哨过江作战。尽管这支生力军人数不多，却大大地鼓舞了清军士气，声势益振。

卫汝贵 字达三，安徽合肥人。早年参加淮军，隶于刘铭传，与太平军和捻军作战。捻军既败，授甘肃河州镇总兵。李鸿章对卫汝贵颇为器重，称其"朴诚忠勇"，留防北洋。历授山西大同镇总兵、甘肃宁夏镇总兵，均未赴任，在北洋统防军如故。1894 年 8 月，卫汝贵率盛军 6 000 人进入平壤，成为入朝四大军中最大的一支。

激战继续进行。直到太阳升于东山顶上，双方阵地形势更是明显可见。日军因缺乏可供隐蔽的良好地物，在强行逼近三垒时暴露目标过大，因此伤亡甚众。日军预备队两个中队，由町田实义大尉和林久实大尉分别率领，实行突击，企图夺取三垒。垒高一丈二尺，周围有壕沟绕之，难以靠近。在突击中，林久实及两名中尉队副当场被毙。町田实义业已受伤，其随从扶之，又一弹飞来，两人皆死。两中队日兵始不敢向前，纷纷退回原阵地。

第二阶段，绝地搏敌。大岛义昌见三垒久攻不下，情况紧急，非常焦虑，继续激励部下前去救援。先有日军一小队靠近堡垒，守军断其后路，又从侧面射击，立即有 4 名日兵仆地不起。若月曾一郎大尉率队进援，经过激烈战斗终于突进一垒。此垒甚大，中间垒有隔壁，将堡垒一分为二，日军夺得其一。这时，守军陷于绝地，无路可退，只能与敌人展开生死搏战。日方记载当时情况说：

> 两阵相对，铳击最烈。俄而，清国大军来袭，（若月）大尉以众寡不敌，弃垒而退。更又励众再三突击之，死伤甚多，大尉亦被伤。其他将校多死伤，曹长亦乏。兵队分散于各阵中，士官

无一人者。①

这时，江北岸清军通过船桥不断为南岸守军运送弹药，而日军则弹药殆竭，士气更为低落。

日军见突击清军三垒不成，反而死伤累累，又因两军处于近距离交战之中，炮兵无法发炮轰击，便将炮兵阵地移向右翼，企图从侧面炮击清军三垒。守军见日军将炮兵阵地移近，突放排炮，弹如飞蝗，日军大队长田上觉大尉等3名尉官当即中弹毙死。

第三阶段，阵地反攻。趁日军陷于混乱之际，马玉崑和卫汝贵下令发起阵地反攻。日方记其事颇详，略谓：

> 当是时，清军善拒善战，日兵决死当之。部队甚决心，奋战甚力。清兵据桥头堡高处，俯瞰射日兵，堡垒以七连发铳愈加射击。日兵以单发铳抗之，弹药缺乏。会清兵一弹来，摩大岛义昌肋而过，益张威势，绕出中央队左侧，将绝日军后路。义昌愤然蹶然呼曰："以一死报皇恩，唯在此时而已！"士气大振。中央队共右翼队奋斗，以当清兵。预备队亦来合。防战良久，死伤颇多。于是，联队长下无护兵，且其从旅团长者，合旅团将校及从卒，仅十余人而已。②

尽管字里行间多有美化大岛之处，但还是可以从中看出毅、盛两军打得多么英勇顽强，具有何等的英雄气概！而对于日军损失之惨重，处境之狼狈，则虽欲盖而弥彰。

时间已过中午，清军的阵地反攻战仍在进行之中。双方都拼命向前，战斗越来越趋于激烈，陷于苦战之中。有位参战的盛军官员的记述，正可与日方记述相印证：

---

① 桥本海关：《清日战争实记》，卷四，第166页。
② 桥本海关：《清日战争实记》，卷四，第167~168页。

> 分守江东之毅军与盛军三营，合力奋威，舍命进击。敌兵掘沟三条，持枪伏击。我军应弹而上，夺沟二条。彼此相距十余步，舍死不退，击毙者不知其数，中伤者络绎不绝。血战终日，敌兵大败而逃。①

这时已是下午2点半。大岛义昌知道部队全日都未进餐，而且弹药已快打光，实在无力再进行战斗，便下令停止射击，仓皇撤离战场。不巧此时骤降大雨，日兵浑身淋透，雨水和伤兵的鲜血混在一起流淌，满地皆红。日军营地到处呈现出一片凄惨的景象。一位亲临战场的日本随军记者不禁发出哀叹："此役不克旗下死，呜呼苦战船桥里！"

在这场战斗中，清军以寡敌众，拼死搏战，取得了重大战果。船桥里之战，是甲午陆战中清军打得最好的一次战斗，堪称典范战例。此役，日军将校以下死140多名，伤290多名。有两个中队，全部的军官非死即伤；还有一个中队，除1名少尉外，其他军官也是或死或伤。由此可知当时战斗之惨烈，日军所受打击之沉重了。

被战火破坏的船桥里

① 栾述善：《楚囚轶事》。

上将星沉 平壤城北是平壤之役的另一个主战场。此时，日军集中了进攻平壤总兵力的近一半，包括朔宁、元山两个支队，共达7 100人。按预定计划，两个支队于9月15日拂晓分东西两路行进，对玄武门外的奉军堡垒发动了钳形攻势。

玄武门是平壤的北门，其东北高地曰牡丹台，据此可俯瞰全城，为城北险要之处。左宝贵率奉军3营驻守玄武门至牡丹台一线。台上筑堡垒1座，台之东北江岸处筑堡垒1座，台之迤西玄武门外又筑堡垒3座，5座堡垒互成犄角，共扼城北之谷地。奉军仅3营1 500人，面对强敌，既要防守从牡丹台到玄武门的阵地，又要防守城外的堡垒，这对左宝贵来说，确实是一次极为严峻的考验。

左宝贵 字冠亭，回族。原籍山东齐河县，其先祖迁至费县地方集（今平邑县地方镇）落户。自幼家贫，靠做皮匠活儿为生。1856年，投身军旅。历任守备、游击、副将。1875年，奉调驻防奉天。1889年，补授广东高州镇总兵，仍留奉天统领练军。1894年7月下旬，奉命率所部奉军拔队援朝。8月下旬，叶志超至平壤，有怯战之意，想不敌而退出平壤。诸将也有随声附和者。左宝贵怒斥道："若辈惜死，可自去，此城为吾冢矣！"叶志超终未敢擅退。今见大敌当前，情况危急，他已抱必死决心，激励将士说：

> 吾辈安食厚禄重饷数十年，今敌失约背盟，恃强侵犯，正好愤忠义，扫尽边氛，上纾九重东顾之忧，下救万民西奔之苦。社稷安危，兆在斯时！进则定有异常之赏，退则加以不测之罚。我身当前，尔等继之，富贵功名，彼此共之。[①]

将士们无不感奋，应声争进。

[①] 栾述善：《楚囚轶事》。

晨5时，元山支队打响了进攻平壤城北的第一炮。日军的作战计划是分三步进行：第一步，夺取城北的四座堡垒；第二步，强攻牡丹台地高垒；第三步，进攻平壤城最北的玄武门。

第一步，夺取四垒。元山支队发起攻击后，先对奉军左翼的西垒开始猛攻。左宝贵见此情形，急派一个营上前迎击，猛放排枪，垒内也频频发炮支援。日军势将不支，又将两个中队投入战斗。奉军奋力搏战，击毙一名日军大尉中队长及士兵多人。日军初攻受挫，仗着人多势众，继续猛攻不已。这时，日军连连发射杀伤力极强的榴霰弹，都在清军阵地爆裂，给防御造成了极大的困难。奉军士兵无法应付从远处高地发射过来的榴霰弹，只能匍匐在地，或另寻角落躲避。日军趁此机会，以三个中队猛攻，接连夺取了奉军左翼的两座堡垒。

当元山支队进攻奉军左翼堡垒之际，朔宁支队也向奉军右翼的东垒发起猛攻。日军以一个大队进攻外重东垒，一个大队进攻内重东垒。左宝贵派出一个小队进行拦截，并从玄武门上发炮支援。日军中尉以下20余人中弹毙命。但清军小队也陷于日军包围之中，虽奋勇拼战，终于寡不敌众，全部壮烈牺牲。日军又向外重东垒发起冲锋。奉军官兵誓死以战，跳出堡垒与敌人展开肉搏，50余名官兵全都战死在阵地。随后，日军又以山炮齐击内重东垒，其榴霰弹在清军阵地和堡垒上爆炸开花，奉军守垒官兵伤亡殆尽，日军才冲进了城外的最后一座堡垒。

第二步，强攻高垒。上午8时，平壤城北的四座奉军堡垒，全部落入日军之手。于是，立见尚文便将朔宁、元山两个支队合并，重新部署兵力，分为三队：以一个大队的兵力进攻牡丹台外城；以一个大队的兵力进攻城后的高地；以两个大队出牡丹台东侧绕攻其护墙背后。然后，三支队伍从三个方向合击牡丹台地高垒。牡丹台东临大同江，台高 5 丈（约 16.67 米），屹立于平壤城之北角，号称"天设险堑"。台上守军配备野炮 3 门以及速射炮和七连发步枪，火力很强，日军伤亡甚重，难以接近台前。8 时 30 分，立见命令日军两支炮队连向牡丹台轰击，终将垒壁轰塌。于是，日军趁势蚁附而上，攻占了牡丹台。

第三步，进攻北门。日军攻占牡丹台后，便将山炮队移于牡丹台上，对玄武门及全城都造成了极大的威胁。左宝贵正在玄武门上督战，见牡丹台陷落，知势不可挽，志在必死。往日，他每次作战，总是穿士兵服装，身先犯阵，如今却一反常态，穿戴御赐衣冠，站在城上督战。部下劝他下城暂避，被其斥退。左宝贵已受枪伤，裹创继续指挥，誓死抵御。奉军官兵见状感奋，无不英勇搏敌。日军又以大队在炮火掩护下向玄武门冲击，接连发起 3 次冲锋，奉军则坚守北门，拼死防战，岿然不动。"日兵三突之，清兵三退之。"

牡丹台上的日军炮队瞰视此状，连发山炮，霰弹聚于玄武门城楼，将城门轰毁，日兵遂夺门而入。左宝贵已先中两枪，仍在城上往来指挥，此刻左胸又被炮击中，登时仆地不起，将一腔鲜血洒在玄武门城头。时年 58 岁。光绪皇帝听说左宝贵壮烈殉国，亲作《御制祭文》以表痛悼之情：

　　方当转战无前，大军云集；

　　何意出师未捷，上将星沉？

　　喑呜之壮气不消，仓猝而雄躯遽殉！

时人张锡銮也有诗吊之曰：

　　屹屹孤城独守难，祖邦西望客军单。

　　大同江上中秋月，长照英雄白骨寒！

诗人既崇敬他孤军抗敌的爱国精神，又为他抱恨牺牲而尸骨难寻痛惜不已。

平壤城北之战，奉军失利原因有三：

其一，兵力悬殊。奉军在左宝贵的指挥下虽英勇敢战，但仅有3营1 500人，而日军的朔宁、元山两个支队却有7 100人，是奉军的近5倍。双方兵力过于悬殊，奉军要想取胜是很困难的。

其二，被动守御。奉军与日军打的是一场阵地防御战，只是被动地分兵守御。而进攻的日军却采取机动灵活的作战方法，每攻一处都是以绝对的优势压向奉军，打一场歼灭战。所以，在堡垒争夺战中，奉军守垒官兵往往全部战死，阵地最后才落入敌手。

其三，炮火不敌。使用炮兵是日军之所长。元山支队有一个炮兵大队，配备山炮12门；朔宁支队有一个炮兵中队，配备山炮6门。奉军虽有炮队一营，配备7.5厘米口径克虏伯炮12门，但炮手则系临时招募，随营练习，难成熟手。相形之下，奉军见绌多矣。特别是日军炮队配有榴霰弹，每到战斗的关键时刻，必用此弹解决战斗。这也是奉军难以与敌久持的重要原因。

雨夜溃奔　日军朔宁、元山两个支队，虽攻占了牡丹台和玄武门，但仍阻于内城之外，并且付出了伤亡285人的代价。此时，城北双方继续处于对峙状态。对守军来说，平壤南、西两个战场的形势很好，日军的进攻连连受挫。特别是日军所携带的口粮及弹药即将告罄，而且皆在城外冒雨露宿，处境极其艰难。如果清军决心坚守，战事尚有可为。

但是，叶志超故态复萌，召集各统领商酌，重申退兵之意，暂弃平壤。诸将中唯马玉崑一人提出异议：“岂临敌退缩自贻罪戾哉？”叶志超决心已定，无可挽回，下令一面在城北、城西几个城门上竖起白旗，一面密传各营，轻装持械，连夜退兵。日军觉察到清军可能趁雷雨之夜，实施弃城北逃之计，便在城外北行大道两旁进行埋伏，以便截击。

当天晚上 8 时后,大雨倾盆,清兵冒雨结队成群,从城西的七星门和静海门蜂拥而出,或攀越城墙而下;然后走海岸或取大道而行,向北狂奔。怎知日军早有埋伏,枪炮排击,清兵为避敌弹,团集愈紧,死亡愈重。一位亲历此役的盛军官员用笔记下了当时的凄惨情境:

> 兵勇冒雨西行,恍似惊弓之鸟,不问路径,结队直冲。……前军遇敌击,只好回头向后;而后兵欲逃身命,只顾奔前。进退往来,颇形拥挤。黑夜昏暗,南北不分。如是,彼来兵,不问前面是敌人抑是己军,放枪持刀,混乱相杀,深可怜悯!前行士兵,既遭敌枪,又中己炮,自相践踏,冤屈谁知?当此之时,寻父觅子,呼兄唤弟,鬼哭神号,震动田野。……惊惧无措,非投水自溺,则引刃自戕,甚至觅石碣碰头,入树林悬颈。死尸遍地,血水成渠,惨目伤心,不堪言状![1]

清军弃城而走,日军无须再战便进入了平壤。其后果极其严重:

其一,从兵力损失看。据统计,仅一夜之间,清军死于溃逃路上的达 1 500 多人,另有 683 人被俘。叶志超一声令下,白白地损失了近 5 个营。

其二,从辎重损失看。平壤本是计划中清军进攻汉城的基地,军储甚厚。日军进入平壤后,缴获的战利品有:各类大小口径大炮 48 门,步骑连发枪、后膛单发枪及其他枪支 1 165 支,炮弹 840 发,枪弹 56 万发,大米 4 600 石,乘马及驮马 368 匹,以及其他各种军用物资无数;金砖及金锭 95 公斤,银锭 540 公斤,以及日本纸币和通货等。计其价值,折合库平银当在 1 000 万两以上。

其三,从军队士气看。本来,入朝各军除丰升阿一军外,还是有

---

[1] 栾述善:《楚囚轶事》。

相当战斗力的。但自平壤溃败后,清军仓皇北逃,狂奔500里,直到过鸭绿江始止。逃回江北后,各军惊恐未消,余悸犹存,避敌唯恐不及,已无御敌的勇气。故有时人指出:"疮痍未复,整顿非易。……断难冀其协力同仇。"从此,清军元气大伤,一蹶不振,而日军的侵略气焰更加嚣张。

惩处逃将 平壤溃败后,叶志超重演谎报军情之故技,上奏朝廷"苦战五昼夜","子尽粮绝,退出平壤"。朝廷竟信以为真,免其议处。后有言官揭发他捏造战功,朝廷始下令查办,经刑部鞫实,定为斩监候。但他并未被处决,于1900年获释回里。叶志超受到惩处,固其应得之咎,但朝廷用人不察,以致平壤溃败,却是无法挽回的。

最奇特的事情,莫过于卫汝贵连带受池鱼之殃,也被拿交刑部治罪。据刑部上报,卫汝贵的罪状有三:(一)"临敌退缩,以致全军溃散";(二)"克扣军饷";(三)"纵兵抢掠"。经宋庆查实,前两条皆是莫须有的罪名。至于最后一条,谓其军纪不严,事诚有之,却不能说"纵兵抢掠"。结果刑部还是从严惩办,判决斩刑,当天即押赴菜市口斩决。据目击者称,卫汝贵临刑时大呼冤枉,还不知自己到底身犯何罪。

平心而论,平壤清军诸将中,除左宝贵已经牺牲外,以马玉崑和卫汝贵战功最大。马玉崑有三功:(一)在船桥里之战中,成功击退日军第九混成旅团的进攻;(二)反对叶志超弃守平壤;(三)是各军溃退时唯一保持部队完整无损者。卫汝贵也有三功:(一)抢先进入平壤,避免了平壤提前陷落;(二)船桥里之战的前三天,日军试图从船桥里西侧过江,突袭平壤,卫汝贵指挥果决粉碎了其冒险进攻计划;(三)在船桥里之战中,又亲自率队过江支援毅军,才使此战之获胜成为可能。当然,他也有一过,就是赞同叶志超放弃平壤的决定。但总起来看,卫汝贵还是功大于过的。

清廷功罪不辨，对马玉崑这样建大功者未见有赏；对卫汝贵这样功大于过者，却草率成案，罚不当罪，处以极刑。而寸功未立乃至畏敌怯战之辈，却依然得以安享其位。这是多么不公！怪不得卫汝贵临刑时口呼冤枉不止，读史者也不免为之掩卷叹息了。

第四节　败绩反思

平壤大战是甲午陆战中最重要的战役之一，所以平壤清军败绩的影响是巨大的。百余年来，论者多有评说，似乎并无多少歧见。但若进一步探讨的话，仍可发现有的问题需要重新考虑：平壤清军败绩是不是必然的不可避免的结局？

第一，败是必然？ 在这次战役中，中日双方各有其有利的因素和不利的因素。总的来看，日方在力量上居于优势，这是没有问题的。但是，力量在战争过程中也有变化其原来形态的可能。船桥里之战就是最好的例证。当时，日军主要有三不利：

其一，倾巢北犯，后路空虚。日军在第三师团主力尚未到达的情况下，主要以第五师团进行平壤作战。师团主力离开汉城北犯，几乎倾巢而出，留在汉城及仁川一线的兵力才1 500人，基本上没有多大的防御能力。如果清军坚决贯彻清廷收复汉城的作战方针，趁此汉城空虚之际，以五六营至十营兵力，在北洋舰队全力护卫下登陆仁川，突袭汉城，必可成功。日军北犯部队后路既被切断，后援不继，势难坚持下去。

其二，冒险进军，兵家之忌。日军北犯部队是分路行进的。在长达半个月的行军过程中，各支部队都是单独行动，作为师团长的野津道贯根本不可能及时掌握各支部队的情况。由于道路险阻，行军极为困难。例如：朔宁支队渡流绿河（大同江支流）时，仅抢到2只渡船，经过16个小时才全部渡到对岸；师团主力从十二浦渡大同江，一连三昼夜也未全部渡完；元山支队一路上要经几道险峻的山岭，加上风雨如注，或桥绝人马阻行，或崖崩压杀兵卒，或马病倒毙于途。如果按最初的相机迎击方针，集中兵力对敌人实行各个击破，或伏击于半渡，或截击于绝岭，歼其一支或两支，那么日军就会有完全失败的危险。

其三，口粮匮乏，补给困难。对于北犯日军来说，最大的问题是粮食匮乏，补给困难。由于朝鲜人民对日军侵略的抵制，日军在当地征集粮食是非常困难的。越到后来越苦于缺粮，大队长以下只能用稀饭疗饥，甚至连旅团长大岛义昌本人也多日吃不上米饭。所以，有日本历史学者认为：

> 这种作战是极其冒险的。……师团主力完全没有带常备食物，只有够吃两天的干饭团和少量弹药。如果连续激战两天以上，那么弹药和粮食同时失去补给，只有放弃围攻，实行退却。[①]

日军以上的三个不利因素，表明它发动这次平壤战役，带有很大程度的冒险性质。如果清军能够执行既定的正确作战方针，这次战役是有可能打好的。那么，为什么最后以失败而告终呢？这正是需要继续探讨的问题。

第二，何以败绩？主要的问题在于：清军虽具有使战争向胜利转变的条件，却没有抓住，反而出现了一系列重大的失误，从而导致影响全局的失败。其最主要的失误有四：

其一，有将无帅，诸将并立。四大军入朝后，清廷长期没有任命

[①] 藤村道生：《日清战争》，上海译文出版社1981年版，第116页。

有威望的统帅,以致形成了有将无帅、诸将并立的局面。这种情况引起了许多有识之士的忧虑。当时,各方面都寄希望于曾在台湾领导抗法战争的刘铭传,认为他是最合适的人选,堪任会办北洋督办朝鲜事务一职。尽管劝驾者很多,但刘铭传始终不为所动。他之所以不肯出山,身体有病固然是一个原因,但最主要的原因是他知道朝廷并无与敌久战的决心,仗一定打不下去,故以病作为推托的借口。另一个颇为重要的原因是,刘铭传是一个颇有性格的人,认为朝廷并不真正重视他,所以采取"不降明诏"的方式。据说,他曾对人言:"吾任封疆,即退处,固大臣也。今廷寄等之列将,岂朝廷所以待大臣之义哉?"其不满之情溢于言表。这也说明清廷起用刘铭传的态度并不是十分坚决的。由于长期有将无帅,缺乏有力的统一领导,诸将各怀意见,未能团结相处,以致耽误了近一个月的时间,未能及时筹备战守。后清廷委派叶志超为诸军总统,可他也是徒有总统之名而无其实。在这种情况下,平壤战役的结局也就不难料定了。

其二,消极防御,处处被动。消极防御思想使清军深受其害。日军主将野津道贯料到:"盖彼极短于野战,窥其所长,唯有守城之一法耳。"确实如此。本来,四大军入朝后,有两次采取攻势的机会:一是初抵平壤之时;一是日军分兵进犯平壤而后路空虚之时。对于清军来说,此时最好的方案是,捕捉战机,迅速增派大军,以敢战之将统之,力争主动,与敌决战。退一步说,即使暂不与敌决战,仍可采取主动,或避实击虚,攻敌之所必救,或拒敌一支,对敌之另一支转取攻势,以各个击破。若能如此,则日军进攻平壤的困难将会增加数倍,此役的结局也将会是另一个样子。而不幸的是,清军既不敢主动进攻,又颇顾虑后路,以致处处被动,只有坚匿平壤不出,不敢稍离消极防御的老路。

其三，敌情不明，布防不当。清军在布防上问题甚多。险要处不置兵严守，全军株守平壤待敌，将战争的主动权完全让与敌人。此其一。将全部兵力的大约四分之一用来保护后路，其中有2 000多人驻于距平壤85公里的安州，从此地到平壤需2天的路程。在兵力不太充足的情况下，抽调如此多的兵力来保护退路，只能削弱平壤的防守力量。此其二。不明敌情，错误地估计了日军的主攻方向，因此专注于城南的防守，而对城北的防守重视不够。此处的守兵既少，增援部队又未能及时赶到，是玄武门失守的重要原因之一。此其三。城北所筑堡垒既少且近，其北面之高地皆未构筑堡垒，致使日军得以凭据该处有利地形，从容布置炮兵阵地。在敌人炮火的猛轰下，城北的几座堡垒是很难守住的。此其四。可知日军在城南受挫，却在城北得势，是绝非偶然的。

其四，失败主义，导致师熸。清军主将的失败主义思想直接导致了平壤师熸。叶志超身为诸军总统，却畏敌怯战，毫无抗敌的决心。他几次请求开缺治病，清廷多方慰勉，谕其安心调养，仍统率全军合力进剿。他本应义无反顾，激励将士奋勇搏战。果能如此，战事尚有转机。因为当时经过一天的激战，日军只是突破玄武门的外门，一时尚难进城。日军皆一日未曾进餐，又饿又累，疲惫万分，已不堪任战。加上风雨交加，城外露宿，更不利于日军继续作战。若叶志超下定决心拼战，调集兵力反击，不仅可将敌兵赶出玄武门，夺回牡丹台也不是没有可能。但是，他在此关键时刻却下令撤退，使清军遭受到极其惨重的损失。对此，作为主帅的叶志超是难辞其咎的。

第四章　黄海鏖兵

第一节　战前态势

黄海海战是一场大规模的海上鏖兵，也是中日两国海军的一次主力决战。想要全面了解这次海战，得先从战前的两军态势说起。

日本海军　日本之有军舰，始于19世纪50年代。当时，日本幕府决定效法欧洲海军，设厂仿造西式船只。这是近代日本发展海军之肇端。

1868年，明治天皇睦仁登基伊始，即声称要"开万里之波涛，布国威于四方"。并谕令军务官："海军为当今第一要务，务必从速建立基础。"从此开始了以发展海军为中心的扩军备战活动。到1874年，日本有了一支不大的舰队，蠢蠢欲动，实行军事冒险，悍然发兵入侵台湾。后因处境不利，不得不撤军回国。这次出兵的失败，使明治政府深感舰船之不足，更进一步抓紧海军的建设。

1884年，明治政府开始了以10年为期的大陆作战准备活动，一方面大力提高自造舰船的能力，一方面从英、法两国购进新式大型军舰。为解决扩充海军的经费困难，睦仁还曾几次降谕节省宫廷开销，每年拨内帑30万元作为造舰费,并令文武官员也各献其薪俸的十分之一为补充造舰之费。到甲午战争前夕,日本海军已拥有大小舰船33艘,总吨位达到6.4万吨。睦仁还先后批准了《战时大本营条例》和《海军军令部条例》,表明日本已经完成了大陆作战的准备,为发动一场大规模的侵华战争而跃跃欲试了。

中国海军 在中国,倡建海军的时间并不比日本晚。早在1840年,林则徐便开始仿造西式兵船。他认为,船坚炮利乃西洋"长技",我欲防之,必须创建一支"船炮水军"。但他的建议并未受到朝廷的重视。直到19世纪60年代中期,江南制造总局分厂造船,福州船政局开始创设,并同时兴建船政学堂,才算是海军萌芽之始。

其后,海军分四洋(福建、北洋、南洋、广东)各自发展,其中唯北洋一枝独秀,到1888年正式成军,拥有各种舰艇25艘,总吨位达到了3.8万吨。按《北洋海军章程》规定,现有"战舰犹嫌太少","似尚未足云成军",还准备陆续添置各种舰只。北洋海军成军之初,号称"远东第一"(西方国家海军除外),其实力是超过了日本舰队的。

北洋海军提督衙门

然而，好景不长，北洋海军添置舰只的计划并未付诸实施。因为北洋海军成军之日，正是慈禧太后大修颐和园工程之时。据不完全统计，迄于甲午战争，清廷用于颐和园工程的花费为库平银1 100万两，其中挪用的海防经费为860万两。另外，三海工程又挪用海军经费440万两。两项园工花费合计1 300万两。当时，北洋海军的主要战舰有7艘，共花银778万两，若将园工花费全部用于购置新舰，再增加一支原有规模的北洋海军还绰绰有余，甲午海战的结局也就会完全不同了。

1888年后的6年间，北洋海军不再添置一艘军舰，而日本却平均每年添置新舰2艘，其实力反倒跃居于北洋海军之上。仅仅6年之后，这支庞大的北洋舰队竟然折戟沉沙，樯橹灰飞烟灭，也就不足为奇了。

争夺海权 在甲午中日海战中，作战双方都在力争主动，以夺取制海权。所谓制海权，就是舰队在海上行动的自由权。谁掌握了制海权，谁就具有了战略优势，使对方的海上主动权受到限制。

对于中日两国来说，在很长的时间内对海权重要性的认识都很不足。在中国，海权思想的萌芽倒是甚早。19世纪40年代，魏源就提出了内守与外攻相结合的海防战略，"必使中国水师可以驶楼船于海外，可以战洋夷于海中"。其后，郑观应主张海军应争雄于域外，马建忠则呼吁把中国海防第一线推向外海，化外海为门户，是海权思想的进一步发展。但可惜的是，他们的这些构想只是书生议论，并未被决策者所采用。在整个甲午战争中，北洋舰队始终未放弃消极的守口战略，所以完全不可能争得海上主动权。

从日本方面看，虽倾国家之力发展海军，但海权观念却相当薄弱。当时，在日本军界，大都是"陆军万能"论者，相信"但有陆军，已足言战"。对此，海军省主事、海军大佐山本权兵卫提出质疑："其无能掌握海权者，斯不克制敌以操胜算，此古今东西莫易之义，史乘往例，乃其雄辩明证也。"山本的意见受到日本军事首脑的高度重视，并制定了以夺取制海权为中心的作战方针。

所以，尽管战争尚未打起来，但从中日双方海权观及海军战略的制定看，其优劣高下业已判若天渊了。

海上角逐 丰岛海战后，中日两国海军尚未经过决战，从理论上说，双方都未掌握制海权，但日本海军为争得海上运动的主动权，采取了以下三种手段：

其一，冒挂他国军舰旗帜。当时有报告称，日舰在海上往来，经常挂他国舰旗，但时刻不定。是否确实如此，曾成为一个疑案。战后，日本海军军令部编纂了一部《二十七八年海战秘史》（以下简称《秘史》），却未刊行，其原稿一直保存在日本防卫研究所图书馆里。1994年，即甲午战争100周年时，《秘史》被发现，终于揭开了这个谜底。《秘史》承认："为不使敌人觉察我们的侦察行动，特悬挂外国军舰旗帜。"至此，疑案始成为铁案。靠冒挂第三国舰旗的手段逃避北洋舰队的拦截，虽不是光彩的行为，却使日舰能够浑水摸鱼，毫无顾忌地来往于黄海海域。

其二，扰袭北洋海军基地。在战争初期，日本海军虽在某些方面占有一定的优势，但并不意味着就具有战略优势，其海上主动权的发挥是受到相当限制的。因此，密切监视北洋舰队的行踪并打乱其部署，便成为日本海军此时的首要任务。为此，日本海军当局特派日谍宗方小太郎潜伏烟台，随时掌握北洋舰队的动向。另外，命游击队诸舰不时游弋于渤海口内外，见北洋舰队出海时，即对威海卫进行扰袭。这时，清廷怕海军基地有失，必降旨命北洋舰队速回。这样一来，北洋舰队反而处处被日本牵着鼻子走，海上行动的主动权就自然地落入了日本手中。

其三，制造直隶登岸假象。在扰袭威海卫的同时，日本一面派军舰游弋于渤海，一面散布在直隶海岸登陆的谣言，以示人以假象。清廷也好，李鸿章也好，一时难辨真假，便一会儿命令北洋舰队"尽力剿洗，清洋面为要"，一会儿又命令北洋舰队"速赴山海关一带，遇贼截击"，甚至严厉告诫："若再迟回观望，致令敌舰肆扰畿疆，定必重治其罪！"日方施出一个小小的手法，就使得北洋舰队疲于奔命，东寻西找而一无所获，完全处于被动的境地。

日本的上述手段屡屡奏效，使北洋舰队陷于被动，这也与清朝决策者不能知己知彼，从而不能制定正确的战略战术有很大关系。

军力对比 在甲午海战中，中日海军力量究竟孰强孰弱？对此，见仁见智，很难得出统一的答案。一般认为，双方是在伯仲之间。这是把问题简单化了。

应该说，北洋舰队的存在，对日本确实是一个巨大的威慑力量。日本在挑起战端之前，对这场海上较量究竟鹿死谁手，并无绝对的胜算。因此，在日本海军内部，出现了"守势运动"论与"积极主战"论之争。两派的主张都是在比较中日两国海军力量的基础上提出来的，为什么会出现截然相反的认识呢？不是别的，是比较方法不同，其结论自然就迥然相异了。有两种比较方法：

其一，舰队与舰队比。即日本联合舰队与北洋舰队单独比较。这是"积极主战"论者使用的比较方法。按这种比较方法，2 000吨级以上战舰日本有12艘，北洋舰队有8艘；1 000吨级舰船日本有9艘，北洋舰队有5艘。日本占有明显的优势。

不仅如此，北洋舰队除定远、镇远两艘重型铁甲舰外，在舰数、总吨位、舰龄、航速等方面比日本皆有逊色，而速射炮一项尤为日方所独长。故英国远东舰队司令斐利曼特中将评论说："是役也，无论吨位、员兵、舰速，或速射炮、新式舰，实以日本舰队为优。"这是实事求是之论。

其二，海军与海军比。即日本海军与中国的北洋、南洋、福建、广东四支海军进行总体比较。按这种比较方法，2 000 吨级以上战舰日本是 12 艘，中国则有 13 艘；1 000 吨级舰船日本是 9 艘，中国则有 18 艘。中国就稍占优势了。

当时，日本海军当局之所以对海战胜负尚感难以预卜，其主要顾虑有二：第一，对定远、镇远二舰存有畏惧之心；第二，也是最主要的，害怕中国四支舰队统一编队，共同对敌。也确实有不少官员建议李鸿章，认为北洋舰队太单，在海上四面受敌，应急调南洋兵轮北来。如果真能及时将南洋 5 艘 2 000 吨级战舰北调，并抽调南洋、福建大部分 1 000 吨级舰船及广东 10 余艘鱼雷艇北上的话，那么，北洋不仅守口有余，且可分出数队游弋黄海，甚至进控朝鲜西海岸，从而掌握黄海的制海权。这样，海战的结局就会完全不同了。

但是，这一正确的建议并未被当局重视和采用。这样，北洋舰队只能与日本联合舰队独力作战了。李鸿章后来有一句话："以北洋一隅之力搏倭全国之师，自知不逮。"虽有推卸责任之嫌，然说的却是实情。

寻机决战　丰岛海战之后，日本海军一直在作与北洋舰队决战的准备。它的准备工作主要分三步进行：

第一，重新改编联合舰队。日本海军当局多次对联合舰队进行改编，将所有舰只改编为四个编队，即本队 6 舰、第一游击队 4 舰、第二游击队 6 舰和第三游击队 5 舰。其改编的原则是：（一）加强舰队的作战能力。将主力战舰集中编入本队和第一游击队，以适应与北洋舰队决战的需要。（二）有助于牵制北洋舰队。第二游击队 6 舰，多是 1 000 吨级的旧式巡洋舰，根本不堪任战，而用于牵制还是有用的。

（三）可用于守卫临时根据地。第三游击队5舰，除1艘是1 000吨级的木质巡洋舰，其余都是600吨的炮舰，完全不能出海作战，只能聊备守御临时根据地，并张扬声势而已。

第二，确定临时的根据地。日本联合舰队司令官伊东祐亨中将认为，为配合陆军进攻平壤，发挥海军的辅助作用，联合舰队有必要从朝鲜西海岸一带前进，并将临时根据地逐步北移。最后确定以大同江口南侧之渔隐洞为临时根据地，此处一来正当平壤的出海口，二来靠近预想中的与北洋舰队决战的海域。迄于日军攻占旅顺时为止，日本联合舰队一直以此为临时的根据地。

第三，寻找北洋舰队主力。进入9月中旬以后，日本联合舰队一面配合陆军进攻平壤的行动，一面全力寻找北洋舰队主力之所在。然经过多日的侦察，始终没有发现其行踪。16日，伊东祐亨决定暂时放弃寻找北洋舰队主力的计划，率舰队深入渤海游弋，以向清政府示威。舰队即将出发前，伊东接到第五师团参谋福岛安正的一封急电，使情况有了新的变化。

福岛安正　陆军中佐。他在日本是一个传奇人物，后升陆军大将。早在1882年，他就被派到中国从事侦察活动。曾任日本驻华公使馆武官，于1885年向参谋本部提出一份有关"征清"的《军事意见书》。后调任日本驻德公使馆武官。1892年奉调回国时，单骑由彼得堡出发，经蒙古、赤塔、满洲里等处到达海参崴（符拉迪沃斯托克），历时484天，跋涉1.4万公里。1894年被派到朝鲜，任日本侵朝军第五师团参谋。平壤之战的前几天，日军在大同江上拦截一艘中国木船，搜出一封带给平壤清军某官的家书，内有"近日随营到大东沟登岸"等语。福岛认为这是一条十分重要的情报，立即致电向伊东祐亨报告："刻下敌舰正集中于大孤岛港外的大鹿岛附近，从事警戒。"

伊东祐亨看到电报大喜，决定改变巡航渤海湾的计划，立即率本队6艘、第一游击队4舰，以及赤城和西京丸2舰，向黄海北部的海洋岛航进。17日傍晌，日舰终于在鸭绿江口外大东沟附近海面发现了北洋舰队。

第二节 海战始末

9月17日，北洋舰队与日本联合舰队在鸭绿江口外相遇，双方展开了一场生死决战。这次海上鏖兵，其规模之巨大、战斗之激烈、时间之持久，在世界海战史上也是罕见的。

海战序幕——两军相接 先是李鸿章怕平壤清军后路为日军所断，电令北洋海军提督丁汝昌速率舰队北上，担任护运铭军的任务。16日凌晨，丁汝昌率大小舰艇18艘，护送分乘5艘运兵船的铭军10营4 000人，向大东沟进发。当天中午，北洋舰队护卫运兵船抵大东沟口外。因登岸处距江口甚远，辎重甚多，卸船费时，故延至第二天上午，10营铭军及炮械、马匹、粮秣等始全部上岸。

丁汝昌

17日上午11时许，北洋舰队发现了日舰。丁汝昌遥见西南方向海面上有黑烟簇簇，断定必是日本舰队来袭，于是下令各舰升火，实弹以待，准备战斗。此时，丁汝昌、右翼总兵定远管带刘步蟾及总教习德籍洋员汉纳根，都登上了旗舰定远的飞桥，一面密切注视日舰的动向，一面商议对策。丁汝昌先向停泊在大东沟口外的10艘战舰传令，以定远舰（督船）、镇远舰为第一小队，致远舰、靖远舰为第二小队，来远舰、经远舰为第三小队，济远舰、广甲舰为第四小队，超勇舰、扬威舰为第五小队，排成夹缝鱼贯小队阵驶向敌舰。这种阵势是以小队为单位，每队两舰，位于前者为队长，其僚舰位于其后方45度线上，相距400码；各小队先后鱼贯排列，其间距为533码。

须臾之间，从定远舰上已经能够看清驶来的日舰共12艘。丁汝昌见其来势凶猛，不敢掉以轻心。为了发挥各舰舰首重炮的威力，他下令改夹缝鱼贯小队阵为夹缝雁行小队阵。此阵的基本要求是：每小队位于前者为队长，僚舰位于其后方45度线上，相距400码；各小队横向排列，其间距为533码。使用这种阵式，各小队的排列次序可以有多种变化。丁汝昌所改的夹缝雁行小队阵，是以第一小队居中，其余各小队则依次按左右交替排成。

定远舰

镇远舰

致远舰

与此同时，丁汝昌还向各舰管带发出了以下训令：

（一）舰型同一诸舰，须协同动作，互相援助。（二）始终以舰首向敌，并保持其位置而为基本战术。（三）诸舰务于可能的范围之内，随同旗舰运动之。

其中，第一条之"舰型同一诸舰"系指姊妹舰而言。在北洋舰队的5个小队中，除第四小队的济远舰、广甲舰外，其余4个小队都是舰型相同的姊妹舰。故此条是要求每小队两舰要保持规定的距离，配合作战。第二条是夹缝雁行小队阵的基本要求，其特点是前后之舰"弥缝互承"。这样排列的好处是，前后"皆可轰击敌船，不至为本军船只所蔽也"。因为北洋舰队各舰的重炮皆设于舰首，舷侧又不像日舰那样装备有新式的速射炮，所以强调"始终以舰首向敌"，以发挥重炮的威力。第三条是强调全队集中，进行整体作战，各舰都不得随意单独行动，必须随旗舰之所向而进击。

北洋舰队变阵一开始，旗舰定远先以每小时7海里的航速前进，其后各舰都以同一航速继之。由于后继诸舰不是做直线运动，而是做斜线甚至弧形运动，故要在同一时间内达到规定的位置，必须完成更大的航程。本来，变阵就需要一定的时间，而当时情况紧急，定远、镇远两艘铁甲舰须率先接敌，又不能减速以待后续诸舰，这样要完成变阵必须花更多的时间。于是，整个舰队到接近敌舰时，便形成类似"人"字的形状。参加战斗的老水手的回忆，也都证实当时北洋舰队是以"人"字阵迎战敌舰的。

变阵后的北洋舰队 10 艘军舰，呈"人"字形阵式，破浪前进，恰像一把巨大的利刃，插向敌舰群。一场规模空前的海上鏖兵就这样开始了。

海战第一回合：勇冲敌阵 海战的第一回合，从 12 时 50 分到下午 2 点半，历时 100 分钟。

中日双方舰队相互接近，都想力争主动。日本联合舰队以第一游击队的吉野、高千穗、秋津洲、浪速 4 舰在前，本队的松岛（旗舰）、千代田、严岛、桥立、比睿、扶桑 6 舰继之，西京丸舰和赤城舰位于本队左侧，直冲北洋舰队而来，佯作攻击中坚之势。双方逐渐接近后，日舰第一游击队突然向左转变，直奔北洋舰队右翼而来。12 时 50 分，当双方相距 5 000 米时，定远发出了黄海海战的第一炮。3 分钟后，日舰也开始发炮。于是，双方舰队大小各炮，连环轰发，不稍间断，"噌吰如钟声不绝，海波亦为之沸腾不止"。

右翼被折 当时日舰吉野进至距北洋舰队右翼之超勇舰、扬威舰 3 000 米处，开始炮击。高千穗舰、秋津洲舰、浪速舰也随之发炮轰击。超勇舰管带黄建勋和扬威舰管带林履中，指挥两舰官兵奋勇抵抗，表现了高昂的斗志。

黄建勋 字菊人，福建永福县（今永泰县）人。1867 年，入福州船政学堂驾驶班学习。1876 年，船政学堂派第一批学生出洋，黄建勋入选。1880 年学成回国后，在船政学堂任驾驶教习。旋调至北洋。

1887年，升任超勇舰管带。他平时"为人慷慨，尚狭义，性沉毅，出言憨直，不作世俗周旋之态，而在军奋励，往往出人头地"。在他的激励下，全舰官兵无不誓死拼战。

林履中 字少谷，福建侯官（今福州）人。1871年，入福州船政学堂第三届驾驶班，学习航海驾驶。1881年，调至北洋。曾赴德国协驾定远等铁甲舰，以资学习。1887年，升任扬威舰管带。他工作认真不苟，而"性情和易""蔼然可亲"，故部属都很尊敬他。尤为可贵的是，他"勤慎俭朴，能与士卒同艰苦"，士兵视之如父兄，战时无不拼死效命。

超勇舰、扬威舰乃是北洋舰队10舰中最弱之舰，舰龄已在13年以上，速力迟缓，火力与防御能力皆差，但仍坚持抵御，不肯稍退，给日舰第一游击队诸舰造成了一定杀伤。据日方记载：一颗炮弹击中吉野舰，穿透铁板在甲板上爆炸，打死海军少尉浅尾重行及水兵1名，伤9名，并引起火灾。高千穗舰也中数炮，击穿火药库附近的军官室，弹片四处飞扬，毙伤多人，并点燃了木板等物。舰上既要处理死者，包扎伤号，又要救火，一时忙乱不堪。秋津洲舰第5号炮座中炮，海军大尉永田廉平以下5名被击毙，伤9名。

超勇舰、扬威舰虽竭力抗击，终究敌不过号称"帝国精锐"的日本第一游击队4舰。交火半小时后，超勇舰已中弹甚多，特别是一颗敌弹击穿其舱内，引起大火。到下午2时23分，超勇舰渐难支撑，右舷倾斜，海水淹没甲板，黄建勋随之坠水。这时，北洋舰队的左一鱼雷艇驶近相救，抛长绳以援之，黄建勋不就而沉于海。时年43岁。

扬威舰先已起火，又受伤多处，林履中仍亲率千总三副曾宗巩等奋勇抵抗，发炮击敌。无奈日本第一游击队各舰轮番轰击，扬威舰伤势过重，首尾各炮已不能动，而敌炮纷至，舰身渐沉，只得驶离施救，终于搁浅。林履中登台一望，愤然蹈海，随波而没。时年亦43岁。

督船奋威 当日舰第一游击队绕攻北洋舰队右翼之际，日本旗舰松岛驶至距定远舰3 500米处，与督舰定远展开了激烈的炮攻。松岛一炮击中定远舰之桅，桅顶瞭楼与桅杆同坠于海。丁汝昌正在飞桥上督战，因舰体猛颠而被抛落舱面，身受重伤。但他不肯进舱，继续坐在甲板上激励将士奋力抗敌。刘步蟾代为督战，指挥进退，表现出色。在激烈的炮战中，松岛舰唯一的一门32厘米口径大炮之炮塔被击中，旋转装置毁坏，已无法施放。随后第7号炮位又被击毁，伤毙多人。松岛舰畏惧定远舰、镇远舰的强大炮火，不敢继续对峙交锋，便急转舵向左，驶向定远舰的右前方。日舰本队后继之比睿等舰，因速力迟缓，落后于前方诸舰，遂被北洋舰队"人"字阵之尖端所隔断。这样一来，日舰本队便被拦腰截为两段，形势大为不利。

比睿逃阵 北洋舰队抓住这一有利时机，向敌舰发起猛攻。此时，比睿舰已经落在本队的最后，而定远舰正向它驶来，进逼至距700米处。比睿舰见处境危险，不得已向右急转弯，企图从定远舰与靖远舰的间隙闯过，以与本队会合，却受到左右两面的夹击，有数名兵曹及炮手毙命。定远舰从比睿舰右后方发炮猛击，所放出的30厘米半巨弹击中其下甲板后部，三宅贞造大军医以下19人丧生。"俄顷之间，该舰后部舱面，已起火灾，喷出浓烟，甚烈甚高，舱内喧嚣不息。"直到下午2时，比睿舰才侥幸脱出北洋舰队的火力网，但已无力战斗，只得挂出"本舰火灾退出战列"信号，向南驶逃。

赤城丧将 赤城舰本是一艘炮舰，速力更为迟缓，不能随本队而行，越落越远，陷于孤立无援的境地。本来，赤城舰还位于比睿舰的左后方，当比睿舰脱围后，北洋舰队左翼诸舰便向它逼近，发炮猛击。赤城舰中弹累累，死伤甚众。特别是定远舰后主炮发出的15厘米口径炮弹，正中赤城舰桥右侧速射炮之炮楯，打死2名炮手，其弹片击穿舰长坂元八郎太少佐的头部，鲜血及脑浆溅在海图台上，染红了罗盘针。此时，赤城舰死伤已达28人，"舰上军官几乎非死即伤"，于是转舵南逃。来远舰从后追击，连连发炮，先击毁其大樯，继又中其舰桥，击伤代理舰长佐藤铁太郎大尉。直到下午2点半，赤城舰才逃出作战海域。

在海战第一回合中，定远舰先发制人，打响了黄海海战第一炮。双方展开了激烈的炮战。北洋舰队右翼的超勇舰、扬威舰以弱敌强，连伤敌舰，终因力量悬殊，中弹起火，或沉或毁。而北洋舰队亦将敌阵冲断，重创敌舰比睿、赤城，使其无力再战而逃出战列。

海战第二回合：背腹受敌 海战第二回合，从下午2点半到3时20分，历时50分钟。

遁西京丸 先是比睿舰、赤城舰将逃之际，日本海军军令部部长桦山资纪中将乘坐的西京丸舰发出信号："比睿舰、赤城舰危险！"其实，西京丸舰本身的情况也不太妙。它先已多次中炮，因其位于本队之左侧，距北洋舰队较远，故受伤不重。西京丸舰随本队向右转弯时，其右舷正暴露在北洋舰队前方。定远舰、镇远舰趁机开炮，一颗炮弹将其气压计、航海表、测量仪器等全部击毁；炮弹还穿过上部甲板，将通往舵轮机的蒸汽管打断，蒸汽舵轮机因之不能使用。于是，西京丸舰发出"我舰故障"的信号。由于舵机损坏，它只能使用人力舵，勉强航行。

下午2时55分，又有一颗炮弹飞来，击中西京丸舰右舷后部水线，使其出现裂缝，渗进海水。当时，大东沟口外的鱼雷艇"福龙"号，见西京丸舰受伤，便驶近攻击。当驶至距西京丸舰400米时，福龙先发一枚鱼雷，未中。接着又对直西京丸舰左舷发出第二枚鱼雷。

此时，西京丸舰已来不及驶避，桦山资纪见之，惊呼："我事毕矣！"其身边的将校也都相对默然，目视鱼雷袭来。但因目标相距过近，鱼雷从舰底深水处通过而未能触发。这样，西京丸舰才侥幸地避免舰毁人亡，连忙向南逃逸。

定远火灾 此时，日本舰队已绕过北洋舰队的右翼而到达背后，与从右翼回航到北洋舰队前方的日舰第一游击队，形成夹击之势。北洋舰队陷于背腹受敌的境地，情势十分不利。在此危急时刻，北洋舰队广大官兵皆怀同仇敌忾之心，继续与敌搏战。提督丁汝昌因伤不能站立，而置个人生命危险于不顾，拒绝部下要他进舱养息的规劝，裹伤后始终坐在甲板上激励将士。"各将士效死用命，愈战愈奋，始终不懈。"然由于开战之初，定远舰的信号装置被敌舰排炮摧毁，指挥不灵，因此除定远、镇远两艘姊妹舰还能始终保持相互依持的距离外，其余诸舰只能各自为战，伴随敌舰之回旋而战斗。

战至下午3时许，定远舰忽中一炮，"击穿舰腹起火，火焰从炮弹炸开处喷出，洞口宛如一个喷火口，火势极为猛烈"。定远舰上正全力扑灭火灾，攻势顿弱，而火势益猛，暂时没有扑灭的迹象。这时，日舰第一游击队不失时机地向定远舰扑来，炮击愈频，使定远舰处在危险之中。在此千钧一发之际，镇远舰管带林泰曾命帮带大副杨用霖驾舰急驶，上前掩护。致远舰管带邓世昌见此情景，为了保护督船，也命帮带大副陈金揆开足轮机，驶向定远舰前面，迎战来敌。于是，定远舰的火灾终被扑灭，得以转危为安，而邓世昌乘坐的致远舰却因此而受重伤。

壮节殉国 在黄海海战中，邓世昌死事最为壮烈，朝野为之震动。光绪皇帝亲赐挽联曰："此日漫挥天下泪，有公足壮海军威。"并谥为"壮节"。故郑观应有《忆大东沟战事感作》诗云：

> 东沟海战天如墨，炮震烟迷船掀侧。
> 致远鼓楫冲重围，万火丛中呼杀贼。
> 勇战壮节首捐躯，无愧同袍夸胆识！

邓世昌 字正卿，广东番禺（今广州）人。1867年，入福州船政学堂驾驶班学习。1880年，李鸿章闻其"熟悉管驾事宜，为水师中不易得之才"，遂调至北洋差遣。同年，随丁汝昌赴英接在英国订造的超勇、扬威二舰。1887年，再次赴英接致远等舰回国。每次赴欧，他都利用机会考察西方海军发展情况，并潜心研究海战之术。平时

邓世昌

精于训练，治事精勤。经常"在军激扬风义，甄拔士卒，有古烈士气。遇忠孝节烈事，极口表扬，凄怆激楚使人零涕"。曾对人言："人谁不死，但愿死得其所耳！"丰岛海战后，他即愤欲进兵，在战略上争取主动。并激励全舰官兵说："设有不测，誓与日舰同沉！"以表露其与敌决一死战的决心。

陈金揆 字度臣，江苏宝山县（今属上海）人。1875年，考入上海出洋肄业总局，作为官学生被派赴美国学习。回国后，留北洋历练。历任扬威舰二副和大副。1887年，因随邓世昌赴英接船有功，调任致远舰大副。1889年，升任致远舰帮带，兼领大副，成为邓世昌的主要助手。

此番战于黄海，邓世昌见督船定远情况危急，高呼："吾辈从军卫国，早置生死于度外，今日之事，有死而已！"于是，致远舰猛冲向前截住敌舰。在激烈的炮战中，致远受伤很重。此时，日舰吉野适至致远前方。邓世昌见吉野舰横行无忌，早已义愤填膺，准备与之同归于尽，以保证全军的胜利，便对陈金揆说："倭舰专恃吉野，苟沉

是船，则我军可以集事！"陈金揆深为感动，开足马力，直冲吉野舰而来。日舰第一游击队见致远舰奋然挺进，向前冲锋，便以群炮瞄准致远舰，连连轰击，使致远舰陷于苦战之中。

下午3时20分，几颗敌弹几乎同时击中致远舰水线，致使其舷旁鱼雷发射管内一枚鱼雷爆炸，右舷倾斜。镇远舰上目睹致远舰沉没情形的美籍洋员马吉芬记其事道：

> 最以勇敢著称之邓世昌，早经觉悟已迫于最期，能破敌一舰，斯可以洁此生，故毅然决然杀身成仁之举。第敌弹所发巨炮弹有如雨霰，加之自舰倾斜已甚，致功业垂成之际遽尔颠覆，舰首先行下沉，推进器直现于空中，犹在旋转不已。惜哉，壮哉！[①]

邓世昌落海后，其随从刘忠前来相救，以救生圈付之，拒不受。左一鱼雷艇也及时赶来，高呼："邓大人，快上扎杆！"邓世昌用手示意，不肯独生。此刻，邓世昌所养爱犬游到身边，衔住他的胳膊，他将其推开，不料爱犬又回过头来咬住他的发辫。邓世昌誓与致远共存亡，毅然用力按爱犬入水溺死，自己随之没入波涛之中。时年46岁。陈金揆亦同时沉海。时年31岁。舰上管理机务的英籍洋员余锡尔先受重伤，与舰同沉。全舰200余名官兵，除27人遇救生还外，其余皆葬身海底。

济、甲之遁 致远舰沉没后，北洋舰队左翼阵脚之济远、广甲二舰远离本队，处境孤危。开战后，济远舰已中敌炮，二副守备杨建洛以下7人阵亡，10余人受伤。济远舰管带方伯谦挂出"本舰已受重伤"之旗。及见致远舰沉没，遂转舵西驶，于下半夜2时许遁回旅顺。广甲舰管带吴敬荣见济远西驶，也随之而逃。夜半时，驶至大连湾三山岛外，因慌不择路而开上石堆，触礁进水，不能驶出。吴敬荣纵火

[①] 马吉芬：《黄海海战述评》。

舰舱，弃舰登岸。两天后，日舰驶近，开炮将其轰毁。

海战之后，李鸿章参奏逃将称：

> 致远沉后，该管驾方伯谦即先逃走，实属临阵退缩，应请旨将该副将即行正法，以肃军纪。广甲管驾澄海营守备吴敬荣亦随济远逃，至中途搁浅，咎有应得，唯人尚明白可造，可否革职留营，以观后效。[①]

9月23日，军机处电寄李鸿章谕旨：方伯谦军前正法，吴敬荣革职留任。翌日天未明，方伯谦被押至旅顺黄金山下大坞西之刑场上处斩。

少保捐躯 济远舰、广甲舰逃离作战海域之时，日舰第一游击队曾随后追击，因相距已远而折回，转而围攻经远舰。经远舰被划出阵外，势孤力单，中弹甚多。管带林永升奋勇督战，帮带大副陈荣从旁助之，指挥全舰官兵奋力搏敌，有进无退，"发炮以攻敌，激水以救火，依然井井有条"。

林永升 字钟卿，福建侯官（今福州）人。因他在此次海战中"争先猛进，死事最烈"，清廷照提督例从优议恤，追赠太子少保，故或以"林少保"称之。1867年，入福州船政学堂驾驶班学习。1876年，与刘步蟾、林泰曾、严宗光（严复）等留学英国，学习海军。1888年，林永升赴德国接带经远舰回国，升任经远舰管带。他为人淳厚善良，在军中反对肉刑，认为当长官者应以身作则，言传身带，因他"待士卒有恩，未尝于众前斥辱人，故其部曲感之逾深，咸乐为之死也"。

陈荣 字兆麟，号玉书，广东番禺（今广州）人。1873年，入福州船政学堂第四届驾驶班，学习航海驾驶。历任威远练船二副、康济练船二副等职。1888年，帮同林永升赴德驾船回国，以接船有功升任经远舰帮带大副。在此次海战中，他协助林永升督战，"身先士卒，

[①]《清光绪朝中日交涉史料》，卷二十一，第12页。

已受重伤,犹坚立指挥,不少懈"。

战斗继续激烈地进行。吉野等4艘日舰死死咬住经远舰不放,环攻不已。经远舰以一敌四,毫不畏惧,拒战良久。日舰第一游击队依仗势众炮快,以群炮聚于经远舰。林永升突中敌弹,脑裂仆地,为国捐躯。时年42岁。陈荣也中炮阵亡。时年36岁。

经远舰处在"船行无主"的情况下,士兵仍坚守岗位,绝不后退一步。此时,经远舰与日舰第一游击队相距不到2 000米,遭到敌舰的近距离炮火猛轰,尤其是受到吉野舰6英寸口径速射炮的打击,遂在熊熊烈焰中沉没。舰身在逐渐下沉,炮手们仍然视死如归,继续开炮击敌,一直坚持到最后。全舰200余人中,仅有16人遇救生还。

在海战第二回合中,致远舰、经远舰沉,济远舰、广甲舰逃,只剩下定远、镇远、靖远、来远4舰还在坚持战斗,而日舰本队尚余松岛、千代田、严岛、桥立、扶桑5舰,加上第一游击队4舰,共有9艘战舰。双方战舰的数量对比是4比9。特别是日本联合舰队少了比睿、赤城、西京丸3艘弱舰,无疑解除了后顾之忧,更可肆行无忌地放手进攻。所以,在这个回合中,日本联合舰队已跃居绝对优势,而北洋舰队则大为失利,处境更加困难了。

海战第三回合:力挽危局 海战第三回合,从下午3时20分到4时10分,历时50分钟。

敌我相持 北洋舰队虽然居于劣势,处境极为不利,但定远、镇远、靖远、来远4舰将士拼死战斗,力挽危局,誓与敌人拼搏到底。因此,战场上出现了敌我相持的局面。

叶祖珪 字桐侯,福建侯官(今福州)人。1867年,入福州船政学堂驾驶班,学习航海驾驶。1876年,船政派第一届学生赴欧,叶祖珪入选。翌年春,进英国海军学校就读,后又上英国兵船实习,"于行军布阵及一切战守之法无不谙练"。1880年，留学3年期满回国，任炮船管带。1888年，赴英国接带靖远舰来华，后委带该舰。

邱宝仁 福建侯官（今福州）人。1867年，入福州船政学堂驾驶班，学习航海驾驶。1879年，在英国订购的镇东舰等4艘炮舰到华，邱宝仁任镇东舰管带。1887年，北洋在英、德订造的致远、靖远、经远、来远4舰竣工，奏派邱宝仁与邓世昌、叶祖珪、林永升出洋接带。1888年，4舰安抵大沽，邱宝仁委带来远舰。

下午3时20分以后，双方舰队开始分为两群同时进行战斗：日舰本队5舰缠住定远舰和镇远舰；第一游击队4舰则专力进攻靖远舰和来远舰。伊东祐亨的企图是：将北洋4舰分割为二，先击沉较弱的靖远、来远2舰，然后以全舰队之力合围定远舰和镇远舰，以期胜利结束战斗。因此，进入这一回合后，对于北洋舰队来说，形势更为险恶。日本联合舰队仗其舰多势众，对中国4舰又是环攻，又是猛逼，恨不得一下子将其吃掉，早奏凯歌。然而，中国4舰巍然屹立，英勇搏战，使伊东徒唤奈何。

靖、来协同 面对日本第一游击队的猛攻，靖远舰、来远舰将士打得十分勇敢顽强。这两艘战舰尽管舰型不同，而且不是同一个小队，但叶祖珪和邱宝仁觉察到敌人的险恶用心，深知处境危殆之极，便临时结成姊妹舰，协同作战，彼此互相依持，坚持战斗到底。

靖远舰、来远舰以寡敌众，苦战多时，均受重伤。来远舰中弹200多颗，引起猛烈大火，延烧房舱数十间。驾驶二副谢葆璋等带领水手们奋力救火。舰上烈焰腾空，被猛火包围，炮手们依然发射不停。敌炮又将后炮击毁，仅有首炮继续应战。"战后，来远舰驶归旅顺，中外人士目睹其损伤如此严重，尚能抵港，皆为之惊叹不置。"靖远舰也中弹100余颗，特别是水线为敌弹所伤，进水甚多，情况危急。

在此紧要关头，扑灭烈火和修补漏洞实为两舰的当务之急。于是，靖远舰向来远舰发出"西驶"的信号。来远舰先行西驶，靖远舰紧随其后，冲出日舰第一游击队的包围，驶近大鹿岛占据有利地势，终于赢得了灭火补漏的时间，这才化险为夷。

中流砥柱 这时，在原先的作战海域，定远舰和镇远舰还在同日舰本队 5 舰进行激烈战斗。二舰虽处在 5 艘日舰的包围之中，炮弹狂飞，不离左右，但全体官兵毫不畏惧，果敢沉着，坚决抗击。在敌炮的猛烈轰击下，"各将弁誓死抵御，不稍退避，敌弹霰集，每船致伤千余处，火焚数次，一面救火，一面抵敌"。连日方记载也承认这样的事实：

> 定远、镇远二舰顽强不屈，奋力与我抗争，一步亦不稍退。……我本队舍其他各舰不顾，举全部五舰之力合围两舰，在榴霰弹的倾注下，再三引起火灾。定远甲板部起火，烈焰汹腾，几乎延烧全舰。镇远前甲板几乎形成绝命大火，将领集合士兵救火，虽弹丸如雨，仍欣然从事，在九死一生中毅然将火扑灭，终于避免了一场危难。①

在这场你死我活的搏战中，尽管战斗环境险恶丛生，定远、镇远二舰将士始终怀着必胜的信心。其中，表现最突出的是定远舰管带刘步蟾及镇远舰管带林泰曾、帮带大副杨用霖。

刘步蟾 字子香，福建侯官（今福州）人。1867 年，入福州船政学堂驾驶班，学习航海驾驶，勤勉力学，毕业考试第一名。1875 年，随船政正监督法员日意格赴欧，研习枪炮、水雷技术。翌年冬，船政派遣第一批学生出洋学习，刘步蟾入选。美国远东舰队司令斐利曼特对他有两句评语："涉猎西学，功深伏案。"曾与林泰曾上《西洋兵船

---

① 川崎三郎：《日清战史》，第 7 编上，第 3 章，第 70~71 页。

炮台操法大略》条陈于李鸿章，主张加强海军，采取积极防御方针，认为"最上之策，非拥铁甲等船自成数军决胜海上，不足臻以战为守之妙"。1885年，刘步蟾赴德国督带定远等舰回国，任定远舰管带。1888年，北洋海军成军，授右翼总兵兼定远舰管带。

林泰曾 字凯仕，福建侯官（今福州）人。1867年，入福州船政学堂驾驶班，学习航海驾驶。1876年，与刘步蟾等同赴英国学习海军。沈葆桢称其"深通西学，性行忠谨"。1888年，北洋海军成军，授左翼总兵兼镇远舰管带。日本发动甲午侵华战争后，他主张采取攻势战略，"举全舰扼制仁川港"，与日本联合舰队"一决胜负于海上"。其为人"性沉毅"，而"待下仁恕，故临事恒得人之死力"。

杨用霖 字雨臣，福建闽县（今福州）人。1871年，投身海军，上艺新炮舰为船生，从管带许寿山学习英语及驾驶、枪炮技术。他刻苦好学，用心专一，在工作实践中成长为一位优秀将领。总教习英籍洋员琅威理称赞他"有文武才，进而不止者，则亚洲之纳尔逊也"。海战中，他顾左右说："时至矣。吾将以死报国！"众皆感动，称："公死，吾辈何以生为？赴汤蹈火，唯公所命！"他协助林泰曾指挥，弹火飞腾，血肉狼藉，而神色不动。

在日舰本队5舰的围攻下，定远舰与镇远舰紧密配合，共同对敌，战绩卓越。定远舰英籍洋员戴乐尔目睹全舰官兵的英勇表现，在回忆录中写道：

> 炮手及水兵皆激奋异常，毫无畏惧之容。我见一名炮手身负重伤，同伴劝他进舱养息。当我再回到露炮塔时，见他业已因伤致残，仅包扎一下伤处，依然工作如常。[①]

舰上的洋员也表现得十分勇敢。总管轮法籍洋员阿璧成两耳震聋，仍

[①] 戴乐尔：《中国事记》，第55页。

然毫不畏避，奋力救火。管理炮务英籍洋员尼格路士见舱面火起，舍生救火，中炮身亡。镇远舰对定远舰的掩护，也功不可没。据日方记载称："定远舰与镇远舰的配置及间隔，始终不变位置，用巧妙的航行和射击，时时掩护定远舰，奋勇当我诸舰，援助定远舰且战且进。"在炮火纷飞中，镇远舰帮办管带、美籍洋员马吉芬和管理炮务、德籍洋员哈富门，都力战受伤。二舰之所以能够成为中流砥柱，与日本5舰相搏而久持，始终坚不可摧，镇远舰广大官兵是作出了贡献的。

定远舰与镇远舰一靠配合默契，二靠勇敢无畏，终于顶住了日舰本队的猛烈进攻。马吉芬说："我目睹之两铁甲舰，虽常为敌弹所掠，但两舰水兵迄未屈挠，奋斗到底。"斐利曼特也指出："（日舰）不能全扫乎华军者，则以有巍巍铁甲船两大艘也。"

重创松岛 战至下午3点半，当定远舰与松岛舰相距大约2000米时，由舰首重炮发出的30厘米半炮弹击中松岛舰右舷下甲板，给这艘日本旗舰造成了重大损伤。据日本随军记者写道：

> （炮弹）轰然爆炸，击毁第四号速射炮，其左舷炮架全部破坏，并引起堆积在甲板上的弹药爆炸。刹那间，如百电千雷崩裂，发生凄惨绝寰巨响。俄而，剧烈震荡，舰体倾斜，烈火焰焰焦天，白烟茫茫蔽海。死伤达84人，队长志摩（清直）大尉、分队长伊东（满嘉记）少尉死之。死尸纷纷，或飞坠海底，或散乱甲板，骨碎血溢，异臭扑鼻，其惨淡殆不可言状。须臾，烈火吞没舰体，浓烟蔽空，状至危急。虽全舰尽力灭火，轻重伤者皆跃起抢救，但海风甚猛，火势不衰，宛然一大火海。[①]

伊东祐亨一面亲自指挥灭火，一面命军乐队等人补炮手之阙。

到下午4时10分，松岛舰的大火才勉强扑灭，但舰上的设施被摧

---

① 川崎三郎：《日清战史》，第7编上，第4章，第157页。

毁殆尽，唯一的32厘米半口径重炮发生故障而不能放，已经丧失了战斗的能力。于是，松岛舰发出了"各舰随意运动"的信号。随即竭力摆脱定远、镇远二舰，与其他4艘日舰向东南逃逸。

在海战第三回合中，定远舰和镇远舰在战局急转直下的危急时刻，仍能巍然屹立，勇搏强敌，力挽危局，重创敌之旗舰，终于化被动为主动，使日舰本队不敢久战而南遁。

海战第四回合：转败为功 海战的第四回合，从下午4时10分到5点半，历时80分钟。

松岛复战 日本舰本队转舵向东南逃去后，定远舰和镇远舰尾追进逼，使其不得已而回头复战。双方再次打响激烈的海战。据马吉芬说："炮战之猛烈，当以此时为最。然而，镇远射出6英寸弹148发，弹药告竭；仅余12英寸炮钢铁弹25发，而榴弹已无一弹矣。定远舰亦陷于同一困境。"

与此同时，日本本队受伤极为严重。松岛舰不但舱面所有设施荡然无存，护炮之铁甲皆被击碎，一时无法修理，而且炮手及其他人员伤亡甚众。还有舰体水线以下也连中数弹，只是侥幸未进水沉没。至于其他各舰，都不同程度地遭到伤损，无一瓦全，已经难以继续战斗了。

靖远升旗 下午5时许，靖远舰水线进水部位已堵塞妥当，来远舰大火扑救得力，虽舱面皆已断裂，但全船之机器及炮械皆尚可用，便一起驶回归队。叶祖珪知督船信号装置已毁，便代替督船升起收队旗，召大东沟港内诸舰艇归队，出港助战。于是，靖远舰在前，来远、平远、广丙等舰及福龙、左一两鱼雷艇随之，尚在港内的镇南、镇中两炮舰及右二、右三两鱼雷艇也出港会合。北洋舰队的声势因之复振。此时已是下午5点半。伊东祐亨见北洋舰队集合各舰，愈战愈奋，又怕鱼雷艇袭击,遂挂出"停止战斗"信号,不等第一游击队前来会合,便率日舰本队向南逃去。

在海战第四回合中,日舰本队在定远舰、镇远舰的尾追进逼下,不得已回头复战,企图挽回颓势,但未达到目的。北洋舰队虽蒙受重大损失,然终于以寡敌众,转败为功,迫使日本联合舰队不敢恋战,向南遁逃。

历时4小时40分钟的中日黄海鏖兵,至此乃告结束。

胜负之争 黄海之战,举世瞩目,中外舆论评说纷纷。对于这次海战的胜负,大致有三种说法:

其一,中国败绩。战后,李鸿章接伦敦来电,内称:"在鸭绿江口开仗,中舰沉毁者四,余舰均受重伤,兵勇死伤枕藉,日舰得保凯旋。"

其二,中国小胜。某在华洋员认为:"(中日双方)虽互有损伤,而倭船伤重先退,我军可谓小捷。"说北洋舰队成功地抵御日本的进攻,逼使其率先遁逃,固然不错,但又说双方"互有损伤",并特别强调"倭船伤重",却不提中国损舰情况,是很不全面的。

其三,胜负未决。美国著名海军史专家和海军战略理论家马汉认为:"考虑一下战斗结果,可以说,此次海战尚处于胜负未决之间。……无论从其结果来看,或者作为一次海战来考虑,要说日本胜利还为时过早。"仅就这一次海战来说,这样讲当然有一定的道理,但从战争的全局看,这样讲未免太简单化了。

必须看到,黄海一战,北洋舰队的损失严重,丧失了大量有生力量,从此难以出海作战了。

第一,舰只损失。此战北洋舰队损失5舰,即致远、经远、超勇、扬威和广甲,而日本舰队一舰未失。中日双方舰只损失完全不成比例。

第二，舰员损失。据汉纳根估计，北洋舰队官兵死伤有1 450人，其中死1 220人，伤230人。汉纳根在黄海海战后，即离开了北洋海军，他的估计是凭当时的印象来推测，未免有些夸大。当时在中国观战的英国兵部主事蒲雷估计，北洋舰队官兵死伤近1 000人，其中死约700人，伤为200至300人。这个数字比汉纳根所估计的要少，仍与实际情况有一定距离。现据各方面的资料进行核实，死伤应为729人，其中死642人，伤105人。而日本舰队官兵的死伤数则为298人，其中死90人，伤208人。就舰员死亡数字而言，北洋舰队是日本舰队的7倍多。再看双方阵亡的军官情况，日本舰队死校尉衔军官11人，其中包括少佐（校）舰长1人，而北洋舰队死校尉衔军官（副将到千总）49人，其中包括副将（相当于大校）管带2人、参将（相当于中校）管带2人及游击帮带大副（相当于少校）1人，可见其损失之惨重了。

　　第三，丧失海权。这次海战的严重后果是，北洋舰队从此完全丧失了对黄海的制海权。北洋舰队本来就是先天不足的，虽说早在1888年就已正式成军，其实按实战的要求还不能说真正成军，因为它可任海战的军舰只有铁甲船2艘和快船5艘，勉强布阵应敌而已。北洋舰队在黄海损失了快船2艘，回威海港时铁甲船镇远又触礁重伤，已难以再出海作战。这样，可任战的军舰只剩下铁甲船1艘和快船3艘，已经无法再编队出海了。此后，北洋舰队只能游弋于威海与旅顺之间，被迫执行"防渤海以固京畿之藩篱"之方针，表明它已完全丧失了对黄海的制海权。这也预示着北洋舰队开始走向最后的覆没了。

第三节　步蟾改阵

黄海之战给人们留下了许多悬念，有一些公案迄今仍然聚讼不休。最著名的几桩公案之一，是刘步蟾改阵问题。

这桩公案的缘起，是英籍洋员戴乐尔回国后写的一部在华回忆录——《中国事记》。戴乐尔原是英国海军后备少尉，因在本国不甚得志，来中国海关任缉私船船长，又经海关总税务司英人赫德介绍，加入北洋海军，担任总教习德籍洋员汉纳根的顾问兼秘书，后被聘为督船定远的副管驾。

《中国事记》　此书于1929年在伦敦出版，书中将刘步蟾写得极其不堪。如称：

> 刘步蟾，总兵兼旗舰管带而为实际上之提督者，时正筹思，倘或遇敌，将何以自保其皮。……时指挥舰队排布之信旗已发出。一望即证实予之疑惧。信旗所示，为诸舰相并横列（line Abreast），以主舰居中；而非如提督与诸管带所议决，分段纵列。……于是刘步蟾之急智已售，此为其深谋焦思之结果；彼所谋思者非他，当遇敌时，将何以善保其皮也。

两年后，张荫麟教授将此书译成中文，刊在1931年4月出版的《东方杂志》上。后又被收入邵循正先生等编辑的《中国近代史资料丛刊》之一《中日战争》卷的第6册。张先生的译文发表后，受到学术界的注意，被视为研究甲午战争史的重要的第一手资料。特别是其中关于黄海海战的部分，一直被许多研究者视为信史，在论著中广泛引用，影响颇巨。

戴尔乐是一位亲自参加过黄海海战的洋员，而且当时就在督船定远上，他的话应该具有一定的权威性，所以使得一些著名的历史学家也信之不疑。对刘步蟾历史地位的否定评价似乎成了无可争辩的定论。

开展调查 起初，我对否定刘步蟾的观点并未产生怀疑。20世纪50年代中期，我正在威海养病，经常洗温泉浴，有些老人是这里的常客，他们有时说起"甲午年反鬼子"的事，引起我的极大兴趣。以后，我便有意识地走下去调查，并重点访问许多尚健在的原北洋舰队水手和知情者，听到了不少反映刘步蟾的为人和表现的故事。他们对刘都交口称赞。如定远舰水手陈敬永说："刘船主（步蟾）有本事，也有胆量，全船没有一个孬种！"这怎么能跟"懦夫"的形象对起号来呢？于是，我对范著所述开始打了一个问号。

不久，我找到了时人池仲祐所著《海军实纪》一书。其中有一篇《刘军门子香事略》，经过反复阅读，觉得头脑中刘步蟾的形象逐渐丰满了。《刘军门子香事略》称，甲午战争爆发前三年，户部奏准停购船械两年，刘步蟾认为日本"增修武备，必为我患"，恳陈李鸿章奏请朝廷，按年添购铁甲船2艘，以防不测。李不应。刘不顾个人安危，愤然力争道："平时不备，一旦偾（音fèn，败坏）事，咎将谁属？"当时在座者无不大惊失色。池氏评曰："其忧国之深，忠愤激昂，流露于言词之间，而不自觉也。"黄海之役，刘因指挥得力，受到廷旨嘉奖。及刘殉国，李鸿章"为之太息，并叹当日面争之语不虚也"。在池氏的笔下，刘步蟾分明是一位忧国尽职的爱国海军将领。池氏也是海军中人，曾于1881年以文案随丁汝昌赴英接带超勇、扬威两艘快船回国，并撰《西行日记》一书以记其事。《刘军门子香事略》所述刘步蟾事应该不会是向壁虚造的。

但是，池仲祐所述与戴乐尔的回忆之反差，又何其太大！这怎么解释？试看在《中国记事》中，戴乐尔对刘步蟾竭尽人身攻击之能事：一则称"总兵刘步蟾为一变态之懦夫，不独临危丧胆，且用尽机智，不惜任何牺牲以求免之"；再则称"彼唯一龌龊可鄙之恐惧，彼牺牲他人以图自全之恐惧，乃栖于瞭望塔内刘步蟾之心中也"；三则称丁汝昌"祷神祈胜，并祈彼之左右手刘步蟾不致败渠事"，而刘步蟾则"正筹思，倘或遇敌，将何以自保其皮"。越看越觉得很不对劲儿。试想，丁汝昌之默祈，戴乐尔何以得知？刘步蟾之筹思，戴乐尔怎能相闻？这不能不令人对其记述的客观性和真实性产生怀疑。

其后，我在调查中遇到了年近耄耋的李锡亭老人，他向我出示了他所撰写的一册手稿，题曰《清末海军见闻录》。这位老先生是荣成马山人，曾为谢葆璋（著名女作家冰心之父）幕宾。谢氏是原北洋舰队来远舰驾驶二副，战后任烟台海军学校校长。老人与谢氏私交甚厚，相处有年，故十分熟悉北洋海军掌故。手稿有一段记载刘步蟾称：

  定远管带刘子香（步蟾），早年去英国习海军，成绩冠诸生，提前归国。北洋水师创建之初，一切规划多出其手。他在大东沟一战（黄海海战）中指挥努力，丁汝昌负伤后，表现尤为出色。有诬其怯战者，特受洋员之蒙蔽耳。……洋员戴乐尔尝倡议购置智利巡洋快船，交其本人指挥。刘子香闻之，从中梗阻，戴乐尔愤然，每寻机诋毁之。此后，戴乐尔又欲谋总教习一职，亦受阻于刘子香。初，汉纳根建议提督，以戴乐尔为其继任，汝昌未决。刘子香闻此议，力陈戴乐尔之为人，野心难羁，终将偾事，汝昌韪（音委 wěi，是）之。戴乐尔乃大愤，益迁怒刘子香。

读之顿时豁然开朗，原来冰冻三尺非一日之寒，戴乐尔对刘步蟾积愤已久，故借撰写回忆录一吐为快也。这才是他在行文时处处不忘诋毁刘步蟾的原因所在。

这样,再回过头来读戴乐尔的回忆录,问题便一清二楚了。戴乐尔攻讦刘步蟾的要害问题,是说他擅自改变北洋舰队既定的阵形,即将鱼贯阵(纵阵)擅改为雁行阵(横阵)。所谓刘步蟾怯战自保等等指责,都是由此引起的。海战中北洋舰队确曾将纵阵变为横阵,这是否为刘步蟾所擅改呢?答案是否定的。战后,丁汝昌在给李鸿章的海战报告中就说是他下令变阵的。参加过黄海海战的济远舰帮带大副何广成著《冤海述闻》一书,尽管对刘步蟾攻击甚力,但也并不否认是丁汝昌下令变阵的。刘步蟾作为右翼总兵兼督船定远舰的管带,其职位相当于北洋舰队副司令兼参谋长,他代表提督发出变纵阵为横阵的旗号,完全是他的职责所在,怎么能指责他本人擅改阵形呢?何况变阵后定远舰的位置正居于舰队的最前方,又怎么可能以此自保?再据当时日本舰队的观察记录,黄海双方接仗时,定远舰正位于舰队"三角形突梯阵"的尖端,更说明刘步蟾是冲锋在前的。可见,戴乐尔所谓擅改阵形云云,纯属欲加之罪的不实之词,有必要加以推倒,为刘步蟾洗刷罪名,还他以公道。

于是,我心里突然冒出来一个大胆的想法:应该写篇东西,对刘步蟾重新作出评价。

重评风波 我有了重评刘步蟾的想法,构思也基本上成熟,但拿起笔来却犹豫了。当时学术界大批判之风很盛,或因某一观点相左,或因对某一历史人物评价不同,往往会遭到猛烈的围攻。想到这种情况,几次提起笔都没有勇气写下去。

1959年,应山东人民出版社之约,我正准备撰写《中日甲午威海之战》一书。此书内容自然要以甲午威海之役为主体,但此役却不是突然发生的,不能不交代其历史背景,这就要提到黄海海战。那么,要不要写刘步蟾？如果打马虎眼不写，这样比较保险，却未免有违史家的良知；如果按自己的思路照实写，又怕引火上身，难以招架，后果难料。为此，我踌躇多日，一直拿不定主意。最后，我考虑不能不写刘步蟾，但确定了两条：第一，一定要尊重历史事实，坚持秉笔直书的史家优良传统，必须要表达自己艰苦探索所得出的观点，对刘步蟾给予肯定。第二，行文时要尽量淡化重评刘步蟾的意向，对刘步蟾的肯定点到为止，不列举材料，不展开论述，以免节外生枝，引起麻烦。于是，我在书稿里便用"奋勇督战"四个字来概括刘步蟾在黄海之役中的表现。当时，我真是煞费苦心，还自以为我的这种做法很聪明。

1960年国庆节刚过，中国戏剧家协会主席田汉先生偕夫人安娥及上海海燕电影制片厂厂长沈浮来到威海，想考察甲午战争古战场，并搜集有关资料，为写一部反映甲午海战的电影脚本作准备。当时，我被安排与他们一起考察，充当导游并作讲解。一连几天，我陪同田汉一行凭吊当年的清军营垒和炮台遗址，调查战争的目击者和知情人，并专门访问了北洋舰队水手陈学海（来远舰）、苗秀山（镇北舰）等。田汉先生兴致很高，虽年逾花甲并患有糖尿病，却不见丝毫倦容。日间外出考察，每到一处遗址听我介绍后，他总是就自己所想提出询问，还觉得谈得不够，晚饭后再留我在他的住处继续交谈，有时谈到深夜。

田汉本是我素所敬仰的前辈作家，如今我更被他的不耻下问和执着的精神深深感动，便拿出《中日甲午威海之战》书稿向他请教。他一页一页地翻着书稿，突然问："刘步蟾为什么这样写？"他似乎也在思考刘步蟾的历史定位问题。我详细地介绍了刘步蟾的主要事迹：（一）对北洋海军的创建卓有贡献；（二）在黄海之战中坚决搏战，击伤敌舰多艘，特别是重创日本旗舰松岛号，使战局出现转机，也就是丁汝昌报告所说的"转败为功"；（三）后来座舰定远在威海港中敌鱼雷搁浅，便自杀殉职，践行了战前"舰亡与亡"的诺言。并且，我坦言自己的观点，对刘步蟾应该重新评价，给予肯定。他点头表示首肯，还极口赞道："知耻近乎勇，令人仰止！"他的话使我受到极大的鼓舞，坚定了重新评价刘步蟾的信心。

1962年，彩色电影历史故事片《甲午风云》公映，好评如潮。电影剧本执笔者是几位海军作家，他们是在海政文工团演出话剧《甲午海战》的基础上加以改编的。这部电影的主旋律是应当肯定的，但从艺术真实与历史真实相结合的高度来要求，则大有商榷的余地。电影以范著为依据，将刘步蟾塑造为一个贪生怕死的反面人物典型，即其重大的败笔。因为这对历史来说既不客观也不真实，对历史人物来说更是不公正。于是，我奋笔写了一篇影评《〈甲午风云〉的得与失》，其中重点谈到刘步蟾应该重新评价的问题。不料文章寄出后不久就被退了回来。退稿信语气比较客气，肯定文章写得不错，"有理有据"，却又表示"不宜发表"。稿件虽未被采用，但我对写回信的编辑仍然心存感激，他让我明白了这篇影评之所以不能发表，并不是因为文章本身的问题，而是文章以外的问题。

想用影评的形式提出重新评价刘步蟾的问题未能成功，但这只是一个小小的挫折。好在同一年，我的《中日甲午威海之战》一书终于出版了。这样，总算初步实现了重评刘步蟾的愿望，心里也得到了一丝宽慰。

幸获共识 1977年11月，"《中国近代军事史》书稿讨论会"在沈阳举行，我应邀到会。这次学术盛会，可以说群贤毕集，与会的100多位学者中有不少是近代史研究领域的佼佼者。我是唯一被邀请在大会作专题报告的，我也愿意借此机会公开我对评价刘步蟾问题的认识。于是，我全文宣读了我所准备的一篇稿子：《应该为刘步蟾恢复名誉》。当时会上反应强烈，大会总结肯定重评刘步蟾是这次研讨会的一项学术突破。

重新评价刘步蟾问题的正式提出，引起了一场全国性的学术大讨论，从1978年起，对刘步蟾的历史评价问题分为肯定与否定两派，激烈交锋，展开了长达数年的论战。到1982年，论战算是画上了休止符。刘步蟾究竟是投降派还是爱国将领，经过论战已经很清楚了。此后发表的一些有关刘步蟾的文章大都持肯定的态度。这说明：学术问题的解决不能靠以势压人，必须靠深入的研究和讨论，只要不心存成见，摆事实，讲道理，大多数人在这个问题上是能够取得共识的。

第四节　方案之讼

在黄海海战引发的若干公案中，若论参与人数之众多，论争时间之持久，恐怕要数方伯谦被杀案了。

方氏其人　方伯谦，字益堂，福建侯官（今福州）人。福州船政局后学堂驾驶班第一届毕业生。1876年，闽局首次派海军学生出洋，方伯谦入选。翌年春，赴英国，入格林威治海军学院，后上兵船学习。1880年，出洋学习期满回国。历任镇西、镇北炮船、威远练船管带。1885年，调管济远快船。1889年，升署北洋海军中军左营副将，委带济远快船。1892年，署海军副将期满，改为实授。1894年6月，济远舰奉派驻泊仁川，以观日人动向。日本蓄意伺机挑起衅端，业已昭然若揭。于是，方伯谦乃上条陈于李鸿章，建议速添快船，改善装备，使"彼自闻而震慑"。并主张将舰队聚零为整，以基地为依托，采取可攻可守的备战方针，"有事则全队出北洋游弋，若遇倭船，便于邀击"，收泊时"依于炮台，以固北洋门户，边疆自不至为所扰"。建言不无可取之处。然书才上，日本便挑起了战争。

黄海海战后，李鸿章参奏方伯谦临阵先逃，其奏曰：

> 查十九丑刻，济远先回旅，据称船头轰裂漏水，炮均不能施放，情有可疑。兹据丁汝昌查明，致远击沉后，该管驾方伯谦即先逃走，实属临阵退缩，应请旨将该副将即行正法，以肃军纪。[1]

廷旨允准，方伯谦被处以斩决。时年43岁。

方案调查 济远管带方伯谦军前正法，曾引起海军内外的极大震动。或谓罪有应得，或谓实属冤案，此案聚讼至今。20世纪50年代，我撰写《中日甲午威海之战》一书时，对方伯谦之死采取何种意见，斟酌再三，一时拿不定主意。后来觉得还是要先作调查研究，再下笔不迟。我的调查从四个方面着手进行：

第一，水手口碑。我先访问了一些北洋舰队的老水手，发现方伯谦的口碑极差。水手们恨其畏敌不前，因方、黄音近，竟给他起了个不敬的绰号——"黄鼠狼"。如来远舰水手陈学海说：

> 定远、镇远、致远、靖远、经远、来远几条船都打得很好。日本主船大松岛中炮起了火，船上所有的炮都哑巴了。数济远打得不行。济远船主姓黄（方），是个熊蛋包，贪生怕死，光想躲避炮弹，满海乱窜。各船兄弟看了，没有不气愤的，都狠狠地骂：满海跑的黄鼠狼！后来，济远船主不听命令，转舵往十八家岛跑，慌里慌张地把扬威撞沉了。

---

[1]《清光绪朝中日交涉史料》，卷二十一，第12页。

当时，在上海出版的英文报纸《字林西报》刊载记者对北洋舰队水手的访谈，也指出济远遁逃之际，匆忙中误陷浅滩，适扬威因起火脱离战阵而搁浅于此，彼突然转舵将扬威撞毁，逃回旅顺。又称："上岸后，外国乘员表示，此后拒绝这种舰长指挥。"

这位"外国乘员"就是济远舰的德籍洋员哈富门。海战时，舰上共有8名洋员，战后论功行赏，除2人阵亡给予奖恤外，另外5人也都受到奖赏，唯独哈富门被排除在奖赏名单之外，因此愤而辞去。

陈学海亲历黄海之役，作战勇敢，胯下被炮弹皮削去一块肉，验二等伤，获奖银30两，而从此失去了生育能力，老来无子女，只能靠侄子供养。他的话与《字林西报》的访谈录相印证，可知不是个人的偏激之言。

第二，洋员反应。当时参加海战的洋员反应又是如何？这也是必须要了解的。定远舰上的英籍洋员戴乐尔在战后曾提及此事，写道："济远各炮为巨锤击坏，以作临阵先逃之借口；其后管带方氏因此事及前此相类之事而丧其颅焉。"所述过于简略，难窥颠末。幸读美国传教士林乐知主持并由华人蔡尔康编译的《中东战纪本末》一书，其卷四收入参加海战的"西友"一封来信，内称：

> 两阵相交，方伯谦先挂本船已受重伤之旗以告水师提督；旋因图遁之故，亦被日船划出圈外。致、经两船，与日船苦战，方伯谦置而不顾，茫茫如丧家之犬，遂误至水浅处。适遇扬威铁甲船（快船），又以为彼能驶避，当捩（音猎 liè，扭转）舵离浅之顷，直向扬威。不知扬威先已搁浅，不能转动，济远撞之，裂一大穴，水渐汩汩（音古 gǔ，水流状）而入。……方伯谦更惊骇欲绝，如飞遁入旅顺口。

这位"西友"其实就是镇远舰上的美籍洋员马吉芬。此信还提到，哈富门回到旅顺后,"自言不幸而遇方伯谦","从此永不愿与之为伍"。信中所述与北洋舰队水手们所谈情况是完全一致的。

第三,日方记录。日本联合舰队作为参战的一方,对这次海战的记录也很重要。如日舰第一游击队第二舰高千穗某尉官有一份亲笔记述,称:"敌终于不支,四分五裂,全面溃败。济远、广甲首先向西南败走。"第一游击队旗舰"吉野"号作为首舰,其司令官坪井航三少将的报告说得更为具体详细:

> 3时30分,致远右舷倾斜沉没。经远仍在大火中挣扎,而且遭受破损,进退不得。最后敌阵终于全面溃散,各自逃遁。……济远则先于他舰逃跑。①

这些报告也都指证是济远舰先逃的。

第四,方氏自述。济远舰逃回旅顺口后,方伯谦向水陆营务处道员龚照玙提出一个报告,叙述战斗的经过:

> 昨上午十一点钟,我军十一舰在大东沟外遇倭船十二只,彼此开炮,先将彼队冲散;战至下午三点钟,我队转被彼船冲散。……我军定远头桅折,致远被沉,来远、平远、超勇、扬威四舰时已不见。该轮阵亡七人,伤处甚多,船头裂漏水,炮均不能放,驶回修理。余船仍在交战。②

方氏的这段自述,虽是在解释提前回旅的原因,但也无意中透露了济远舰驶逃时的战场情况。

方氏自述所谓"十一舰",是指最先迎战日本舰队的10舰和其后参加战斗的平远舰。致远舰沉没是在下午3时30分。此时,超勇舰已被击沉,扬威舰起火后驶向大鹿岛方向躲避,平远舰边战边向东进,

---

① 《中国近代史资料丛刊续编·中日战争》,第7册,第238页。
② 《中国近代史资料丛刊·中日战争》,第3册,第128页。

来远舰则独自向日舰比睿进击,因此在济远看来4舰"时已不见"。战场上尚在作战的"余船",只能是定远、镇远、靖远、经远、广甲5舰了。其中,广甲舰随济远舰而逃,经远舰是在3时52分开始遭到日舰第一游击队的合击,济远舰却都没有看到,表明它逃离战场的时间是在下午3时30分和52分之间,约在3时40分,比整个舰队结束战斗提前了近2个小时。

中国传统史学重视多重证明法,既已四证俱全,方伯谦临阵先逃的罪名是不容置疑了。但我觉得,还应该谨慎从事,因为这里涉及两个具体问题:

其一,济远伤重?据方伯谦自称,济远舰是因"伤处甚多,船头裂漏水,炮均不能放",才驶回旅顺修理的。李鸿章认为所说"情有可疑",丁汝昌查明所报不实,是否可信?值得注意的是,哈富门辞职回国路过上海,住宿礼查客寓,沪上各国记者询问战事者甚多,当问到济远的损伤情况时,他作出了简短的回答,使我们弄清了三点:(一)济远舰仅有2门大炮受损,15厘米尾炮1门"机器受损,不能运动",21厘米大炮1门"机器也已损坏,炮架不能运动",并不是"炮均不能施放"。(二)根本未提到"船头裂漏水"的事,可见乃是子虚乌有。(三)指出"我船虽受伤,并无大碍",并非伤重到不能继续作战的地步。所以,济远舰提前回旅的理由是不能成立的。

其二,撞坏扬威。关于济远舰撞坏扬威舰的问题,也是一个历史之谜。虽然丁汝昌在报告中说济远舰撞坏扬威,北洋舰队水手陈学海以及洋员戴乐尔和马吉芬也都证实此事,但我总觉得情况还不是十分清晰,不敢轻易相信。这里明摆着一个令人难解的问题:按北洋舰队的布阵来看,扬威舰位于右翼的阵脚,而济远舰则位于左翼的阵脚,两者相距差不多在4公里左右,是如何相撞的呢?何况济远舰是向西南的旅顺方向驶逃,又怎么能与扬威舰相遇呢?日方的记录为我们解开了这个谜。《吉野舰记事》称:"济远、广甲向西北方向逃走。"坪井航三的海战报告更指出,它们"想要经过沿岸浅海逃走"。原来,济远舰为了避开日本舰群,并不是直接向西南驶逃,而是向西北浅海处绕行,从而撞到了已搁浅在那里的扬威舰。

扬威舰沉海之际,管带蹈海而死,帮带大副郑文超遇救生还。战后,李鸿章参奏失职诸将,郑文超也被追究责任:"当大东沟与倭接仗,该船行驶太迟,致离大队;及受敌炮弹炸焚之时,又未能极力灌救扑灭,虽为济远船碰伤,究因离队而起,咎有应得。"对其给予"革职留营效力,以观后效"的处分。这也为济远舰撞毁扬威舰提供了一个佐证。

花费这么多的工夫来调查和考证,我才敢在《中日甲午威海之战》一书中比较放心地写下了这样一段话:

> 济远管带方伯谦看见致远沉没后,胆战心惊,急忙下令转舵逃走,仓皇中误撞扬威船身。扬威先已搁浅,不能转动,又被济远撞一大洞,不久沉没。

《冤海述闻》 早在方伯谦死后不久,即开始有人为方伯谦鸣冤。"方案"究竟是否冤案?一百多年来聚讼不断。其始作俑者应属光绪二十一年(1895年)在上海刊印的《冤海述闻》一书,它发出了为方伯谦鸣冤之第一声。此书作者隐去姓名,署款"冤海述闻客"。自此以后,凡为方氏鸣冤者大都引此书为据。但大多数研究者却对此书内容的真实性表示怀疑,故对其不够重视。我认为,若不将《冤海述闻》这部书研究透彻,无论对方氏作出否定或肯定的评价,心里都是不能踏实的。这里必须弄清楚三个问题:

第一，作者为谁？"冤海述闻客"究竟是何许人？长期以来一直是一个谜。史学界比较一致的意见是，此人必是济远舰的一位官员。较早即有"身历者之申述"的猜测。其后，又有人认为，书中"记叙有名有姓，有声有色，非亲临其境亲睹其事者，是无法做到的"。这些话有一定的道理。对此，我曾作过详细考证，发现这位化名为"冤海述闻客"者就是济远舰的帮带大副何广成。

何广成是方伯谦一手提拔的亲信。他上济远舰不久，便充补舢板三副。1892年12月，原济远驾驶二副调离，即以何广成升署。到1893年5月，才半年不到就改为实授。1894年8月，济远帮带大副沈寿昌在丰岛海战中阵亡，其遗缺又以何广成拔补，成为济远舰的第二把手。数年之内，他连升三级，可谓官运亨通。特别是作为帮带大副，何广成对济远舰临阵先逃也是负有一定责任的，因此化名著书为方氏鸣冤也为自己辩解，这就不难理解了。

第二，史料价值。《冤海述闻》的史料价值如何？人们的认识很不一致。有人肯定，认为"其资料尤其珍贵"，相信其真实性。有人否定，认为所述"殊难令人置信"。各走极端。还有人调和其间，认为"此书非尽实录，但与他书互相参证，亦可窥所述两次战役（丰岛及黄海）之真相"。这种意见较为可取。此书尽管为方氏辩护，但也可从中看出方氏算得上中国最早的海军干练之才，忧心国事，数次上书建言，只是在战争的紧急关头经不起考验而做了逃将，对他的过去不能全盘否定。此书作者还是济远舰的高级官员，了解许多局外人所不能道的海战内幕情况，对其所述作一番认真的辨析考证，是会有很高的史料价值的。

第三，写作目的。何广成写此书的目的很清楚，就是要说明方氏是"冤死"，是一桩冤案，故要"纪其战事颠末，以待当世之公论"。

他用来证明方氏"枉死"的理由主要有三：

其一，全队未整，督船抢行。"原议整队后，每一点钟船行八迈（英里），是时队未整，督船即行八迈，以致在后四队之济远、广甲，五队之超勇、扬威，均赶不及。""八迈"约合 7 海里。舰队变阵需要一个过程，战时与平时训练又不同，督船必须当先迎敌，不能减速以待僚舰，因此变阵只能在舰队运动中完成。何广成因济远"赶不及"而指责督船，是没有道理的。

其二，炮械全坏，无可应战。这是济远舰临阵先逃的主要理由："济远中炮数十处，后炮座因放炮不停，炮针及螺钉俱振动溃裂，致炮不能旋转。前大炮放至数十余出，炮盘熔化，钢饼、钢环坏不堪用……船中炮械全坏，无可战，只得保船西驶。"所述济远舰大炮损坏情形，有一定的真实性，也为德籍洋员哈富门所证实。但主要的问题在于：（一）济远舰 21 厘米前主炮共有 2 门，一门损坏，还有一门可用；（二）舰上还有 47 毫米炮 2 门、37 毫米炮 9 门和金陵造钢炮 4 门。所以，何广成所说"船中炮械全坏，无可战"根本不是事实。后之论者不加细察，就以此为依据，并大为发挥，称赞方伯谦"千方百计地保存了一条兵舰"，"不仅无罪，而且有功"，就更离谱了。

其三，提前回旅，仅早片时。济远舰早回旅顺，到底早了多少时间？何广成说："（济远舰）以夜四点二刻到旅顺，各船以六点钟亦到，相隔仅片时也。"照此说法，济远舰是 9 月 18 日晨 4 点半到的旅顺，比舰队提早了一个半小时。这完全不是真实的情况。因为济远舰回旅顺的时间，当时即由旅顺水陆营务处上报："丑刻，济远回旅。"丑刻是凌晨 2 点左右，不是 4 点半。至于舰队回到旅顺的时间，有丁汝昌的电报为证，也不是早晨 6 点，而是上午巳时，已经到 9 点了。

战后,美籍洋员马吉芬撰文称:

> 阜怯懦弱的方舰长乘坐的济远,敌舰开始射击后不久即逃出队外,……该舰于翌晨2时到达旅顺,即我舰队抵港7小时前。[①]

这进一步证明:济远舰回旅的时间是丑正(凌晨2时),舰队回旅的时间是巳初(上午9时),两者到达时间前后相差7个小时,怎么能说是"相隔仅片时"呢?

正由于此,后之为方氏鸣冤者也感到《冤海述闻》破绽百出,难以服人,只好另寻出路了。

《卢氏杂记》 又称《卢氏甲午前后杂记》,是一部手稿,为福建师范大学图书馆所收藏。记得1981年11月,我到福州作调查,到该图书馆查阅书目卡片时,发现其书名,即疑其与甲午战争有关,想借出一阅。但该校陪同我的一位老师说,书架上未找到此书。1983年4月,我正为中华书局主编《中国近代史资料丛刊续编》之一的《中日战争》卷,又记起了这本书,于是再次来到福州,想看其史料价值如何,以决定是否收入卷中。还是上次那位老师陪同,他告诉我该书已被借走,借书者出差到上海了。还是无由寓目,怏怏而归。我心想两次千里迢迢来此,真与此书无缘也。收入《中日战争》卷之事,也只好作罢。

不料几年之后,有人撰文说,在福州发现的《卢氏杂记》稿本,是"不可多得之甲午海战原始资料",足以"证明济远英勇善战,广甲先逃,济远的确战至炮毁无以应敌方退出战斗等问题"。这在当时来说,确实是一件惊人的消息。于是,为方氏翻案者纷纷发表文章,以此来否定济远舰先逃的事实。

我是直到1986年6月才看到《卢氏杂记》手稿的复印件。是书作

---

① 《中国近代史资料丛刊续编·中日战争》,第7册,第276页。

者卢毓英，乃福州船政学堂管轮班学生，1889年毕业，到广东海军任广甲船管轮。1894年5月为海军大阅之期，广甲等船皆至北洋，因留调遣，得以参加黄海海战。此书并非卢氏当时的记事手稿，而是事后追忆，因已历年所，难免记忆不清。且其内容有见有闻，闻多见少，以讹传讹之处所在多有。何况黄海一战，卢氏虽是参加者，却因在舱内操作，只在两军接仗之初，才"上舱一望"，也不可能真正了解海战的具体过程，故所述情节多耳食之言。应该说，《卢氏杂记》史料价值甚低，对其可信度要大打折扣，不宜轻率引用，视之为"甲午海战原始资料"是绝对不行的。

举一个明显的例子，就是《卢氏杂记》所述的济远逃跑问题。书中这样写道：

致远既覆，超、扬既火，广甲尤胆落，急返棹而逃。……济远当敌之冲，迎击既久，炮多炸裂倾倒，无以应敌，于是亦逃。

据此，有论者得出两个结论：第一，"广甲逃离战场并非在济远之后，而是在济远之前"。第二，"广甲在船炮无恙、士卒未伤的情况下带头逃跑，属于临阵脱逃，而济远则属被迫撤离，更不存在方伯谦驾济远先逃、广甲随逃的问题"。其实，《卢氏杂记》的这段话，完全是转述《冤海述闻》，并不是什么新材料，论者也不认真查对，不能不是一个疏忽。何况《方氏自述》已经承认，他驾舰驶退时广甲舰还在战场上，广甲舰又怎么可能先济远舰而逃呢？

由此可以认识到：辨析史料，是历史研究过程的起点和基础；不从史料的考辨入手，也就谈不上科学方法的历史研究。《卢氏杂记》的历史价值太低，视之为信史，据以为方氏翻案，是很容易上当受骗的。

爱国将领? 进入20世纪80年代后期，由于各方面人士的积极参与，为方氏翻案的势头越来越猛，使这场学术讨论变得有些复杂化了。1991年9月，"甲午战争中之方伯谦问题研讨会"在福州市召开，更使翻案的势头达到了高潮。

会前，我曾接到邀请函，但因故未能亲自到会聆听。从其后出版的研讨论文集看，所收的数十篇文章表现出为方氏声冤的一边倒倾向。会议开幕式致辞称：

> 大量中外史料证实：方伯谦是中国近代海军杰出的人才，在捍卫祖国抗击外侮的甲午海战中，是英勇善战的指挥员，绝非逃兵，他蒙冤被责是清政府腐败没落所致。国内外的观点已基本取得一致，这也是学术研讨上之一大新闻。

看来，研讨会一开始便定了调子。会后，看到刊出的研讨会综合报道，其结束语是：

> 综观方伯谦对北洋海军的建树和两次海战中英勇善战的表现，应认为他是中国近代海军中的爱国将领。

会上的不同声音，不仅在报道中得不到任何反映，反而被归入"一致肯定"的行列中去了。既抹杀不同的意见，又不管真实的历史如何，硬要树方伯谦这样一位"爱国将领"，这种做法是不足为训的。

但是，细阅研讨论文集所收的大多数文章，大都是重弹《冤海述闻》和《卢氏杂记》的老调，毫无新意可言，既未提供任何新的材料，也未提出任何创新的见解。唯一值得注意的事情，是有论者提出了"西战场"说。

西战场说 何谓"西战场"？据论者说，致远舰沉没后，济远舰非但没有马上逃走，反而独自开辟了一个"西战场"。此话从何而来？论者的回答很干脆："这是任何思维能力健全的人都能得出的推论。"

"西战场"说一出台，就引起了学术界的震惊。因此采访者颇不乏人，论者又进一步作了详尽的说明：

> 致远久战沉没后，济远非但没逃，而是唯一留在西战场死战不退和4艘军舰单独作战，苦战4小时，到下午5：30才由于"无可战"而退出战场。……日舰怕济远后炮，不敢猛追。甲午海战中国舰只打得英勇，尤其是济远，打得日本人都不敢写明战史了。在西战场打得很好，我们应该宣传我们舰队作战的英勇，不能长他人的志气。

论者说得娓娓动听，感人肺腑，无奈只是一个令人陶醉的虚幻的神话。人们不能不佩服这位论者的非凡勇敢和超人想象力，他靠自己健全的思维——"推论"，便推出了一个"西战场"说。这个"西战场"竟吓坏了日本人，连他们的战史都不敢写明了。窃以为，靠虚构的英雄故事唬人，是不能长我们民族的志气的。

所谓"西战场"说，完全是靠思维创造的"历史"，乃子虚乌有，与真实的历史无涉，无须加以驳辩。但要指出的一点是，评价历史人物是一项十分严肃的学术研究工作，不是儿戏，不能靠噱头哗众取宠，那样只会把自己引向研究的死胡同。

第五章　辽东烽火

扫码获取
▶历史回响
▶战事风云
▶军事秘闻
▶以史明鉴

第一节　分兵犯境

日本挑起这场大规模的甲午侵华战争，其志不小。平壤战役后，日军已完全控制并占领了朝鲜全境，这只是走出了"征清"的第一步。日本政府的既定方针，就是深入中国本土作战，而"经略满洲"是其侵略计划的重要组成部分。因此，平壤之战一结束，日本大本营就决定以第一军乘势进犯辽东，向山海关进逼。但又考虑到中国疆域辽阔，人口众多，即使占领部分土地也难使清帝面缚请降，于是又着手组建第二军，以备直攻首都北京，迫使清廷签订城下之盟。

饮马鸭水　"鸭水"一词见于日本诗歌中，指的是鸭绿江。自"征韩论"起，在日本"大陆雄飞"论者中间流行一句口头禅，就是"饮马于鸭绿江"。从历史上看，早在1592年（明万历二十年、日文禄元年），日本军队曾一度占据过平壤。当时，日本太阁丰臣秀吉得意忘形，不可一世，谋划要在第二年"饮马于鸭绿江"，进军中国境内，"席卷明朝四百余州，以为皇国之版图"，并永占北京，迁日本国都于此。丰臣秀吉的狂想虽告幻灭，但他的衣钵继承者却绵绵不断。

进入19世纪以后，宣扬大陆扩张者更是所在多有。他们极力鼓吹"养蓄国力，割据易取之朝鲜、满洲和中国"。70年代初，日本明治政府便派遣近卫陆军少佐池上四郎潜入中国东北，成为近代日本遣华间谍之第一人。池上回国后，提出了一份《满洲视察复命书》。内称：

> 满洲兵备……积弊久生，士气腐败，兵士怯懦，常备军殆成虚名。况朝廷纲纪废弛，贿赂公行，商民怨嗟，皆属实情。如此下去，不出数载，清国势将土崩瓦解，可谓明矣。

池上的《复命书》表明，"饮马于鸭绿江"并非不可实现的梦想。

20年过去了，此番便由日本第一军司令官山县有朋大将承担起"经略满洲"的重任。山县有朋出身于长州藩武士之家。明治政府一成立，便被派往欧洲考察西方军事制度。回国后长期在兵部任职。1873年，任陆军卿。1877年，率兵平定西乡隆盛叛乱后，山县在日本军界的地位更加显赫。1878年，日本设立直隶于天皇的参谋本部，他成为首任参谋本部长。1889年底，出任内阁总理大臣，组成第一次山县内阁。1890年3月，他抛出一份《外交政略论》，认为面对世界大势，"仅仅防守主权线已不足以维护国家之独立，必须进而保卫利益线，经常立足于形胜之地位"，否则"不可望成为完全独立国家"。同年12月，在国会发表施政演说，又对他的《外交政略论》要旨作了进一步的阐明：

> 国家独立自卫之道，其途有二：第一为守卫主权线；第二为保护利益线。何谓主权线？国家之疆域是也。何谓利益线？即与我主权线的安全紧密相关之区域是也。

为"保卫利益线"，日本就要大力扩军备战，以备染指朝鲜和中国。于是，"保卫利益线"便成为尔后日本发动对外侵略战争的"理论"根据。正由于此，他被称为明治以来日本"军阀王国的始祖"，也是发动大规模甲午侵华战争的主要元凶之一。

平壤之战后，日本第一军全部到达平壤，总兵力达到30 000人。直到10月22日，其主力才集结于鸭绿江南岸的义州。此时，山县有朋坐镇义州城中，下令全军收起军旗，减少炊烟，尽量隐蔽兵力，充分养精蓄锐，并加强侦察活动，以选择最有利的进攻地点。他接到侦察报告称：

> 敌军以九连城为总根据地，伸其左翼于虎山及长甸城，张其右翼至安东县，在鸭绿江沿岸有炮寨营垒数十，几百面军旗随风飞翻，看来总数不下两万人。

经过实地考察，证实了侦察报告的可靠性。山县认为，虎山是江北的天险，欲进攻九连城，必先拔取虎山，以为立足之地。但直攻虎山似非易事，因此制定了先攻安平河口的计划。作战方案既定，他想着即将渡江作战和略取奉天的情景，特别是想到"饮马于鸭绿江"的夙愿即将实现，情绪高昂，挥毫写下七绝一首：

> 对峙两军今若何？战声恰似迅雷过。
> 奉天城外三更雪，百万精兵渡大河。

布防江北 清军自平壤脱围后，溃奔而北，直抵义州。李鸿章提出"力保沈阳以顾东省之根本"的防御方针，主张不守义州，在江北布置防线，竟得到朝廷的批准。清廷为加强鸭绿江防线，紧急调兵遣将，一面降旨派四川提督宋庆帮办北洋军务，带所部各营往扎九连城；一面谕黑龙江将军依克唐阿率所部驰赴九连城防御。于是，宋庆和依克唐阿便成为守卫鸭绿江防线的两位清军主帅。

宋庆 字祝三，山东蓬莱泊子宋家庄人。少时家贫。及长，投身军旅，隶登州营。1853年，随营调防安徽，亳州知府宫国勋命为州练长。1862年，统带毅字3营，是为毅军之始。1864年，奉调入豫，任南阳镇总兵。1868年，擢湖南提督。1882年，徙军旅顺。宋庆驻旅顺12年，筑炮台，固海防，勤练士卒，当时被称为"诸军之冠"。他奉旨赴九连城督师之时，已是75岁的高龄，临行前对部属说："此行若不能奏功，一死殉国而已。"此时，边防诸将皆束手无策，及宋庆至，军心始定。他受命于国家危急之秋，明知任务艰巨，难期必胜，而毅然不顾，成为清军诸将中著名的抵抗派。

依克唐阿 字尧山，扎拉里氏，满洲镶黄旗人。早年以马甲入伍从征，积功迁至副都统。1881年中俄改订《伊犁条约》期间，俄国陈兵边境，吉林戒严。乌里雅苏台参赞喜昌以依克唐阿知兵，请旨饬令就近募猎户5 000人，据险分守，自率所部驻珲春。后被命佐吉林军事。1889年，擢黑龙江将军。日本挑起战争后，他自请率部开赴前敌，自谓："今兹大敌当前，岂可袖手旁观，自耽安逸？"其部下多猎户，善避击，屡以少众，愈挫愈奋，故一时依军声誉远扬。面对强悍之敌，他坚请率马步各营赴敌，亦是清军中抵抗派的代表人物。

这时，集结在九连城一带的清军，也有约30 000人。从鸭绿江两岸对峙的中日兵力看，基本上是相等的。从装备而论，双方也差不多。当时，鸭绿江一线清军拥有大炮90余门，枪炮弹药不缺，而且粮秣齐备。特别是宋庆和依克唐阿两名主帅，又都是敢战之将。按理说，鸭绿江防之战是有可能打好的。但是，这一仗还是失败了。其主要原因有三：

第一，士气低落。自平壤溃败，清军士气大为低落。清军兵力虽不算少，但大部分是平壤逃回的败军，其中伤病者2 000多人。各军惊恐未消，余悸犹存，避敌唯恐不及，已无御敌的勇气。

第二，号令不行。从作战双方的军队看，日军是一个编制完整的军，而清军则是杂牌军，按编制分，共包括9支队伍，各有统将。诸将平时各驻一地，互不隶属，骄横已惯，难受约束。故宋庆虽奉旨节制诸军，但诸将仍多不服调遣。像这样一支松散杂乱的队伍，怎么能够抵御锐气迸发的强敌呢？

第三，消极防御。宋庆和依克唐阿虽有抗敌之心，却拿不出切实可行的御敌方案。由于编制杂乱，指挥欠灵，清军各部只能划区分守，待敌来攻。这样，清军兵力配置西起鸭绿江口，东至鸭绿江上游长甸城附近，防线连绵达50余公里。其右翼以九连城至安东县为防御重点，而左翼兵力有限，又分扎6处，愈形单薄。左右两翼相接处也是防御的薄弱环节。这种消极的布阵方法，更便利了日军的进攻和突破。

江防瓦解 鸭绿江防之战是在10月24日打响的。上午11时许，日军一支从安平河口涉渡成功，首先突破了清军的防线。当晚，又利用夜幕的掩护在义州城下架起了渡江的浮桥。25日黎明，日军向虎山清军阵地发动了猛攻，双方展开激战。清军兵力过于分散，驻守虎山的毅军仅500人，敌我众寡悬殊，难以久持，被迫突围而出，渡瑷河西走。日军攻占虎山后，又继续扩大战果，先后占领了九连城、安东县、大孤山等地。至27日，3万重兵防守的鸭绿江防线全线瓦解。

此战清军战死者为495人，其中仅毅军即有333人，占阵亡人数的七成。日军才死34人。清军的武器、弹药及军用物资也损失严重。据统计，日军缴获大炮74门、步枪4 400支、炮弹3万颗、枪弹432万颗，以及粮食和其他杂物无数。

鸭绿江防之战，是清军第一次在中国本土抗击进犯的日本侵略者。这一仗虽然败得很惨，但清军的将领们，如依克唐阿、聂士成等，却从失败中吸取教训，在以后的对敌作战中放弃旧的一套战法，改用机动灵活的战术，取得了很好的效果。

花园登陆 在第一军对鸭绿江清军防线进行突破的同时，日本大本营又特命陆军大臣大山岩大将为司令官，统率第二军从旅顺后路的花园口登陆。

花园口是辽东半岛东侧的一个小海湾，位于庄河县（今庄河市）西南，距金州约80公里。据日谍侦察，此处海湾宽阔，细沙为底，适于受锚。且清军在此并未设防，便于登陆活动。若占领金州，则可抄旅顺之背，进而攻占之。然后，由陆路长驱北上，取牛庄，陷沈阳，并趁势陆海两路进攻山海关、北塘及大沽口，以实施直隶平原决战的作战方案。

从10月24日开始，日军第二军司令部，以及所属第一师团和混成第二旅团，共约25 000人分批陆续在花园口登岸。其后是运输大炮、马匹及辎重上岸。整个登陆活动历时半个月，清军并无过问者。

遣谍探察　按日本第二军的作战计划，登陆后的第一个攻击目标是金州，然后由此南犯，夺取大连和旅顺。为进一步探清守军的防御设施及布防情况，司令官大山岩下令调集了一批留有发辫的日谍，并亲自接见，可见期望之重。这批日谍由第一师团长山地元治中将和参谋长大寺安纯少将布置任务。临行前，山地激励他们："为君国效荣！"大寺也反复叮嘱："此行责任重大，务望完成任务！"

这批日谍共有6名：

山崎羔三郎　前曾侦察牙山清军情况，又调来执行此项任务。奉命侦察旅顺要塞。

钟崎三郎　福冈县人。1891年春来到上海，入日清贸易研究所特别班受训。半年后，被派到芜湖田中洋行任职，进行各种调查。1894年3月，化名钟左武，改扮成药商，奔走于直隶、山东两省间，侦察渤海湾各处军事设施及驻军情况，并进入过旅顺要塞。还曾协助日本驻天津武官测量过渤海湾。战争爆发后，一度潜伏天津，又潜往山海关一带活动。后经上海回国。

藤崎秀 鹿儿岛县人。毕业于上海日清贸易研究所。战争爆发后，被召回国。是年9月，被编入第一师团，从事特殊任务。他同钟崎一起，奉命侦察金州城及大连炮台。

猪田正吉 福冈县人。上海日清贸易研究所毕业后，在上海日华洋行任职。是年8月，被召回国，参加第一师团。

大熊鹏 福冈县人。毕业于上海日清贸易研究所。是年7月，奉命化装潜伏上海，屡次冒险向国内传递军事情报。回国后，被派到第一师团，从事特殊任务。他同猪田一起，被派往大孤山一带侦察。

向野坚一 福冈县人。上海日清贸易研究所毕业后，曾在长江沿岸调查。战争爆发后，被召回广岛大本营，派到第一师团司令部。他的任务是侦察普兰店、复州一带的清军设施情况。

日本间谍的侦察活动进行得并不顺利。上岸不久，山崎、钟崎、藤崎三人即先后被清军哨兵捕获，押至金州副督统衙门，以间谍罪处以斩刑。

猪田、大熊二人上岸后，则下落不明，生不见人，死不见尸。他们的失踪成了一个谜，引起不少人的猜测，但皆认为性命不保。战后，日本政府将二人按"烈士"待遇，记其功，叙勋八等，赐白色桐叶章。在京都若王寺的"征清殉难烈士碑"上，也镌刻了二人的名字。其实，二人根本不是死于清军之手。据我考证，猪田化名福冈竹之助，被毅军捕获后表示愿意归顺，宋庆收在帐下，随同与日军作战。后在田庄台之战中被日军炮火击中身亡。大熊是被奉军俘虏，留置营中，予以厚待。他心存感激，曾写有"河汉洗兵器，乾坤日月新"的诗句，表示对和平的期待。战后中日两国交换俘虏，大熊在解送途中不幸染瘟疫身亡。日本政府在二人生死不明的情况下，竟为其叙功授勋，赏给"烈士"荣名，完全是为了推行其侵略扩张政策的需要。

向野最为侥幸，他先是被当地群众捉住，在押送途中逃脱；又因迷路，被清军骑兵捕问，以有发辫得免。于是，他顺利地进入金州城，详察城内外之虚实，归报大寺安纯，为日军进攻金州提供了重要情报。

石门阻敌 日军第一师团是进攻金州的主力，登陆之初虽未遇到抵抗，但在其后行进途中还是不断地遭到抗击。

首先，群众袭击。日军所到之处，常遭当地居民的袭击。如在貔子窝附近，一日军哨兵被该村铁匠用木棒猛击头部，打成重伤。农民徐三趁夜色进入日军营地，用长矛刺死日军通译官藤城龟彦。日军前锋到亮甲店、陈家店一带活动，曲家村农民陈宝财带领村民40多人，埋伏在凤凰山落凤沟里，乘敌不备，袭杀日兵多人。农民高武组织起800多户农民，专门在夜间袭击日军驻地。猎户姜二还在日军的行军路上多处挖掘类似打狼的大坑，地面伪装如常，致使日军马队连续跌入坑内，多有死伤。日军担心随时遭到群众袭击，沿途警戒，故行进速度十分缓慢。

其次，巡哨伏击。清军派出去的巡哨，一旦发现日军小队，必定设法伏击。如拱卫军右营左哨队长童福霖，发现日军小队长山崎正满少尉率探骑9名，到大和尚山附近活动。他立即布置口袋形包围圈，将抬枪队埋伏在正面，洋枪队隐蔽在左右山坡上。日兵进入口袋后，抬枪队先行开火，将两骑击倒，余骑向坡东转去。洋枪队随之射击，日兵又向回转，如此往返数次，9名骑兵中共有6人被击毙，3人被俘。仅山崎正满一人逃走。

再次，清军抗御。日军第一师团第一次遇到的正式对手，是正定镇总兵徐邦道所率的拱卫军。

徐邦道 字见农，四川涪陵（今重庆市涪陵区）人。早年参加楚军，积功迁至副将。后转入淮军，隶于直隶提督刘铭传。1880年，调驻天津军粮城。1889年，授正定镇总兵。甲午战争爆发后，奉命招募拱卫军5营，后又招募1营，共成6营3 000人。到10月间，大连湾日渐紧张，徐邦道率部乘船赴援。日军从花园口登陆后，金州副督统连顺感到守城制兵仅1营500人，难御大敌，多次电奉天及北洋告急，复电皆称无兵可援。在此危急时刻，徐邦道挺身而出，表示愿尽一切力量，不分畛域，同心协力，共筹战守。遂率部到金州城东大道上的石门子布置防御，以堵截日军之来路。

11月5日上午11时许，日军第一师团前卫部队进至刘家店，探知清军在石门子高地构筑炮垒，其左右皆有步兵守御，决定发起进攻。日军各队进逼清军炮垒，拱卫军努力防战。日军在拱卫军的猛烈射击下，只能躲避在谷间岩石后，与之相应。日方记载说：

（此战犹如）轰雷闪电，弹弹相击，硝烟竞涨，激烈猛击，尤为雄壮。然而，敌军占据天险，由高垒俯射，我军则由低处仰射，本来难易悬殊，而失地利之宜。遂停止左侧的警戒，而转移至金州大道与复州大道之间露宿。①

此时已是晚上8点钟。这次战斗共打了9个小时，拱卫军终于粉碎了敌人的进攻。

金州失守 当石门子激战时，山地元治亦来到附近，曾登上山头瞭望战况。他看到拱卫军的防御重点在正面，人数虽少，颇据要冲，致使进攻为所瞰制，而其左翼防御较为薄弱，于是决定改变作战方法，采取"拊敌之背"的战术。6日凌晨4时，日军先绕攻拱卫军的左翼，使拱卫军陷于背腹受敌的境地，虽据胸壁防战，伤亡颇多，徐邦道见敌人又从几个方向包抄过来，便下令撤回金州城内。

---

① 《日清战争实记》，第11编，第4页。

当日上午8时，日军第一师团分为两路，一路由金州城东金州大道，一路由金州城北复州大道，排列野炮、山炮向金州城猛轰，为时近1个小时。山地元治下令吹起总攻号，从东、北两面向金州城冲击。然而，金州城高3丈（10米）有余，拱卫军和制兵从城垛的枪眼里射击，使敌人无法逼近城墙。于是，日军先用工兵炸开了北门，随后又攻破了东门，徐邦道、连顺见日军连破两门，日兵潮水般涌进，便率余部从西门和南门脱围而出。拱卫军有一哨长率100人掩护撤退，后在城内与敌人展开巷战，其中除14名伤重被俘外，全部壮烈牺牲。到11时，日军才控制了金州全城。

日军第一师团因5日在石门子受挫，在进攻金州城时便加以报复，滥杀无辜。金州北门炸开后，进城日兵见到居民，不分老幼，枪刺刀劈，直杀到西门外始止。日兵还在城内挨户搜查，奸淫烧杀，无所不为。一位日本随军记者记下了他进入金州城时之所见：

> 城内有金州官厅，居民三四千户，人口一万八千，市街井然，高楼大厦甚多。但因战乱，居民四散，官厅、民家皆紧闭门户，寂然无声。市街上，到处杂陈着清兵和市民的尸体以及死猪、死狗等。还有歪倒的军旗遗弃在地，衣服、家具散乱各处，光景极为荒凉惨淡。①

从这位日本记者的笔下，也可看出遭日军洗劫后的金州重镇，呈现出的是一幅多么凄惨的景象！

土城迎敌 11月7日，日军第一师团攻占金州的第二天，便乘势向大连湾发动进攻。大连湾守将为铭军分统赵怀业，率怀字营3 000人分驻各炮台，兵力单薄而分散，难当大敌，在李鸿章"宁失湾，断不失旅"的指示下，弃台而奔向旅顺。日军不战而占领大连湾。

---

① 《日清战争实记》，第11编，第7页。

日军既占领大连湾,便开始为进攻旅顺口进行准备。每日派探骑侦察旅顺的道路、地形及驻兵情况,并绘制旅顺半岛地图。17日拂晓,日本第二军倾巢出动,开始向旅顺进犯。18日上午10时,由秋山好古少佐率领的日军骑兵搜索队,抵达旅顺后路的土城子,受到徐邦道拱卫军的迎击,拱卫军占有地势之利,无论防守还是作战,都处于有利的地位。这时,总兵卫汝成的成字军也来助战,清军在数量上又占有极大的优势,使日军骑兵搜索队面临进退维谷之境。秋山好古见事不好,下令突围。

日军前卫丸井政亚少佐率一个大队继后,得悉土城子战况,便亲率一个中队向清军反击,并令其余几个中队来援。双方遂展开一场激战。有一位参战的日本军曹,叫川崎荣助,在日记中写道:

> 敌军举着红白、红蓝旗帜,潮水般涌来。我中队立即射击,敌军反击,战斗数小时。炮声如雷,弹如雨注,硝烟弥漫,笼罩原野,彼我难辨。……敌军的旗手举着蓝色的旗帜,距我仅仅二三十米了,其势难敌。……我军苦战之状,实非笔墨所能尽述。

尽管日军又有两个中队来援,也挡不住清军的猛攻。日军来不及收拾阵亡士兵的尸体和运走伤员,只顾向北奔逃。有些受伤日兵不能行走,宁肯自戕也不做俘虏。此时已是下午4点钟,双方激战了近6个小时。

在这次战斗中,日军共伤亡55人,其中死12人,伤43人。清军发挥了战术上数量的优势,打得主动,所以才能取得这样的战果。

土城子迎击战本是一场小仗,不料却成为轰动世界舆论的重大新闻,这是与日本方面大肆渲染的"凌辱尸体"事件密切相关的。所谓"凌辱尸体",是说清军对敌尸有削鼻、挖眼、破腹等行为。其实,这完全是无中生有的凭空编造,而且是山地元治亲自煽动而起的。他这样做的目的有二:一是出于鼓动士兵复仇情绪的需要;一是作为其为野蛮屠杀无辜平民辩解的借口。这个问题影响很大，下面还要继续讨论。

旅顺陷落 土城子战斗后，日本第二军继续向旅顺推进，其各部队先后到达准备发起攻击的出发地。大山岩决定11月21日为发动总攻之期。

旅顺口与威海卫隔海相望，共扼渤海的门户。旅顺口门狭窄，内澳隐蔽山后，周长7公里，水深可泊铁甲兵轮。1880年，旅顺开始设防。在建港的同时，陆续修建海岸炮台多座。旅顺口之险要，不仅在于口门严实，也在于有山列屏障。港澳背靠群山，峰峦蜿蜒起伏，呈半月之形，犹如天然巨大城垛，拱环旅顺后路。主要山峰皆设置炮台，连接不断，炮门尽皆向敌，实属天然形胜。当时，旅顺口被称为"海军根本"，其规模之雄伟宏敞，实为中国海上要塞之冠。故海军中流传着"铁打的旅顺，纸糊的刘公（岛）"的说法。近代著名诗人黄遵宪赞道：

海水一泓烟九点，壮哉此地实天险！

炮台屹立如虎阚，红衣大将威望俨。

日本第二军对旅顺口的进攻，首先是从旅顺后路的陆路炮台群突破。最激烈的防战主要有两处：

其一，椅子山炮台。上午7时许，日军集中攻城炮、野炮、山炮共40余门，围住椅子山炮台连环轰放。椅子山炮台是旅顺后路炮台的薄弱环节，只配备野炮和机关炮各1门，幸有邻近炮台遥击支援，才与敌相持近1小时。"斯时战斗最为激烈，两军炮声隆隆，似有天柱为之崩塌，地维为之碎裂之势。"日军利用强大炮火的掩护，渐次靠近椅子山炮台，并蚁附而登。守军竭力抵抗，与敌人展开白刃战。山地元治见状，急命预备队投入战斗。8时15分，守军死伤甚重，终于不敌,向西海岸退去。

其二,二龙山炮台。上午9时45分,日军以一个大队为先锋,一个大队继进,工兵队又继之,预备队殿后,向二龙山炮台发起了冲锋。守军以枪炮还击,两次打退了敌人的冲锋。日军倚仗人多势众,继续向炮台攀登,当登至大半时,守军将预埋的地雷引爆,致使其死伤多人,冲锋第三次受阻。日军联队长吉田清一中佐亲自督战,命士兵拼死向前,"足踏鲜血,跨过尸体,终于逼近了炮台"。不久,日军布满山野,从四面向炮台攀登。守军伤亡太重,已难胜防,便点燃了弹药库,在天崩地裂的巨响中撤离炮台。11时35分,日军攻占了二龙山炮台。

日军余部占领旅顺后路炮台后,又向海岸炮台发动进攻。傍晚时,海岸炮台最后一批守军循西海岸向西北撤退,旅顺口终于全部陷落。

是役,日军死66人,伤353人,失踪7人,合计426人。清军的死伤数字远比日军多,但从无精确的统计。或说清军死2 500人,或说清军死2 000人。据我考证,此役清军减员为3 600多人。其中,在守卫炮台的战斗中阵亡者约1 000人,在北撤过程中遭日军截击而死亡者1 500多人,另有1 100人被日军俘虏。这些被俘清军官兵被日军虐杀者又有900多人,仅有174人在战后两国交换俘虏时才得回国。

失陷原因 旅顺口之防,经营凡10余年,花费银数千万两,竟不能一日守,主要有三个方面的原因:

其一,督率无人。旅顺又重蹈平壤那样"有将无帅"的尴尬局面。旅顺先有5位统领,后来又增加到7位。7位统领各统所部,各行其是,互不隶属,时人忧之。徐邦道为之忧虑不堪,叹曰:"帅多令杂,纷歧无定,虽百万恐亦不能制胜!"连李鸿章也感到,旅顺各军"无人督率,号令不齐"是一大隐患,建议派广东提督唐仁廉前往督率，鼓励诸将"同心御侮"。军机处虽同意派唐仁廉赴旅，但一木能否支撑将倾之大厦，连军机大臣们也表示怀疑。翁同龢在这天的日记中写道："唐以只身蹈海，何济于事哉？"后因没有去旅之船，又改令唐仁廉去奉天，为宋庆后路。

其二，兵力分散。清军驻守旅顺的总兵力为 14 700 人，但散布各处，分别扼守，备多力分，难以集中打击敌人。而日军采取各个击破的战术，在具体的战斗中都是以多胜少。徐邦道指出，日军每战"必用大股，或数千兵及万余不等，四面兜击，使我首尾不能相顾，所以取胜"。旅顺之战的情况正是这样。

其三，不布远势。驻旅清军未能接受平壤之役的教训，也不能做到知彼知己，仍然采取传统的作战方法：守垒待敌。这样，清军在旅顺后路既不据险设防，又不布置大支"游击之师"（野战兵力），只是坐待敌人直抵垒下发动进攻。时人姚锡光即指出，这种"不布远势而局于自守"的防御方法正是自败之道。所以，旅顺之一朝失陷，并不是偶然的。

第二节　旅顺惨案

谈旅顺之役，不能不提到旅顺惨案。

黑色四日　日军从 1894 年 11 月 21 日攻占旅顺起，到 11 月 24 日为止，一连 4 天，到处烧杀淫掠，无恶不作，特别是滥杀手无寸铁的无辜民众，致使整个旅顺街道尸积成山，水塘、海面漂尸无数，真是天昏地暗，神人共愤！这就是日本侵略军制造的旅顺大屠杀惨案。

1959 年，我正在写《中日甲午威海之战》一书，觉得论述此役之历史背景时，应该提到旅顺惨案。但又考虑，旅顺惨案是中国近代史上的重大历史事件，自己没有什么研究，不宜轻易下笔，必须认真对待，先要弄清它的来龙去脉才行。限于当时的情况和条件，我没有办法亲自到旅顺一带作实地调查，只能从查阅资料入手。

《陆奥遗稿》 我最先看到的有关材料，是收入《伯爵陆奥宗光遗稿》的《蹇蹇录》中译本，其中引用了英国国际法学者胡兰德博士的一段话：

> 当时日本将卒之行为，实逸出常度之外，……彼等除战胜之初日，从其翌日起四日间，残杀非战斗者妇女儿童矣。……此时得免杀戮之华人，全市内仅三十有六人耳，然此三十有六之华人，为供埋葬其同胞之死尸而被救残留者。①

最初我考虑，胡兰德并不是旅案的目击者，他的话并不能算是第一手材料，能有多少可信度呢？

其后查到胡兰德的英文版原著，书名为《国际法研究》，是1898年在英国牛津出版的。还发现胡兰德作为英国著名的国际法专家、牛津大学教授，原本是一位亲日人士。当日本军舰击沉英国商船"高升"号时，英国舆论为之哗然，胡兰德却力排众议，在《泰晤士报》上刊文替日本辩护，为平息国内的反日情绪起了重要作用。从替日本辩护变为揭露日军暴行，他来了个一百八十度大转弯，确实不同寻常。我觉得他的话必有所本，应该是可信的。

武官报告 当时在旅顺有不少西方国家的武官，他们目睹了惨案发生的整个经过，也都有报告发给政府。如美国驻日武官欧伯连海军上尉的报告说：

> 我曾亲眼看到一些人被屠杀的情形。这些人本来是可以做俘

---

① 胡兰德：《关于中日战争的国际公法》。

房的,他们不但没有抵抗,而且显然是没有武装又是最恭顺地投降了的。我又曾看到一些尸体,双手是绑在背后的。我也看见一些被大加屠割的尸体上有伤,从伤创可以知道他们是被刺刀杀死的;从尸体的所在地去看,可以确定地知道这些死的人未曾抵抗。……(此外)除了抢房屋及店铺而外,这些抢掠一直进行到完全抢光,实在没有什么可以再抢的时候才停止。[①]

读了这些西方武官的报告,觉得胡兰德的话是不会有问题的。

《在龙旗下》 我下笔时也曾一度犹豫起来,那是在读了兰言所译的《旅顺落难记》之后。译者很有意思,为了增加此书的可读性,把它按章回小说的体裁来翻译,并起了一个带有文学色彩的书名《旅顺落难记》。这样,阿英(钱杏邨)先生编《甲午中日战争文学集》时,也就顺理成章地把它收入书中了。于是,我国学术界也好,一些日本学者也好,也把该书当作文学作品来读。记得那时贾逸君先生所著《甲午中日战争》一书刚出版不久,因书中引述了《旅顺落难记》的内容,便遭到批评。译者兰言先生当初应该不会想到,由于他信意改变了原书的体裁,却使该书所记旅顺大屠杀信史竟被人们当成了海外奇谈!无论如何,当时认为,还是应该谨慎对待,把事情的原委弄明白再说。

等看到英文版原著后,才发现书名的直译应该叫《在龙旗下》,是1898年在伦敦出版的。作者艾伦是英国兰克郡一个棉商的儿子,家庭富有,因挥霍无度而破产,无奈出海去碰运气。他随美国货船"哥伦布"号远航中国,为清军运送军火而到达旅顺,因此有机会目击了日军的野蛮屠杀罪行。在旅顺大屠杀期间,艾伦困于旅顺,几乎遭日军杀害,侥幸逃出虎口,于辗转回国后出版了这本书,以记录他在旅

[①]《中国近代史资料丛刊·中日战争》,第7册,第462页。

顺所看到的一幕幕人间惨剧。且看其中的几个片段：

> 我四周都是仓皇逃命的难民。此时，我第一次看到日军紧紧追赶逃难的人群，凶狠地用步枪和刺刀对付所有的人，像恶魔一样刺杀和乱砍那些倒下的人们。……日军很快遍布全城，击毙他们所遇见的人们。几乎在每条街上走路时都踩着尸体。

> 我看到了一大片水，立即认出这是船坞后面的一个水位很浅的大淡水湖。……该湖被许多日军包围，日军把大批难民驱入水中，从四面八方向他们射击，并用刺刀把那些力图挣扎逃出湖面的难民赶回湖水中去。湖面上漂浮着尸体，湖水被血染红了。……那些满身血污的难民在动荡的水中挣扎，那些还活着的难民拼命想从大堆死尸中脱身，很快又摔倒下去。

> 一路上，成堆的尸体和杀戮的景象不断出现。在一个地方，我看到大约10名或12名日兵和许多被他们缚在一起的不幸的人们。日军对他们发射一排排子弹，并按照通常的那种可怕的方式，着手肢解他们的尸体。不管是男人、妇女或儿童，没有一个能够幸免。

> 我将钱庄的门推开，走了进去。……地板上布满了混杂在一起的男人、女人和孩子的尸体。他们是到这里来避难的难民，却被残酷地杀害了。尸体的头都被割掉了，血淋淋的头颅挂在柜台隔板上的一长排大钉上。……一个才几个月的婴儿被钉在下面的柜台上，有一根锋利的铁扦刺穿他那小小的尸体。地板上的那些浓血和残缺尸体的内脏有二三英寸厚。一些死者的手臂、大腿和头颅被砍了下来，扔得到处都是。

> ……

展现在我们面前的一幅幅景象，是多么触目惊心！

那么,《在龙旗下》所述日军在旅顺犯下的残杀无辜的桩桩罪行,是否真实可靠?我当时认为,这是首先需要解决的问题。经过长时间认真阅读,并与几份参战军官的记事相比对,还真有不少意想不到的收获。随后,又得到一份20世纪50年代初调查旅案时当年抬尸者的口述记录,这是一位热心的朋友帮忙抄来的。我进一步发现,原来《在龙旗下》所述连许多细节都是非常真实的。举几个例子:

其一,市街尸横。《在龙旗下》写旅顺市街到处尸体横陈。日本军官记事也写道:"(市街)民屋连列,户内户外尽是尸体,路上也是尸体横陈,非踏越尸体实难通过。……东街、中街、西街三条街道,也都堆满了尸体。"

其二,缚杀难民。《在龙旗下》写许多难民被反缚在一起枪杀。日本军官记事也说:"看见有少数日本士兵用绳子把中国人三三五五地绑在一起拉往郊外,也就是拉出去杀死。"

其三,日军祝捷。《在龙旗下》写"四天大屠杀的头一天"日军将校集合举行祝捷会。日本军官记事也说,军司令部于11月21日下午进入旅顺市街后,命令各部下将校都到阅兵场集合,在屠杀的枪声中"祝贺此日之捷,并奏'君之代'"。

其四,钱庄惨景。《在龙旗下》写了日军屠杀一家钱庄里许多难民的情景。当年的抬尸者也说:"当我们收尸到一家钱庄时,看到柜台上的栅栏上面插着好几个人头,一个小孩子被钉在墙上,真是惨不忍睹。"

这些例证,充分说明《在龙旗下》所述事实的真实性无可怀疑,也驳斥了认为它"不同于一般的事实记载",不能"当作史料来运用"的说法;同时印证了胡兰德的话并不是无稽之谈。于是,在《中日甲午威海之战》一书中,我写旅顺大屠杀惨案时便将其凝结为这样一段话：

> 日本军队进入旅顺后，兽性大发，对中国和平居民进行了四天的大屠杀。幸免于死难的，全市仅三十六人。

这虽是短短42个字，却真是来之不易！

改革开放后，研究条件大为改善。20世纪80年代初，人民出版社张作耀先生约我写《甲午战争史》一书，我应承了下来，开始构思全书结构和写作的重点。长期以来，我国学术界对旅顺惨案并不重视，成为近代史研究中的一个薄弱环节，在一些有关著作中皆以引用胡兰德的那段话为满足。其实，胡兰德的话并不全对，如全市仅剩36人的说法就不准确。于是，我认为有必要对旅顺惨案作进一步的研究，便着手广泛收集资料。在收集外文资料的过程中，要特别感谢两位日本朋友：一是日本奈良女子大学的中塚明教授，他是研究日清战争的著名学者，帮我复印了许多有关的日文资料；一是日本专修大学的大谷正教授，他对旅顺屠杀事件颇有研究，帮我复印了一些中国国内很难查找的有关英、美报刊资料。

最后，我确定在《甲午战争史》中除介绍旅案经过外，一定要增加两项内容：一是西方媒体的报道；一是日本明治政府的辩解行动。正是由于一些西方媒体的真实、客观、公正的报道，才使日本侵略军在旅顺罄竹难书的罪行得以大白于天下；也正是由于日本明治政府的辩解行动，才使后来那些秉承"侵略史观"的日本人士迄今仍对旅顺大屠杀采取不承认主义。

说到西方媒体的报道，千万不要忘记两位西方新闻记者，即英国人柯文和美国人克里尔曼。他们信守新闻人的良知，顶住来自各方面的压力，对旅顺惨案作了客观公正的报道。

柯文 伦敦《泰晤士报》记者。柯文目睹旅顺的惨案后回到东京，马上拜见外务大臣陆奥宗光，陈述日本军队在旅顺的暴行，并一再询问日本政府将如何处置此事。陆奥宗光虽感到事态严重，但矢口不予承认。于是他便写成通讯刊于12月3日的《泰晤士报》，内称：

> 据我所知，以后的4天里，（旅顺）市内没有抵抗。日本兵掠夺了整个城市，那里的人基本被屠杀。……妇女、儿童也被"误杀"。……很多中国俘虏双手被捆绑，其衣服被剥开，用刃器切剜，用刀切腹，取出内脏，砍断手脚。

这是国际舆论关于旅顺大屠杀的最早报道。

但是，这篇报道并未引起应有的注意。因为日本外务省自有它的对付方法，它先已通过驻英公使馆收买了英国中央通讯社，每当出现不利于日本的消息时，中央通讯社总是予以反驳。对于柯文这篇通讯，中央通讯社如法炮制，一面予以否认，一面报道说："除了正式战斗而外，并无中国人被杀。"涉及英国媒体的争论，读者莫辨真假，所以柯文的报道也就没有造成多少影响。

克里尔曼 纽约《世界报》记者。克里尔曼继柯文之后，也在12月12日的《世界报》上刊出一则电讯，揭露日军的暴行：

> 日本军队于11月21日进入旅顺口，全市居民遭到冷酷无情的屠杀。手无寸铁的和平居民是在他们的家里遭到杀戮，而且断肢毁体，不堪言状。连续不断的恣意滥杀一直持续了三天。整个城市伴随着骇人听闻的杀戮和掠夺。……外国随军记者对屠杀的惨状感到触目惊心而全体离开了日本军队。

由于克里尔曼早有文名，是读者耳熟能详的知名记者，报纸一出版即引起读者的注意，竟产生了极大的轰动效应，从而将日本政府置于非常尴尬的地位。

陆奥宗光明知柯文和克里尔曼所揭露的都是事实，但与伊藤博文商议后，决定宁让日本成为不肯反省的民族，也不能承认事实，而"置之不理，完全采取辩护之手段"。

日本辩解 为防止世界舆论将日本形象负面化，陆奥宗光采取了三步措施：

第一步，煽动舆论。发动媒体千方百计为日军的暴行辩护。如《日日新闻》说："战争天生就是残酷的，杀人多少必须由形势来决定。"《日本报》甚至声称："集体屠杀是维持当时秩序的必要手段。""若敌人不肯醒悟，仍然残害我士兵尸体，则斩杀的绝不止三四千人，即使杀戮其全军也在所不辞。"

第二步，提出抗议。命日本驻纽约领事前往《世界报》社，就该报"刊登捏造虚假报道的无礼行为"表示抗议。

第三步，发表声明。声明是从日本外务省直接发给《世界报》社，以示郑重。该报以《日本告白》的标题在头版刊出了日本的声明。《日本告白》写得十分委婉，一方面倒打一耙将责任推给受害者中国一方，说是清军的"凌尸"使日军"突破了忍耐程度"；一方面轻描淡写地承认"偶尔出现似乎越轨行为的趋向"，并"深表遗憾"。企图将大事化小，使事态归于平静。令日本政府没有想到的是，它这样辩解的结果，反而是越抹越黑，等于不打自招了。

《旅顺大屠杀》 正在日本方面与《世界报》纠缠不休之际，《世界报》却于12月20日以两个整版的篇幅刊出了克里尔曼的长篇通讯《旅顺大屠杀》。这篇通讯以纪实的手法详细地写出了作者所目睹的日军桩桩暴行。编者在大标题之下，还列出了"日本兵至少残杀了2 000名无力抵抗者""屠杀持续了三天""大山（岩）大将以及部下没有试图阻止屠戮行为""市街每个角落都被抢掠一空""街道上充满了残缺不全的男人、女人和儿童的尸体，而日本兵则在一旁得意扬扬"

"店铺主人被枪杀或刀劈"等醒目的内容提示，令读者触目惊心，不寒而栗。

克里尔曼的这篇通讯，以亲身经历说明了以下几点：（一）日军的暴行是在第二军最高指挥官的默许和支持下发生的；（二）日军在进攻旅顺之前就决定不收留俘虏，所以杀俘是第二军的既定方针；（三）日本兵杀人成性，不分男女老少，所谓"杀的只是换上便装的清兵"纯属一派胡言。

柯文也随即跟上，在1895年1月8日的《泰晤士报》上刊出一篇《暴行发生在旅顺港陷落之后》，以亲身经历揭露日军残杀无辜的暴行：

> 我看见日本兵进入旅顺市街后，继续进攻，窜进民房，并追逐和屠杀每一个活着的生命。……我看到许多中国人从躲藏的地方被赶出，这都是一些穿戴普通的平民，但日本兵却不管这些，先是用枪击毙，然后将尸体砍碎，并没有一个中国人试图反抗，这样也逃脱不了征服者的残酷虐杀。

《旅顺大屠杀》面世后产生了巨大的影响，在美国引起轰动，《世界报》因之销量大增，各国报纸纷纷转载。在中国上海，这篇通讯也被译成中文，题为《倭寇残杀记》，收入1895年沪上刊印的《中倭战守始末记》一书中，这才使国人得以了解旅顺大屠杀的真相。

《陆奥声明》 陆奥宗光见对《世界报》施压毫无作用，为了摆脱困境，只能硬着头皮继续否认屠杀罪行。于是，他亲自出马，又草拟了一份日本政府的正式声明，即《陆奥声明》，发给了欧美各国的驻日本公使。在这份声明里，他一面攻击克里尔曼的报道"是大加渲染以耸人听闻的"，说日本兵是看到同伴尸体"被处磔刑"而"愤怒"的；一面一口咬定"在旅顺被杀的人大部分被证实是便装的士兵"。

当然，当日军屠杀罪行业已昭彰于天下之时，这些重复多遍的谎言也就没有多少市场了。

旧案重提 旅顺惨案已经过去 100 多年了。当年日军的屠杀暴行本是确凿无疑的历史事实，但在日本国内仍有人提出质疑。1995 年夏天，我应邀访问日本时，千叶大学秦郁彦教授将一本专论南京大屠杀的著作《南京事件》赠送给我。当时，还读到他的一篇论文《旅顺虐杀事件——与南京虐杀的对比》。他强调两次事件有许多"相似之处"，主要表现在三个方面：

其一，屠杀背景。 他认为正像 1937 年淞沪会战日军遭到重创而"复仇情绪高涨"，从而引发了"南京虐杀"一样，土城子之战清军"凌辱尸体""造成全军大怒的空气"，导致了"旅顺虐杀"。

所谓"凌辱尸体"，是说清军将日军尸体割下首级乃至削鼻和挖眼。其中，只有割下首级是真实的。"枭首"是从古代战争中沿袭下来的一种野蛮习俗，到近代仍未完全废除。清军割下敌尸首级是很不文明的，不过与日军平壤之战将清军 400 名俘虏斩首相比，还是小巫见大巫的。至于说削鼻和挖眼，纯属无稽之谈。事实上，日军进攻旅顺后，日本记者发现了清军割取的首级，都是"被野狗啃啮"的惨状。种种迹象表明，所谓"凌辱尸体"事件完全是日本军方有意渲染出来的。

其二，死者身份。 他认为正像南京大屠杀中被杀者多是"便衣兵"一样，日军进入旅顺后杀的也多是"脱掉制服换成居民便衣"的清兵。

关于日军滥杀无辜平民的暴行，已有许多西方记者进行过指证，不容否认。一些参战日本士兵的《从军日记》，因为不准备公开发表也就没有多少顾忌，所以其笔下所记应该更为可信。如辎重兵小野六藏的记述：

> 我们第一分队得到允许外出，便到旅顺市街散步，看到……有白发老头和婴儿同被打死，还有白发老婆儿和媳妇手牵手陈尸在地，其惨象不可名状。

这印证了西方记者关于日军滥杀平民的报道是真实的。

其三，死难人数。他认为"南京虐杀"也好，"旅顺虐杀"也好，中国方面的统计数字比实际都高出10倍。1948年旅顺所立《重修万忠墓碑文》称："日寇大肆屠杀，历三昼夜，我同胞之死难者凡二万余人。"秦郁彦教授的论文则对此提出质疑说："我估计是2 000人以上，中国方面说20 000人，这与旅顺平时人口10 000人相对照，似乎过多了。"

说旅顺平时人口10 000人是不准确的。据当时日本《万朝报》的实地调查，应有25 000人。再说旅顺市街死2 000多人，也只占整个死难人数的一小部分，大多数死难者是在市街以外的海岸以及郊区和山区遇害。据我考证，整个死难人数约为21 000人。

可见，所谓"南京虐杀"与"旅顺虐杀"的三个"相似之处"，实际上是用来作为否认旅顺大屠杀的三条理由。其中，前两条只是《陆奥声明》的老调重弹，第三条虽是首先提出，却是难以成立的。

第三节 辽东战局

鸭绿江防之战后，战局急转直下，清军退守，清廷调两江总督刘坤一为钦差大臣，驻节山海关，节制关内外诸军，试图挽回颓势。日军继续进犯，辽阳东路便成为两军争夺的重点地区。

辽东布防 虎山败后，宋庆退至凤凰城，有死守之意，对部下说："我年已垂八旬，余生不足惜，今也宜枕此凤凰城至死而已！"词气慷慨，声泪俱下，闻者感奋。然而，凤凰城无要可守，设防甚难。正在此时，宋庆接朝廷"择要扼防"电旨，遂决定实行退守，在摩天岭（又称大高岭）以东设防。

日本第一军既突破清军鸭绿江防线，山县有朋决定以夺取奉天（今沈阳市）为下一步的战略目标，并声言"必取奉天度岁"。乙未年的春节是在1895年1月26日。山县狂言他要在3个月内攻占奉天，可见其野心之大。但是，要想攻占奉天，必先夺取辽阳，只有两条行军道路：一是由凤凰城经草河口、连山关、摩天岭等地，到达辽阳，再北上取奉天；一是由大孤山经岫岩，先到达海城，再经辽阳直趋奉天。为实现这一战略目标，山县决定：派在凤凰城的步兵第五师团的一部北上，先占领连山关；派在大孤山的第三师团的一部西进，先攻取岫岩。

当时，清军在辽阳东路的主要的作战部队，除聂士成部奉命镇守摩天岭外，再就是依克唐阿的镇边军了。先是依克唐阿在长甸城驻守，据报日军陷凤凰城后，深恐背腹受敌，势难兼顾，且株守一隅，亦于大局有碍，遂北撤至赛马集。这时，又探悉日军已由凤凰城北犯，似欲进攻赛马集等处。巡检孙伟提出建议：

> 此地南通凤凰城一百八十里，道路平坦，东北至兴京，西北至沈阳，电线在西北、正西之间，大高岭（摩天岭）在西南一百四五十里。宋庆各军现扎岭之前后。若贼逼大高岭，山路崎岖，漫溢北窜，则赛马集最为紧要。①

依克唐阿甚以为是，遂即分军在此扼要驻守。

---

① 《清光绪朝中日交涉史料》，卷二十四，第2页。

这样，清军在辽阳东路便构建了一道新的防线。这道防线，西起摩天岭，东迄赛马集，长约75公里。摩天岭乃辽阳东路第一险要，从山麓至岭顶有20公里，山势巉峻，车辆难行。有大岭、二岭二道，大岭之道为通辽阳本道，小岭之道山势稍低，然需要迂回几近100公里。聂士成便凭借摩天岭的险要地势，以堵住日军从东路进攻辽沈的通道。依克唐阿则驻守赛马集，以牵制日军的兵力，使其不敢以全力直扑摩天岭。

疑兵退敌 为打通辽阳东路的通道，日军第十旅团长立见尚文少将计划以凤凰城为根据地，分兵两路进犯：一路西进连山关，以夺取辽阳东路第一险要摩天岭；一路东趋赛马集，扫荡依克唐阿军，以解除侧翼的威胁。

11月12日，日军一部突袭连山关。连山关是摩天岭的前关。摩天岭乃奉天东南长白山的支脉，分两支向东南逶迤而行，左右拱抱，至连山关环绕三面，唯中通一线大道。此处虽是山间村落，仅有居民40余户，然地势险峻，故名为连山关。此处有盛军一部防守。日军骑兵队先至，即夺关口，日军大队继至，盛军不敌而退。而聂士成接到报警，已经驰援不及了。

聂士成 字功亭，安徽合肥人。自幼习武，以武童投效军营。1863年，赴沪投淮军铭字营，随刘铭传作战。1884年，法军攻占基隆。刘铭传时任福建巡抚，驻台北督师，以形势危急，致电北洋请援。聂士成主动请缨，率2营赴台，屡见战功。旋调防旅顺口。1891年，又调统芦台防军。翌年，授太原镇总兵，仍统芦台防军。1893年秋，边疆宁靖无事，而聂士成料定俄、日虎视眈眈，将有事于东边。于是，他亲自往东三省考察，跋涉1万余公里，历时半年有余。凡所经山川要塞，皆绘图立说，编为《东游纪程》一书。回到防所不久，日本便挑起了衅端。

聂士成此次守卫摩天岭，接受前此与日军作战的教训，改变了以往清军株守待敌的传统战法，而采用"疑兵"之计。他一面下令扼守隘路，以巨炮当其冲，一面于丛林中张旗帜，鸣鼓角，以为疑兵。并乘间出奇兵，或截杀，或雕剿，时出时没，步步设防，重重埋伏。日军不敢靠近摩天岭一步，只好扎营于连山关。

双方相持10余日，日军感到连山关位于谷底，山岭三面环绕，蹙处此地，难以久守，计划撤至草河口。这时，聂士成适接谕旨，特授直隶提督，极为感奋。11月26日，他侦知连山关日军有撤退迹象，决定乘机收复连山关，便召集会议，激励诸将说："我曹不力战，步叶曙卿（志超）、卫达三（汝贵）后矣！"是夜，雨雪霏霏。聂士成命盛军为接应，亲率数百骑乘敌不备，突进庄内。日军在梦中惊觉，不知清军多少，纷纷向东窜逃。清军遂夺回连山关。

运动挫敌 先是在袭占连山关的同时，日军也向赛马集发起了进攻。依克唐阿早在赛马集以南占据高地，并布置野炮4门，据高发炮，又分兵绕击敌之侧翼，日军柳原楠次中尉以下14人被击毙，余者南逃。

日军分队司令官富冈三造中佐生怕聂、依两军会师，决定将主力撤至草河口，以扼东西两路之咽喉，并切断聂、依两军的联系。但富冈的目的并未达到。先是11月25日，聂、依两军相约合攻草河口。是日上午11时，依克唐阿亲率马步10余营5 000余人，携大炮6门，向草河口日军阵地发起了猛攻。依军分两路进兵：一由草河岭直进，为北路；一由草河城从岭南进。聂士成则率马步3营1 500人，携大炮2门，从西路进击，以牵制日军。

富冈三造督率日军竭力防御。于是，双方展开了激战。草河岭一带山路崎岖，依军将士无不奋勇向前。在依克唐阿帐下，有两位得力的战将，就是堪称"镇边双英"的寿山、永山兄弟，表现最为突出。

寿山 字眉峰，汉军正白旗人。世居黑龙江瑷珲。原姓袁，乃明末名将袁崇焕之七世孙。袁崇焕冤死后，其子孙被编入宁古塔汉军正白旗。寿山父名富明阿，曾任吉林将军。富明阿死，寿山袭骑都尉世职，以三品衔补用郎中候选员外郎，留京归部选用。1894年秋，寿山自请赴前敌效力，有旨交依克唐阿差遣委用。寿山单骑就道，驰赴奉天，即招募两营，赶赴依军行营。依克唐阿委为镇边军分统，兼步队统领。

永山 寿山的胞弟。荫袭四品衔三等侍卫。永山"幼而学文，心识忠义；长而伟武，胸有甲兵"。日本进犯辽东后，他踊跃请行，誓灭强虏，因从依克唐阿军，任马队统领。"大小数十战，阵阵军锋，无不怒马当先，摧坚执锐。有时山路崎岖，马队不得手，该侍卫即下马步战，奋不顾身"。其部下亦皆奋勇敢战，故日人有"深畏马队"之语。

此时，依克唐阿登山头指挥。步队统领寿山率部绕山越涧，披荆力战。马队统领永山令将士下马步行，分道猛进。清军攻势之猛烈，使日军异常吃惊。一位日本随军记者写道：

> 敌军似不使用其惯用的防御手段，而以攻势的姿态前进，真实奇中又奇！敌军一反常态，奋勇直前，攀岩石，冒弹雨，向我军冲锋。[①]

这次战斗一直打到黄昏，历时约6个小时。此役日军死伤40余人，清军有10余人阵亡。黄昏后，忽降大雨，咫尺不辨。聂士成已达到牵制日军的目的，便引军回营。依克唐阿也下令撤离战场，退至白水寺。

[①]《日清战争实记》，第14编，第5页。

时人评之曰："有此一胜，稍振军威。"

11月26日，立见尚文接到草河口的战报，认为清军以赛马集为根据地，对日军右翼造成了极大威胁，决定倾全力以攻占该地。当日，他亲率第十旅团主力从凤凰城出发，经过3天的行军始达赛马集，发现已无清军踪影。适在此时，有飞骑来报：富冈三造中佐所派辎重队在草河口附近遭清军袭击。立见立即下令，以本队之后队改为前卫，向草河口进发。30日，立见探悉清军在白水寺，便命令前卫转道向北，结果又扑了个空。等到探骑回报，始知清军在东北方向的崔家镇布阵。日军前卫扑向崔家房，与高地上的清军对峙，双方枪战久之，至日暮停战。12月1日黎明，日军发现对面高地上的清军早已撤离。

由于日军连日兼程而进，天寒雪降，或冒雪赶路，内衣汗透，围燎火以度夜，或涉水渡河，草鞋结冰，脚冻伤而难行。不用清军来攻，日军冻伤的兵员已是"十居八九"，整个部队完全丧失了战斗力。到12月5日，立见尚文不得不下令撤回凤凰城。但令他没有想到的是，当日军撤至分水岭时，又遭到聂士成军的伏击，仓皇弃岭而逃。这样，辽阳东路要地皆被清军收复，兵力布置更为严密。

在此战中，依克唐阿采取运动战的方法，使敌军疲于奔命，遭受重大的损失。据日方的总结，依克唐阿的这种战法可用三句话概括：（一）"避众击寡是他的唯一战法"；（二）"实行完全的攻势运动"；（三）"神出鬼没，进退灵活"。并称赞依军"漂亮地实行了上述三种运动"。

辽阳东路争夺战持续了两个多月，日军不仅受阻于摩天岭，由东路进犯辽沈的计划遭到失败，而且被迫放弃攻势而转取守势。此时，辽阳东路日军龟缩于九连、凤凰诸城，只求守此数地，无力再发动攻势。立见尚文驻守凤凰城，坐困愁城，抑郁不已，作诗抒怀曰：

留守凤城四阅月，每闻战捷剑空鸣。

难忍功名争竞念，梦魂一夜屠清京。

立见尚文进战失利，懊恼万分，只能向梦中寻求慰藉了。

第四节　规复海城

日本第一军既在辽阳东路受挫，问题也就随之而来：下一步的作战目标将指向哪里？这在日本政府内部是有争论的。

将相歧见　早在11月初，山县有朋即向大本营提出《征清三策》，其一是突破鸭绿江防线后，立即挥师北上，攻取奉天；其二是从海路运兵至山海关附近，攻陷北京，迫使清廷签订城下之盟。山县要南逼京津，北略奉天，同时开辟两个战场，表现了十足的军事冒险主义。

进行直隶决战，这本是日本大本营战前所制定的作战方针。但此时形格势禁，对既定作战方针必须考虑调整了。作为内阁总理大臣的伊藤博文，深知列强环伺，不得不重视外交问题。在西方列强中，英国反对日本进兵直隶最力。当时，英国在远东是最大的利益获得者，绝不愿打破已有的秩序，其外交大臣多次"劝告"日本：不要颠覆清政府，以免出现中国乱民四起、四分五裂的局面。有鉴于此，伊藤向大本营提出："为使我得收战胜之利，则非善于权衡利害，慎重从事不可。"

针对山县有朋的策议，伊藤博文持反对态度。他认为：直隶决战"壮则壮矣，又谈何容易！"并指出山县之策将会造成严重后果：

设使如此，虽幸而达成其所望，然彼清国必满廷震骇，暴民四起，土崩瓦解，……时至今日，尽管我国竭力避免四方列国之干涉，但列国在各自保护其商民方面，由于最为深切之利害关系，势必导致不得不实施联合干涉，乃属必然也。此岂非自我招致各国之干涉耶！若夫使清国一度陷于无政府境遇，我方待时机成熟，虽欲容彼之请而讲和，而代表彼国担当与我商谈任务之对手，又绝不能求之于已土崩瓦解之清廷也。①

日本大本营认为伊藤博文所言乃老成持重之论，否定了山县有朋的冒险进攻方案，并作出了令第一军退至九连城附近冬季宿营的决定。对此，山县极为不满，仍然一意孤行，要抵制大本营关于冬季宿营的命令，坚持"奉天度岁"的计划。后见辽阳东路受挫，打通东路无望，又独断地下令进攻海城，并计划在攻下海城之后，立即对山海关发起进攻。

为了保证日本最高统帅的一元化和抑制驻外统将的独断专行，大本营决定罢去山县有朋第一军司令官的职务，但为保全其面子，天皇睦仁向山县下达了回国"养病"诏书。不料在睦仁所派"敕使"到达前，山县已于12月3日命令驻安东的第三师团向海城方向进发了。随后，他再次向大本营陈述进攻海城的重要理由，并告"病"已好转，要求转奏天皇，免其卸职归国。无奈"敕命"已下，势难收回，他被迫于12月9日乘轮回国，临行前挥笔写下七绝一首：

马革裹尸原所期，出师未半岂空归？
如何天子召还急，临别阵头泪满衣！

其愤懑不平之情溢于言表。

海城弃守 山县有朋被罢职后，日本大本营以野津道贯为其继任，并晋升陆军大将。但进攻海城的第三师团已在行进途中，而且第一军

---

① 《中国近代史资料丛刊续编·中日战争》，第7册，第127页。

将领对此期盼甚切，因此日本大本营并未坚决制止。第三师团长桂太郎中将率师团主力西进，连续行军5日，于12月8日抵达岫岩时，该地清军早已弃守。12日，日军又不战而占领了析木城。是日下午，第三师团进迫海城。

海城东接岫岩、凤凰城，西通牛庄、营口，北控辽阳、奉天，南达盖平、金州，为辽南要地。日谍报告称："盖盛京首府在奉天，奉天锁钥在辽阳，而海城为辽阳锁钥，亦当北京要冲。"可知其战略地位之重要了。但海城并无能战之将防守。12月13日上午，日军开始进攻，守城清军即弃城而退向辽阳。日军第三师团占领海城后，遂移司令部于城内，并在城外修建防御工事，为婴城固守之计。

救援海城 日军第三师团虽占领海城，然悬师深入，处境孤危，只能先坚守城池，以待战机到来。对清军来说，敌据海城，将北窥辽阳、奉天，西迫牛庄、营口，关外锦州、宁远诸城危殆，大局攸关。因此，宋庆闻报，即决计救援海城。

12月17日，宋庆先派提督刘盛休率铭军先行，在海城西30里的缸瓦寨（又称感王寨）据守，自率毅军10营殿后，并命聂士成军前来支援，对海城敌人进行夹击。只是由于日军突然主动出击，清军合击海城的计划才未能付诸实施。

桂太郎接到清军进逼海城西南的报告，断定有可能是伺机收复海城。他对部下说："无论敌军出于何种目的，卧榻之侧岂容他人酣睡，何况这样的大军在海城附近徘徊？"于是决定出击，以解除对海城的威胁。

12月19日拂晓，日军从海城倾巢出动。上午11时50分，双方展开了激战。日军先用炮兵向缸瓦寨猛轰，掩护步兵和骑兵进攻。铭军炮队用速射炮回击，部队也举枪猛射。据日方记载：

> 我骑兵和炮队都尽全力攻击缸瓦寨敌军，步兵亦急起猛击突进。两军交战正酣，彼我炮声如轰雷，天地为之震撼。敌军据缸瓦寨和香水泡子的民家墙壁，向我狙击。我兵没有可据之地物，只是在茫茫的原野上纵横奔驰，加以积雪达两尺余，军队的动作极不自在。……我军的确站在苦战的地位。例如，以120名袭击香水泡子的一支部队，仅仅有40名生还。各队的死伤可想而知。①

战到下午4时，桂太郎见部属损伤太多，而清军阵地岿然不动，下令将总预备队的两个大队投入战斗，向缸瓦寨发起了总攻。这时，毅军也赶来参加战斗，全军士气更为高涨。从日本随军记者的以下片段描述，也可略窥清军的英勇表现：

> 若干敌军大胆地出现于炮兵的左前方，他们甚至不再凭借清军善于使用的障碍，而挺着身子前进，向我猛烈射击。这真是清军从来未有过的勇敢行为！第七联队左翼的一个中队和第十九联队的各个中队，夹于这条射线与正面敌弹之间，受到交叉火力的射击，伤亡特别多。②

对于清军的英勇表现，日人不由得暗自称赞："敌兵亦不愧是闻名的白发将军宋庆的部下，不轻露屈挠之色。"

战斗一直持续到下午5时50分日落时，桂太郎下令投入最后的预备队，日军才突破了清军的两道防线，冲进缸瓦寨内。盛军与毅军皆退向田庄台。

缸瓦寨之战，是中日两军在辽东少有的一场恶仗。此战共打了6个小时。双方伤亡都很大。仅以毅军而言，伤亡约200人，其中死者

---

① 《中国近代史资料丛刊·中日战争》，第1册，第265页。
② 《日清战争实记》，第19编，第7页。

78人，伤者约130人。日军伤亡400百多人。这个数字还未将因冻而死伤的人数计算在内。据日方自称："部队自清晨在积雪中行动，迄于夜间，一直奔走于数（日）里（约合20余华里）的道路上，因而有冻死者，其人数惊人。"

缸瓦寨战斗是辽南之役的关键一战。清军惜败于缸瓦寨，使日军第三师团以孤军坚守海城才有了可能。从此，辽南战局更加每况愈下了。

失败之故 缸瓦寨一战，清军打得勇敢顽强，给敌人以沉重的打击。经过此战，日军第三师团龟缩于海城城内及城外高地，有一个多月不敢再出城作战。本来，清军这一仗是有可能打赢的，因为它居于绝对有利的地位：

第一，**从地形地物看**。清军实行的是完全的村落防御，据守有利的地物，以迎击来敌；日军在一片开阔地上进攻，既缺少地形之利，又无地物可供隐蔽之用，而且积雪甚深，颇不便于运动。

第二，**从作战态势看**。清军是守的一方，实行正面防御，没有被敌包抄后路之虑；日军是进攻一方，只能对清军设防的正面进攻，且时刻顾虑清军攻其侧翼或夹击。

第三，**从观察敌情看**。清军处于静态，面对阵前遍地的皑皑白雪，极便于观察来敌之动静；日军处于动态，观察隐蔽中的清军甚难。

第四，**从攻守位置看**。因时近黄昏，清军位于西，持枪瞄准日军极易；日军位于东，双目被夕阳照射而无法准确瞄准。

但是，清军还是打败了，其故安在？分析起来，主要有以下三个原因：

其一，**单纯防御，不知转守为攻**。清军将领存在浓厚的单纯防御思想，布阵局促于缸瓦寨及邻近村庄，一守到底，不知伺机转守为攻。

当敌人进攻受挫时，已呈动摇之态，并潜伏待机几达两个小时，这本是清军主动出击的绝好机会，而且大有取胜的希望。可是，清军却坐待不动，错过了这次击败敌人的大好时机。

其二，只用正兵，不能乘间出奇。清军以正兵株守缸瓦寨，却不能以奇兵乘间夹击或绕击敌人。当时日军倾巢而出，海城空虚，若此时清军能派数营实行奇袭，采取"围魏救赵"之计，即使不能规复海城，必可打乱敌人的部署，使其不得不回军救援。这样，不仅可解缸瓦寨之围，而且可趁日军之退，从后掩击之，并预伏兵于中途，全胜则无疑矣。

其三，战斗意志，与敌相形见绌。尽管清军在战斗中表现得十分勇敢顽强，但其战斗意志同日军相比，却相形见绌了。日军的进攻，往往是靠坚强的战斗意志而取胜的。如当时日军进至距村墙400米时，因伤亡严重，士气沮丧，队形打乱，已经无法再进了。但在此胜败的关键时刻，日军指挥官却下令发起白刃冲锋。本来，日本的军事条令规定，以步枪刺刀实行冲锋，须在距敌150米以内；在400米的距离上冲锋，是不允许的。这样实际上是一场战斗意志的较量。在这场较量中，日军以气势压倒了清军，靠必胜的信念赢得了胜利。

四规海城 日军第三师团虽在缸瓦寨击退清军，然处境仍然可虑。此时，第三师团的实际兵力不过半个师团6 000人而已。而北之辽阳，南之盖平，西之田庄台，驻有清军数万，使海城处于三面包围之中。日本大本营为之焦虑不已，急筹解救措施，并命令第三师团暂守海城，不得远出作战，以待摆脱清军包围之机。

清军在缸瓦寨之战后，为了收复海城，以解除日军对辽阳南路的威胁，曾进行了多日的准备。在清军看来，海城为辽沈之门户，海疆之咽喉，此城不复，军事难期得手。朝廷也迭降"迅拔坚城"的谕旨。从 1895 年 1 月 17 日到 2 月 21 日，清军先后 4 次反攻海城，进攻部队包括韩登举（人称"韩边外"）等猎户营及民团在内，达到 25 000 多人，后又增加到 4 万人左右，是守城日军兵力的 4 至 6 倍多，却每次都遭到了挫败。

清军失败的原因是多方面的，其中多数原因与其他战役失败的原因是相同的。但这次作战不同于往常，有其新的特点，就是打的是一场进攻战。这又是一次攻坚战。对于清军来说，这却是一项难以完成的任务。它既缺少这方面的训练，又缺少这方面的充分准备。

首先，未能切断日军后路。本来，日军第三师团所守的海城已成孤城，唯与其南面 25 公里的析木城尚有联系。当时析木城守敌仅一个大队，以清军兵力之众，完全可以拿下析木城，并扰袭其后路各据点，完全切断海城日军的后路，使其成为真正的孤军。据统计，清军的 4 次反攻战中，日军耗炮弹 3 000 发，枪弹约 11 万发。若能切断海城日军的后方补给线，并多方扰之，仅弹药消耗一项即可使它难以久支。伊克唐阿即曾提出扰袭敌后的战术：

> 裹粮而行，卷旗急趋，扰袭岫岩、金（州）、复（州），遇之则战，得之不守，如飘风疾雨之过而不留。如此，则该贼在在惊疑，首尾不顾，办理似易得手。①

但是，朝廷期盼的是"迅拔坚城"，并不重视这一建议。海城日军不但与第一军司令部联系畅通，而且后勤供应也源源不绝。举一个例子：清军第一次反攻海城时，守城日军仅有 30 门大炮；而到清军第三次反攻海城时，守城日军的大炮便增加到 43 门了。所以，日军守城一个多月，防御力量不是日渐削弱，而是更为加强了。

其次，缺乏攻坚装备手段。日军是实行阵地防御，凭借有力的地

---

① 《清光绪朝中日交涉史料》，卷三十一，第 18 页。

势，并利用工事和碉堡隐蔽，并靠炮火取胜。而清军进攻部队合计有大炮14门，仅为日军大炮数的三分之一。至于在炮兵技术方面与日军相比，更不啻有天壤之别。所以，在每次攻防的炮战中，都不是清军压倒敌人，而是被敌人所压倒，一般坚持两三个小时就打不下去了。吉林将军长顺曾建议改变攻坚的战术，称：

> 此次倭贼占据海城，据守险要，反客为主；我以潜师远攻，已殊劳逸，且各营大半新募，可胜而不可败，若使连日攻坚，非特多伤精锐，兵家所忌，设有疏虞，则一蹶难振，大局更不可问。①

但他也提不出其他挽救之方，所能采取的唯一办法，仍然是厚集兵力，定期反攻而已。

再次，采用抢山战术失误。清军4次反攻海城，都是采用"先抢山头"的战术，是严重的失误。海城之险要皆在城外：城西1.5公里有晾甲山，城北1.5公里有欢喜山，城东北1.5公里有双龙山，城西南3.5公里有唐王山，城东南0.5公里有荞麦山，皆筑有炮台或构建工事。日军的主要兵力也都布置在这些山头。清军急于建功，未能知彼知己，却不为"避实就虚"之计，而以"先抢山头"为基本战术，不能不导致失败。清军每次发动反攻的时间都是在上午或者在中午前后，以堂堂正正之阵，大摇大摆地进行，这等于告知敌人自己要进攻了，使敌人得以从容准备，结果每回都遭到了重大伤亡。据统计，在4次反攻战中，清军将士共伤亡1 240多人，日军才伤亡52人。二者之比是24比1。怪不得清军每次的进攻，不用说抢不着山头，连山脚也到不了。清军还想靠在国内镇压农民起义的一套办法打近代化战争，以对付武器装备和军队构成都比自己先进的日本侵略军，怎么能够打得赢呢？

---

① 《清光绪朝中日交涉史料》，卷三十四，第11页。

第五节　辽河会战

早在1895年1月初，日本大本营为缓解海城第三师团的孤危处境，即决定派第二军第一师团由金、旅北犯，以实现以下三个目的：第一，打通至海城的通道；第二，扫清外围清军，确保至海城的通道不再受清军的威胁；第三，在辽河下游地区与清军决战。

激战盖平　进攻盖平，是日军夺取辽阳南路战争主动权的一步重要的棋。此项任务由驻金州的第一旅团长乃木希典少将承担。乃木奉命以第一旅团步兵为基础，补充炮兵及骑兵各1个小队，担任混成旅团长。到1月9日，乃木混成旅团进至盖平南郊，其前锋已抵达盖平河南1公里处。

盖平（今辽宁盖州市）位于辽东半岛北端盖平河北岸，为由金、旅北上的必经要道。盖平清军主将是山东登莱青镇总兵章高元，率嵩武军8营驻守。

章高元　字鼎臣，安徽合肥人。早年参加淮军，隶刘铭传部下。1874年，日本发兵侵台，清政府下令布置台防，章高元随军入台。1884年，法军侵扰台湾，又随刘铭传渡海守台。在淡水之战中，击退登陆的法军，立下战功。战后简署澎湖镇总兵。1887年，改授山东登莱青镇总兵，驻守青岛。日本挑起战争后，奉旨率嵩武军8营赴援辽东，由登州（今山东蓬莱）渡海至营口，隶于宋庆。赴援之初，他即以爱国大义激励将士，皆能奋发向前。及奉檄驻守盖平，时人称其"军纪军风之佳，为各军冠"。

当时，驻守盖平的清军，除章高元的嵩武军8营外，还有总兵张光前的亲庆军5营。章高元抵达防地后，即对两军进行分工：自率所部沿城南盖平河北岸设防扼守；张光前则驻守城东3里的凤凰山。1月8日，得探骑报，知金、旅日军主力直扑盖平而来，益严戒备。并专骑飞报宋庆及徐邦道，请迅速来援。9日，日军已迫近城南，大战在即，而援军未至，决心督军死守。

1月10日晨5时半，日军开始进攻。起初，日军企图以声势压倒清军，从三面进逼，齐声呐喊，向嵩武军阵地冲击，但未收到效果。嵩武军守备严密，布阵于盖平城南300米处，前控盖平河，据守半月形掩体，努力防战。嵩武军士气旺盛，无不临阵当先，效其死命。日本随军记者报道称：

> 我军在开阔的地面上进攻敌军，连可隐蔽身体的一草一木也没有。我军起立前进，敌军即从掩体后面射击；我军停止前进匍匐地面，敌军亦停止射击。因地形不利于我军，处境十分困难。①

日军陷于苦战之中，伤亡甚重，企图强行突破嵩武军正面阵地终告失败。

日军对清军阵地实行中央突破不成，便改为绕攻清军左翼的战术，与亲庆军发生激战。日军虽颇有伤亡，仍猛攻不退。张光前不能坚持，阵地开始动摇。上午近8时，日军占领凤凰山后，随即从西坡冲向盖平城，从城东南角攀上城墙，并竖起了日本旗。

章高元正在城南督战，见盖平城被敌抢占，急命分统、记名提督杨寿山、副将李仁党、游击李世鸿等率奋勇400余名回队救城，遂在南门外与日军展开了激烈的城门争夺战。他们三人被称作甲午盖平之战中的"嵩武三英"。

杨寿山 字人杰，湖南人。早年投嵩武军。1876年，随左宗棠出

---

① 《日清战争实记》，第17编，第19页。

征新疆，平定阿古柏入侵，屡立战功。中法战争后，移军青岛，以记名提督任嵩武军分统。1894年冬，奉命援辽，拔队出发，过家门而不入。其养子叩马坚请稍驻，以安置家事。杨寿山斥曰："此何时？尚暇顾家！"即扬鞭而去。移军盖平后，连日与日军小股相接，设伏迎剿，颇有斩获。他带队赶到南门后，奋不顾身，冲入敌队，连毙数名敌人。正在指挥间，他胸部突中敌弹，仆地气绝。

李仁党 湖南人。早年投军陈世杰部。1882年，陈世杰由浙江调任山东巡抚，李仁党从之。积功至副将。1894年冬，随章高元援辽，曾一度驻守盖平东30里的牵马岭。他不避严寒，不顾冰天雪地，与士兵露宿山顶，屡次击退敌人前锋骑队。这次奉命抢夺盖平南门，奋勇当先，高呼杀贼，亦中弹阵亡。

李世鸿 字海珊，安徽合肥人。1858年，以武童投身军旅。1863年，改隶淮军。1874年，随章高元渡台，以功保都司。内渡后，驻军江阴。1884年，以偏将随章高元援台。基隆之役，曾于半夜率队攻破敌营，夺回炮垒。论功升游击。1887年，章高元统嵩武军驻守青岛，令李世鸿任广武营管带。及奉命援辽，驰书告诫其子要善事祖母，并称："今当前敌，生死置之度外！"这次在抢夺南门的战斗中，他见杨寿山、李仁党先后战死，全队死伤殆尽，也义不独生，奋前搏战，陷入敌阵而死。

日军既击溃清军争城部队，便绕出章高元军后，拊背夹击。这样一来，嵩武军背腹受敌，处境更加困难。与此同时，日军从盖平河南岸也加紧了进攻。在猛烈炮火的掩护下，乃木希典亲自督令士兵过河进击，日军各大队一齐呐喊，跳到结冰的河面上前进，因冰面凹凸倾斜，脚下打滑，有不少人滑倒而受到清军的狙击，伤亡甚众。这时，徐邦道率拱卫军赶到，立脚未稳即投入战斗，其攻势甚为猛烈，日军一时踌躇不前。但是，占领盖平的日军在城墙上架起大炮，向清军阵地猛轰。清军处于南北两面炮火的轰击下，各军站立不住，于9时40分同时撤退。

日军占领盖平，也付出了伤亡334人的代价。清军营官以上死5人，哨官以下员弁死19人，勇丁共伤亡700多名，是日军的2倍多。

争夺大平　盖平之陷，使清军在辽阳南路处于不利的局面。到2月下旬，宋庆一则为配合第四次反攻海城，一则为收复盖平作准备，决定命马玉崑率毅字右军占领大平山。

2月21日，宋庆、马玉崑等进至大平山附近，击退日军骑兵一队，遂将山头占领。经实地观察，大平山之险不在山上或山南，而在山阴。因大平山仅高二三十丈，攀登甚易，而且没有树木，显然不便防御。山南地势平坦，无险可守，又距敌营太近，也不利于防御。因此，决定以山北的西七里沟村为主阵地，另在邻近村落各派队警戒。

汤池会议　在此之前，日军探悉清军似将有收复盖平之举。于是，日军大本营命第二军第一师团北上援盖。2月19日，师团长山地元治亲率第二旅团到达盖平。这样，日军第一师团便全部集结于盖平城及其近郊。21日，即毅军占领大平山的当天，山地与第一军司令官野津道贯会于盖平与析木城之间的汤池。这就是所谓汤池会议。会议主要讨论日军变守势为攻势的问题，并制定了相应的计划。

根据汤池会议决定，日军第一师团承担夺取大平山的任务。于是，山地元治向师团各部队下达作战命令：乃木希典少将的第一旅团为右翼，进攻大平山、七里沟等处；西宽二郎少将的第二旅团为左翼，进攻大平山以南各村；师团本部为预备队，随右翼之后前进。

2月24日上午7时，乃木希典率部到达大平山东麓，击退毅军前哨，将大平山占领。8时许，日军开始将火炮转向西七里沟村轰击。

血战村寨 自马玉崑进驻西七里沟村后，即昼夜构建工事：以原来的寨墙为胸墙，上挖枪眼，以供狙击之用；还用高粱秸搭成天棚，上排土块，排以瓦垄，以防日军的榴霰弹；寨墙左右和正面，皆用大小树头设置鹿砦。即使村内每座大宅院，也都围以壕沟和地堡，宅墙挖有枪眼，结构非常坚固。毅军依靠防御工事，努力防战，给日军造成了重大伤亡。

随着太阳偏西，天气越来越冷，日军更急欲攻下西七里沟。山地元治正在太平山上观察战况，知时间拖长将对日军不利，于是命令乃木希典迅速攻进村寨。乃木一面以24门大炮集中火力向村寨猛轰；一面派一个大队冲锋在前，发起白刃战，另一个大队逼近寨墙，连连发动冲击。无奈清军阵地仍然屹立如初，岿然不动。

战到下午4点钟，日军的一线进攻部队弹药告罄，一时无暇补充，只能匍匐于地物之后以避枪弹。乃木希典焦急万分，不得不将最后的预备队投入战斗。此时，战斗更加激烈。毅军没有后继，以孤军苦战9个多小时，营、哨官纷纷伤亡，勇丁伤亡四五百人，炮弁亦伤亡甚多，且炮车多损坏，每枪所带子弹300发均已罄尽。宋庆见势难支，先将炮位撤回，令各将且战且退。宋庆驰驱冰雪间，因炮弹落近处而马惊蹶，倾跌伤腰，换马复战。马玉崑被敌所围，率亲兵闯出，因见大队尚在围内，重又杀入，冲开一路护之而出。两次冲锋，亲兵100人仅剩20余人；其战马三易，均被炮毙。最后，毅军终于冲出重围。

此战从早晨打到晚上，其持续时间之长，在甲午陆战诸役中是仅见的。宋庆以76岁的高龄亲临前敌，往来督战。马玉崑英勇搏战，艰苦卓绝，连敌人也称赞他"骁武绝群"。西七里沟战斗，是清军打得最好的防御战之一。如果清军再能够坚持一些时间，日军便会废然而退。清军则可趁机袭之，必能歼灭更多的敌人。清军的一贯缺陷，是不善于使用预备队，而日军正是利用预备队而屡占便宜。同时，毅军左军也未能及时赶来支援。唯其如此，此战便不能不功败垂成了。战后，光绪皇帝谕曰："宋庆秉性忠壮，身临前敌，但统帅之任全在指挥调度，不专以冲锋陷阵为功。"一面肯定宋庆以年逾古稀之年身临前敌，一面指出他在指挥方面存在不足，还是比较客观的。

双方伤亡 在这次战斗中，毅军阵亡424人，受伤100余人，共伤亡500余人。日军公布的伤亡数字是334人，还没有把炮兵伤亡数包括在内。一位日本军官承认："这是征清以来最大的炮战，因而伤亡也可能是最多的一次。"因此，日军第一师团的伤亡数可能在400人左右。另外，日军冻伤的数字更为惊人。据有人统计："此日战斗结束时，第一师团的每个中队平均有50人冻伤。"以此计算，日军第一师团的冻伤人数达到三分之一，不下两三千人。可见，日军第一师团所受到的打击确实是十分沉重的。

日军虽遭到重大损失，但还是实现了两个目的：第一，盖平至海城的通道从此不会再受到清军的威胁，从而海城日军实行出击有了可能；第二，辽河下游清军重镇的外围防御已被攻破，日军便可按既定计划发动辽河会战了。

会师鞍山 早在2月16日，第一军继任司令官野津道贯提出了一个所谓"扫荡辽河平原"的作战方案：（一）第一军第五师团由凤凰城西进，进占鞍山；（二）第三师团主力由海城出击，向鞍山进攻，与第五师团会师后合军进攻牛庄；（三）第二军第一师团则占领营口；（四）第一军、第二军共3个师团发动田庄台会战。此作战方案得到日本大本营的批准。汤池会议的主要内容，就是磋商如何实施"扫荡辽河平原"作战方案的步骤。

进入2月下旬以来，清廷急欲扭转辽阳南路的战局，谕令宋庆等军迅速克复海城。宋庆与各军商定，于2月27日分三路反攻海城。是为五攻海城之战。清军仍采取"抢占山头"的战术，交战不久即纷纷败退。经过此日之战，野津道贯料定清军已不能对海城构成威胁，于当夜向第三师团发出了出击的命令。

2月28日，日军第三师团主力从北门和西门分路北犯，沿辽阳大路前进。第二军第一师团援海部队则守备海城，并对营口大道和牛庄大道实行戒备。清军误判日军北犯的目的是欲攻辽阳，不知其"示形逼辽阳，实将袭我牛庄"，遂弃鞍山之险不守，移师辽阳，以保奉天门户。3月2日，日军第三师团垂手而取鞍山。随后，由凤凰城西上的第五师团也进入鞍山。日军第三、第五两个师团终于在鞍山会师。

袭取牛庄 由于清军对日军的主攻方向判断错误，以致放松了牛庄方面的防御，这就给日军袭取牛庄提供了绝好的机会。3月3日，日本第一军分兵两路，以第五师团为左纵队，第三师团为右纵队，同时向牛庄进犯。此次日军进攻牛庄的总兵力达到12 000人。因为野津道贯接到探报，清军在牛庄驻扎的兵力无几，正可以优势兵力袭取。

牛庄位于辽河下游的平原地带，是一座没有城墙的市镇，不易防守。仅在市街入口处，修筑了一道土墙；市街内则利用官衙和民宅的墙壁作为防御掩体。日军进攻时，牛庄只有前新疆布政使魏光焘的武威军3 300人驻守，仅及日军的三分之一。这真是一场以弱御强的战斗。

魏光焘 字午庄，湖南邵阳金潭乡（今属隆回县）人。1856年，投湘军曾国荃部。后隶左宗棠军，办理军务。曾从左军参加收复新疆之役。新疆平定后，奉左之命，招屯垦，行牧政，驿路千里夹道皆种官柳，成活者百十万株之多，人称"左公柳"。1881年，升任甘肃按察使。1884年，迁甘肃新疆布政使。曾一度护理新疆巡抚。1893年，以丁忧回里守制。翌年秋，辽东战事吃紧，奉特旨率武威军旧部北上赴援。他此次召集旧部，本仓促成军，又行军数月，奔驰数千里，及到防，冒严寒，踏冰雪，喘息未定即投入战斗，确实是一场严峻的考验。

3月4日，日军第三师团从北路，第五师团从东路，向牛庄发动了进攻。这场历时一天一夜的战斗，大致可分为三个阶段：

第一，守卫街墙。上午9时许，战斗开始打响时，日军有些轻敌，直接扑向城墙。牛庄地处平原，市街外数百米之内地面平坦，日军没有掩蔽身体之处，而清军则伏河沟间，恃土墙为障暂不还击，诱敌靠近阵地。据日方报道："清兵或穿铳于屋壁，装填无烟火药以击，或备速射炮于凸角部，以急射炮邀击，如骤雨一时来注。"日军伤亡甚众，再次发起进攻，清军死力拒之。"弹丸雨下，炮声如雷，硝烟溟蒙，咫尺不辨。忽有一弹飞穿今田（唯一）少佐咽喉，少佐死之。"今田曾参加过平壤之役和进攻摩天岭的战斗，在日本军队里以"勇敢"著称，被视为"良将之选"，即将晋升中佐，而终于在侵略战争中丧命。

上午10时，日军调集炮兵部队，在牛庄以北两侧高地占领阵地，各排列大炮12门，齐向牛庄猛轰。在炮火的掩护下，日军联队长佐藤正大佐率部向街墙急进，并令士兵齐唱军歌，想用气势压倒清军。而清军等日军进至最佳射击距离，枪炮齐射，弹片击中佐藤膝部，被抬下战场。日军易将再冲，战斗更趋激烈，清军陷于苦战之中。据魏光焘报称：

左、右营接战，中营继之。贼以排枪、炸炮抵死抗拒，弹如雨点；我军以劈山炮、洋枪对击。士卒中弹者如墙而倒，前仆后进，贼之为我击毙者尤众。故伤亡虽多，士气仍壮，纵横荡决，力不稍疲。①

武威军拼死力战，究竟寡不敌众，伤亡太重，于 12 时 30 分退入街内。

第二，街内巷战。日军既攻破街墙，便四路冲进牛庄市街，双方展开了激烈的巷战。清军据民房死守，日军不能辄拔，死伤颇多。这样逐屋争夺，日军每占领一座民房，都要付出相当的代价。市东北区有一家烧酒铺，一些清兵据之，抵抗最为顽强。日军第五师团长奥保巩中将对部属说："徒攻之，非利也。"即令各部队中止射击，而命工兵用炸药破坏墙壁。日军接连炸开两道墙壁，才冲进烧酒铺内。从一位随军记者的笔下，我们似乎看到了当时这座烧酒铺内清军誓死抗敌的悲壮场景：

> 我向烧酒铺走去。路旁伏尸相枕。我跨过尸体前行，见左面和右面都是烧酒铺，右面的烧酒铺就是敌人的据点。由门前筑成的尸山之间流出几条浑浊的血河。进门以后，见院内也堆满了死尸。②

到下午 2 点多钟，原驻牛庄以东 20 余里的一支清军，即江南候补道李光久的老湘军 2 400 人，闻警赶来救援。这时，武威军正在市街内与日军巷战。李光久命各营分三路进击，冲进市街，与敌展开巷战。据李光久报称：

> 一进街口，即与该贼巷战，毙贼无算，……乃前贼败退，后贼纷来，枪炮雨密。贼又从两旁拥出，纷纷击犯，勇与贼几莫能辨。血战竟日，各街口被贼纵火，断我出路。时已二鼓，子弹俱尽，不能不率队冲突而出。③

战至日落以后，威武军与老湘军都已溃不成军，无力再战。魏光

---

① 《魏先焘禀》清抄本。
② 《中国近代史资料丛刊续编·中日战争》，第 8 册，第 430 页。
③ 《清光绪朝中日交涉史料》，卷三十六，第 19 页。

燊和李光久便率残部从牛庄西区突围而出。

第三，余部死战。魏光燊和李光久突围后，尚未突围的清军仍在市街继续抵抗。入夜以后，日军由北而南，逐家搜索。而清军则分散于各坚固民房中，宁死不退。日方记载称："残兵还未完全剿灭，即已日暮。因停止炮击，执剑挨户搜查，杀人无算。"战斗一直持续到天明。

日军攻占牛庄，也付出了伤亡389人的代价。此战，魏光燊"以孤军血战，短衣匹马，挺刃向前，督战苦斗，三易坐骑"，表现十分出色。连日人也不得不赞道："其能久与日军交锋者为武威军，奋死决战，力守至一昼夜，实清军中所罕睹也。"李光久回援时，见日军已攻入市街，仍率部"直前搏战，兵已陷入死地，无不以一当百"。这两支湘军喋血牛庄，无奈众寡难敌，强弱悬殊，伤亡十分重大，有1 400余人阵亡，另有约300人伤重被俘。

田庄大战　牛庄的失陷，使清军扭转辽南战局的计划终成画饼。此时，辽河南岸的重要通商口岸营口，因东、南、北三面要地尽失，处境孤危。而其西北为田庄台（今辽宁大洼东南），地处辽河北岸，商贾辐辏，房屋鳞次栉比，有人口21 000多人，是辽河下游的水陆码头，也是营口至山海关的必经之路，同样面临敌锋渐及的危险局面。清军下一步怎么办？从前敌将领到朝廷，对此意见极为纷纭。

战前策议　当时对于清军下一步的作战计划，主要有四种不同的方策：

第一种，返捣牛庄。此策为湖南巡抚吴大澂麾下官员洪贞祥提出。他建议："倭人得牛庄，必不守，当径扑宋庆军，且计海城之倭当已倾巢出矣，今夜乘虚返捣牛庄，必得手。诚能夺回牛庄，可长驱捣海城，纵未必克，倭必返顾，可纾宋庆之急，所谓出不意攻必救也。"

时人多以此策为是，而吴大澂不予采纳。

第二种，退保西路。此策为宋庆提出。他知营口难守，主张退保西路，先行移扎田庄，称："牛庄各军既已溃回，若仅派数营，断不能支。而全队拔回营口，亦不能保。即使徒防营口，指日冰解，水陆受敌，且后路运道一断，粮弹不济，亦难支持。今后路被扰，唯有全队回顾。"清廷复电："宋庆率全军回顾西路，是此时第一要著。"认可了他的建议。

第三种，不急争锋。此策为钦差大臣督办东征军务刘坤一提出。他不反对宋庆退保西路，但进一步提出："现在唯有北固沈辽，西防宁锦，以保大局。不必急于争锋，俟我蓄锐养精而后与之决战，亦当出奇制胜，不可一味攻坚，使倭伺间乘虚以袭我后，至蹈今日覆辙。"但朝廷对此策的意义认识不足，并未予以重视。

第四种，敌后游击。此策乃聂士成在较早的时候提出。略云："军兴以来，只闻敌来，未闻我往，此敌之所以前进无忌也。……（拟）率精骑千人直出敌后，往来游击，或截饷道，或焚积聚，多方绕之，令彼首尾兼顾，防不胜防，然后以大军触之，庶可得手也。"此策上于李鸿章，李复电阻之。

以上四策，都有一定的道理，但若提高到战略的高度看，自以第三策和第四策最为可取。这两种方策都是主张以我为主，掌握战争的主动权。当时，刘坤一对敌我双方力量对比有比较清楚的认识，所以不久之后又提出了实行持久战的建议。若清军真能将持久作战方针与敌后游击方针加以结合，并运用到战争实践中去，辽南的战局必可大为改观。

时辰之战 田庄台大战是辽南的最后一战。日军合大兵团而战，以田庄台之战为始，故日人称："田庄台之役实一大战斗也。"

此役日军投入的部队为第一军第三、第五两个师团和第二军第一师团，共3个师团20 000余人，并集中了野炮、山炮等109门，规模皆属空前。防守田庄台的清军为宋庆所部，包括毅字左、右军14营和新毅军20营，共34营11 000多人，拥有大炮24门。两相比较，日军兵力差不多是清军的2倍，所携带的大炮则是清军的4倍多。所以，这次大战是一场以弱御强的战斗。特别是日军乃乘胜进攻，而清军新败之后却无喘息之机，战局的发展在意料之中了。

3月9日，是日军合攻田庄台之期。当日凌晨，日军分三路向田庄台推进。上午8时，日军第三师团利用排列在辽河东岸的几十门大炮，首先向田庄台的正面阵地猛烈轰击。随后，又在炮火的掩护下踏过河冰到达西岸，向清军阵地发起冲锋。防守辽河西岸的新毅军奋力抵御。接着，田庄台东北方向的日军第五师团，也在辽河上游之东岸，向对岸的毅字左、右军阵地发起炮击。双方展开了激烈的炮战。日军第一师团则先在夜幕的掩护下踏过辽河下游的河冰，绕到田庄台西南清军薄弱处，向市区突击。宋庆正在田庄台东北指挥，见西南方向危急，即令毅字左军飞驰接应，已无法冲进市街。到上午10时许，日军从三面攻进市街，田庄台遂告不守。

田庄台战斗虽是一场大战，却从辰正战到巳正，只打了一个时辰，故以"时辰之战"称之。

可怜焦土 此时，仍有相当数量的新毅军官兵仍未撤出，便退入民房坚持战斗。野津道贯鉴于牛庄巷战的教训，决定实行"烧光"政策，下令凡可疑的房屋皆全部烧毁。于是，从上午10点半开始，镇内到处起火，顿时黑烟笼罩了整个市街。火越烧越大，一直烧了一天一夜。一座数千户的市镇，竟被付之一炬，可怜焦土！

试看日本随军记者是怎样报道田庄台这场大火的：

此日，北风异常猛烈，火势逐渐蔓延到全城。因敌军遗弃的许多炮弹在各处爆炸，声音轰轰隆隆，实有在烟雾之中正在进行着一场激战之感。如此繁华之田庄台，一朝化为灰烬！

关于战利品，我军若想缴获，粮食、军器等是非常多的，可惜都被大火烧光了。①

烧死多少战败的清军和无辜的商民完全不在乎，却惋惜许多战利品被烧掉了，这或许正反映了所有侵略者的心态吧。

辽战得失 纵观辽东战场，清军败绩连连，给人以战局不可收拾的印象，从而得出了似乎败局已定的结论。因此，许多论者将辽东之役中的清军说得一无是处，不是不堪一击，就是遇敌即逃，简直是一群毫无战斗力的乌合之众。情况绝非如此。

事实上，辽东战场上的清军，许多部队还是具有相当战斗力的。而且，辽东之役也是有得有失的。如果战争能够持久地进行下去的话，那么，不但胜负之数难以料定，整个战争形势也很有可能发生逆转。我认为，对于被侵略的中国一方来说，不能只看它之失，也要看到它之得。辽东之役起码有四得：

其一，涌现大批敢战之将。清军在战斗中涌现出一大批敢战之将。如淮军马玉崑，在辽东诸役中表现最为突出，堪称英勇绝伦。章高元在盖平之战中誓死决战，所部上下同仇敌忾，无不临阵当先，效其死命，取得了毙伤敌军334人的可观战果。湘军旧将魏光焘，在牛庄之战中与敌死战，伤亡虽多，士气仍壮，纵横荡决，力不稍疲，后则展开巷战，与敌逐屋争夺，毙伤敌人389人，沉重地打击了其嚣张的气焰。有这样一大批敢战之将在，只要将战斗坚持打下去，辽东战场的清军是不会垮掉的。

---

① 《日清战争实记》，第24编，第18、24页。

其二，歼敌大量有生力量。虽然清军在辽东战场上失利的时候居多，但屡次给日军以重创，致使双方力量的消长利于我而不利于敌。战争本来就是力量的竞赛。从双方的军力对比看，自然是敌强我弱，但随着战争的持续进行，也会逐步发生变化。据统计，在辽东战场上，日军第一师团减员4 957人，第三师团减员2 149人，第五师团减员2 808人，合计为9 914人，相当于其总兵力的六分之一。再看整个甲午战争期间，日军的死亡人数为13 164人，伤残等免除服役人数为16 958人，合计为30 122人，相当于两个师团的规模。其损失是十分惨重的。日本是一个岛国，而且是越海作战，兵员有限，兵力不足，其优势很难长久保持下去。相反，清军虽历经苦战，损失不轻，然士气愈挫愈奋，队伍愈打愈大。如宋庆所统毅军由参战时的9营扩充到39营，依克唐阿所统镇边等军由参战时的10营扩充到14营，徐邦道统帅的拱卫军由参战时的5营扩充到11营。所以，只要战争坚持打下去，优势便会逐渐转到清军方面。何况日本打的是一场不义的侵略战争，士气低落。其死亡人数中有"变死"一项，即是指自杀等非常死亡。许多日本士兵对越海作战的目的表示怀疑，最后竟走上了自裁抗议的不归之路。

其三，开始运用机动战法。清军的传统战法是过于重视一城一地之得失，奉阵地战为圭臬。而日军在炮兵使用方面占有较大优势，故清军打阵地战正是以己之短攻敌之长，欲其不败是不可能的。在辽东战场上，清军以阵地战为主要战法，正是其屡战屡败的重要原因所在。通过战争实践，一些清军开始运用机动灵活的战法，如聂士成在连山关以"疑兵"退敌，依克唐阿在草河口巧用运动战等，都是成功的战例。

其四，探索克敌制胜之道。中国怎样才能战胜侵略者？当时对于作战双方来说，各有其优势之所在。不过，在战争爆发后的一段时间内，中国的优势还是潜在的，只有在战争继续坚持的情况下才有可能逐步显现出来。而要将潜在优势转化为现实优势的决定条件，就是决心打一场持久的战争。越是到战争后期，通过辽东诸役的实践和反思，对持久作战的必要性的认识越是深刻。如刘坤一即提出："'持久'二字，实为现在制倭要著。"还有人提出"坚持战局，以十年为期"的建议。这在当时是很了不起的。持久论的提出，是近代军事战略思想发展的一项重要贡献，也为中国兵学宝库增添了一份珍贵遗产。随着它的不断发展和完善，便成为尔后中国人民抗击外来侵略战争的理论指导和克敌制胜的锐利武器。

总起来看，清军有失也有得：一方面就辽东诸役的整体说，清军是失败的，它的某些局部胜利并未能扭转战争的形势，是失大于得；另一方面，清军虽遭到重大损失，但愈挫愈奋，并能总结出与敌久持的重要战略思想，从近代中国反侵略战争的全局考虑，又是得大于失。

第六章　舰队覆没

扫码获取
▶ 历史回响
▶ 战事风云
▶ 军事秘闻
▶ 以史明鉴

第一节　威海陷落

日本发动山东半岛之役，是蓄谋已久的。旅顺口既陷，北洋舰队只能退守威海卫基地了。因此，日本大本营便把威海作为下一个进攻目标，其战略目的是最终消灭北洋舰队。

海军根本　威海卫有"渤海锁钥"之称，它位于山东半岛的东北端，与辽东半岛的旅顺口遥相对峙，共扼渤海门户。明朝初年，为防

明嘉靖《威海防倭图》　　　清光绪《威海海防图》

倭寇的侵扰，设卫于此。卫城前临海湾，背枕群山，峰峦连绵起伏，三面环绕，港湾广阔，其南北两岸山势峻峭，逶迤而东，刘公岛横置港口中央，形成二龙护珠之势。在港湾附近，明礁暗石，森列潜藏；列岛群屿，星罗棋布。其形势堪称险要。

近代以降，威海的军事地位再度受到重视。进入19世纪80年代以后，为筹建海军，威海港开始成为北洋舰只的屯泊之所。1887年，威海的海防工程全面展开。清廷视威海为海军根本所在，除在刘公岛上修建北洋海军提督衙门外，还在南北两岸修筑炮台多座，以固威海之防。其工程之浩大，构造之雄威，曾引起许多人的惊叹。时人有《观威海炮台》诗赞曰：

　　一台尽聚九州铁，熔铸几费炉中烟。……
　　意匠经营世无敌，人工巧极堪夺天！

李鸿章视察威海基地后，也夸口道："但就渤海门户而论，已有深固不摇之势。"

日人窥伺　威海海防工程施工之日，正是日人遣谍窥伺之时。1887年，日本参谋本部拟定了多种《征清方略》，其中有一条就是打败北洋舰队，"以威海卫为根据地，侵入直隶湾，轰击沿岸炮台及其他要地，以援助陆军部队进攻北京"。但是，要想占领威海卫，必须先选好陆军部队的登陆地点。1888年10月北洋海军成军后，当年12月日本参谋本部即密令海军情报官关文炳速赴威海，探侦威海后路情况，并寻找陆军大部队理想的上岸之处。

关文炳　日本海军大尉。1885年来中国，装扮成中国书商，化名积参助，在天津城外北洋大臣衙门附近开办一家书店，专门搜集军事情报。此次他赴威海侦察，往返历时70天，归后写成一份《关于威海卫及荣成湾之意见书》，认为荣成湾是最理想的登陆地点，欲攻占威海卫，必先取此湾为基地。

关文炳的意见受到日本参谋本部的重视。但问题是：荣成湾的范围广阔，湾口南北达到75公里，那么，最佳的登陆地点在何处呢？为解决这个问题，日本参谋本部不断地派遣间谍前往侦察。20世纪五六十年代，我曾多次到这一带进行调查，发现甲午战前这里每个村都有日谍来过。如成山卫，就是日谍经常光顾之地，他们或扮作南方客商，或装成游学先生，常驻不走。再如倭岛村，乃是明代倭寇登岸后的麇集之地，日人称"日本村"，以此为基地肆行抢掠，故当地流行一句俚语："倭子上岸了！"用来吓唬哭闹的儿童。因此，此村受到日谍钟崎三郎的重视，还专门前来侦察过。这个问题是由八重山舰长平山藤次郎海军大佐最后解决的。

1894年12月下旬，平山藤次郎详细调查成山头以南的所有海湾后，提出报告称：

  在山东半岛成山角之南，有一突出的小半岛，即龙须岛。……（其西侧）有一小湾，宽3 000余公尺，长2 500公尺，湾口水深5寻，愈近岸水愈浅，湾内可停泊大船几十艘。东、西、北三面都是大陆环绕，唯南面向海，故在此季节，几乎不必担心风浪。……底系沙地，直至岸边，水深适宜，用舢板和汽艇可以靠岸。若事先准备栈桥材料，人马皆易于登陆。……因此，此处实为难得的适宜的登陆地点。[①]

平山的建议解决了登陆的具体地点问题，故迅速得到大本营的批准。

策划劝降 与此同时，日本大本营也正在研究制订威海卫作战计划。决定重新改编第二军，仍由大山岩大将担任司令官，下辖第二师团和第六师团，以此作为"山东作战军"。并传令日本联合舰队司令

---

① 《日清战争实记》，第17编，第33~34页。

官伊东祐亨，要求海军护送第二军登陆，并与之协同进占威海卫，消灭北洋舰队。

日军为攻占威海卫，曾经准备了两手，即在海陆两军协同攻取外，还想采用策反诱降，不战胜之，以达到消灭北洋舰队的目的。在伊东祐亨主持的海军作战会议上，即确定了以诱降为先的方案：

> 覆其根本，宜备敌国舰队出击及其遁逸，务不损我舰，不使敌舰沉没，待及弹竭粮尽，士气沮丧，以令丁提督降。[1]

伊东祐亨亲与大山岩面商诱降的具体办法，取得一致意见。即命海军国际法顾问高桥作卫起草劝降书：

第一份，中文劝降书。书中婉劝丁汝昌效法汉朝李陵之降匈奴，"弃小节而全荣名"。

第二份，英文劝降书。书中主要以保命保官诱之，称：

> 阁下苟来日本，仆能保我天皇陛下大度优容。盖我陛下于其臣民之谋逆者，岂仅赦免其罪而已哉？……量其才艺，授职封官，类例殊众。今者，非其本国之臣民，而显有威名赫赫之人，其优待之隆，自必更胜数倍耳。[2]

大山岩几经斟酌，觉得李陵在中国士人心目中是个不光彩的历史人物，可能会引起受信者的反感，因此弃之不取，而选定了英文劝降书，由大山岩和伊东祐亨共同署名，托英国军舰"塞班"号送进刘公岛。但丁汝昌接书后，当即毅然拒绝了日人的劝降，当众曰："予决不弃报国大义，今唯一死以尽臣职！"

大山岩见劝降未能奏效，便决定实行登陆作战了。

远势登陆 大山岩也好，伊东祐亨也好，皆知从正面进攻威海非

---

[1] 桥本海关：《清日战争实记》，卷十二，第388页。
[2]《中国近代史资料丛刊·中日战争》，第1册，第197页。

常困难，可能会徒然造成重大的牺牲，所以决定采取远势登陆包抄后路的战术。远势包抄有什么好处呢？应该说其好处有二：一是可以避开大量清军驻守之地，庶可安全登陆；二是投陆军主力于清军防御的薄弱地带，以便从后路突破之。日本大本营迅速批准在荣成龙须岛的西侧海滩登陆，正是因为此处适合实施远势包抄战术。

日本海军为保证第二军成功登陆，事前制定了周密的掩护陆军上岸和协同陆军作战的《联合舰队作战大方略》。其要点有三：

第一，改编舰队。日本联合舰队重新改编，共编为5队，即本队及第一、第二、第三、第四游击队，以适应登陆作战的需要。

第二，声东击西。第二军登陆的前一天，第一游击队进入渤海，到登州府（今蓬莱）海面游弋，并对府城实行炮击，以收声东击西之效。

第三，防敌袭击。联合舰队在护送运兵船途中，若与北洋舰队遭遇，则由本队及第二游击队攻击敌舰，第三游击队负责护送运兵船到达登陆地点。

1895年12月20日上午，日本第二军按预定作战计划开始在龙须岛西海滩登陆。当天傍晚7时许，日军占领荣成县城。经过数日的修整，到25日，大山岩便下达了进兵威海卫的命令。

御敌之策 随着敌氛渐逼威海，采取何种御敌之策的问题便提到议事日程上来。当时，从朝廷到内外臣工及前敌将领，意见极为纷纭，大致有四种具有代表性的主张。

第一，相机出击，袭敌远船。此主张以中枢亲王大臣为代表，并得到山东巡抚李秉衡的大力支持。日军从龙须岛登陆后，军机处请旨电谕李鸿章："若将定远等船齐出冲击，必可毁其多船，断其后路。"李秉衡以守土有责，急欲扫清敌氛，也提出："伏查倭人既经登陆，其船上并无重兵，我若以兵船攻击，毁其运船及接济粮械之船，则水路受创，陆路亦易得手。"

第二，出海拼战，铁舰退烟。此主张以李鸿章为代表。他倾向于令北洋舰队余舰皆退至烟台。在日军登陆的当天，他致电丁汝昌质问："成山一带虽有日舰，自威（海）至烟（台）何至一步不能行？"几天后，他又指示丁汝昌："若水师至力不能支时，不如出海拼战，即战不胜，或能留铁舰退至烟台。希与中外将弁相机酌办为要！"

第三，水陆相依，舰台相辅。此主张以丁汝昌为代表。起初，李鸿章提出一个"水陆相依"的原则，令丁汝昌妥筹具体实施方案。丁汝昌与诸将合议后确定了"舰台相辅"的方针，其复电称："倭若渡兵上岸，来犯威防，必有大队兵船、雷艇牵制口外。……若远出接仗，我力太单，彼船艇快而多，顾此失彼，即伤敌数船，倘彼以大队急驶，封阻威口，则我船在外，进退无路，不免全失，威口亦危；若在口内株守，如两岸炮台有失，我船亦束手待毙，均未妥慎。窃谓水师力强，无难远近迎剿，今则战舰无多，唯有依辅炮台，以收夹击之效。"

第四，增援后路，以防抄袭。此主张以李秉衡和署两江总督张之洞为代表。李秉衡鉴于威海西路防御十分薄弱，断定敌谋威海，必先由后路登陆，奏称："唯合计兵力尚单，必须另有一大支游击之师，以资策应。"张之洞也电总理衙门称："闻倭大队已在荣成县登陆，此专为攻威海后路。……威海为北洋屏蔽，海军停泊之所，此处不守，则北洋出路梗阻矣。该处台坚炮巨，炮手亦好，敌舰不能攻，故袭后路，此攻旅顺之故智也。"建议令奉调北上的25营"出在省城之南，取道莒州等处，直趋烟台，探明威海后路，相机援剿"。

在上述四种方案中，前两种或主张袭击敌运兵船，或主张出海与敌拼战，单纯从理论上看，采取主动进攻，似乎是正确的。但在实践上是否行得通,却是值得考虑的。经过黄海一战,北洋舰队损失5艘,只剩下定远、镇远、靖远、来远、济远5艘战舰。不意镇远舰在驶进威海北口时,被礁石严重碰伤,连修一个月,虽勉强补塞支撑,但已不能出海作战。北洋舰队主要靠的是定远、镇远两艘铁甲,如今镇远舰难以出海,定远舰势难与敌舰周旋。何况日军早已制定了《诱出和击毁敌舰计划》,内称:"若敌舰驶出威海卫港,应巧妙地将其诱至外海,我主力战舰实行适当的运动,准备战斗。筑紫舰及另七舰则陆战队伺机登陆,占领刘公岛。"因此,若北洋舰队此时真的出海拼战或绕过成山角袭击日本运兵船,必然会遭到数倍于己的敌舰包围,而且刘公岛也要面临陷落的危险。对于北洋舰队来说,这无异于孤注一掷,必定大失其利,甚至有极大的可能提前归于覆灭。

"水陆相依,舰台相辅"之策,在一定时间内似可奏效,但不可能用之于长久。因为它有一个前提,就是必须保证后路的安全。所以,"水陆相依,舰台相辅"与"增援后路,以防抄袭",二策又是相辅相成的。丁汝昌有鉴于此,在建议"舰台相辅"之策的同时,即曾要求在威海后路增设能够野战的游击之师。当时,烟台守将汉中镇总兵孙金彪也提出:"威海既为水师根本,(敌)舰攻不利,或以陆队潜渡汊港,从后抄袭,则我全台俱难为力,非得大力援兵扼要屯扎。"李秉衡极力支持,认为:"合观全势,非另有大支游击之师,不足以策应。"

成立大支游击之师,在当时乃是具有重要战略意义之举,却受到种种不应有的干扰,无法顺利地落实,威海战局也就难有转机了。

南岸战斗 日本第二军占领荣成后,大山岩一面派出多起探骑侦察前方清军驻兵情况,一面连夜召集参谋人员会议,研究制订攻占威海卫的作战方案,最后确定南岸炮台为进攻的重点,先行拔取之。1

月26日，日军分两路向西进犯：第六师团为北路，称右路纵队，其任务是由东路直逼南岸炮台，担任主攻；第二师团为南路，称左路纵队，其任务是绕至南岸炮台西南两侧，切断守军退路，并与右路纵队形成夹击之势。

当时，部署威海后路防御的重担，完全压在新任山东巡抚李秉衡肩上。他自称"才铨（音全quán，浅薄）任重，惧弗克胜"，恐非过谦之词，固深知时局艰难，不容退避，只能竭力为之。

李秉衡 字鉴堂，祖籍山东福山。乾隆中，其曾祖迁往奉天，入海城籍。后居岫岩厅南石嘴子村（今辽宁庄河）。历任州县，为官清廉，时有"北直廉吏第一"之称。擢授浙江按察使。未到任，调广西。中法战争爆发后，以臬司护理广西巡抚。战后，晋布政使，仍摄抚篆。1894年5月，授安徽巡抚，亦未抵任。8月间，甲午战起，朝廷以山东为畿辅屏障，调原巡抚福润至安徽，而改命李秉衡抚之。

李秉衡莅职后，发现山东防务漏洞甚多，认为必须抓紧补救，否则危险殊甚。为此，他做了大量工作。特别是在设立大支游击之师方面，他特别积极，先是奏请招募20营，后又寄希望于奉旨北上的马步25营赶赴威海后路。但是，在战略指导上，清廷始终是重京畿而轻山东，所以在他的筹防过程中并未得到朝廷的有力支持。与之相反，清廷还几次降旨将山东的驻军调到直隶或关外，使李秉衡成立大支游击之师的计划终于胎死腹中。后见形势日亟，只能就现有兵力进行部署。他除了依靠威海陆军主将戴宗骞的配合，另外就是调派孙万龄率所部开赴前敌。

戴宗骞 字孝侯，安徽寿州（今寿县）人。以乡试不中，弃文从戎。1867年，往投李鸿章，上《平捻十策》。李鸿章留之幕府，襄赞军事。继委办全军营务处。积勋至知县。1880年，随吴大澂驻防三姓

(今黑龙江依兰县)，治绩颇著，因擢知府。1887年，奉调督办威海防务，统领绥、巩各军。

孙万龄 又名万林，字寿卿，里籍不详。行伍出身，积功至总兵，以提督记名。是嵩武军分统，所统仅1 200人，装备也很差。李秉衡对他期许甚高，称："兵固单，尤苦无将，前敌敢战之将，仅一孙万龄。"然戴宗骞忧之曰："勇新器旧，以当骄虏，极可忧危。"孙万龄只能以此单薄兵力驻威海卫城以西的酒馆集。

日军从龙须岛登陆后，李秉衡命孙万龄率部东行迎敌；又觉其兵力太单，派驻守威海西路上庄口的总兵李楹率福字军3营助之。孙军东行途中，与从荣成西退的副将闫得胜河防营5营相遇。自此，闫军便隶属于孙万龄。此时，戴宗骞也应李秉衡之约，派其分统知府衔刘树德率绥军2营与孙军会合，以合力击敌。这样，会师于威海南路的清军，已达到12营6 000余人。

白马伏击 为阻荣成日军西犯，孙万龄进驻威海东南35公里的白马村，并在白马河西岸修筑工事。1月24日傍晚，日军前锋部队不知孙军埋伏于此，拟进占白马村。日军来到白马河东岸时，孙军已有准备。趁敌人立脚未稳之际，孙万龄下令攻击，日军仓促应战。此时，夜幕笼罩，无法瞄准射击，日军打开携带的行军探照灯，用来照射攻击目标。孙军沉着应战，利用敌人的灯光进行瞄准射击。激战约1个小时，毙敌军官1名和士兵10余人。日军见处境不利，向东撤退。

此时，闫、刘两军并未给予有力的配合。闫得胜不但未按预定计划包抄敌人，反而不战而退。刘树德畏敌怯战，也弃孙军而西去。孙万龄不得已下令撤出阵地，向威海西路转移。

白马战斗后，日本第二军继续向西进犯，并对威海南岸炮台分两路进逼，构成包围的形势。1月29日，大山岩部署既定，便下令于翌日拂晓发起总攻。

血战冬青 日军的首要攻击目标是南岸炮台群中的冬青顶炮台。冬青顶为南岸炮台群的制高点，因峰顶生长松树，冬季青翠一片，故当地民众以"冬青顶"名之。日人则称此峰为摩天岭。日本随军记者写道：

> 摩天岭是群山中的最高山峰，为陆地防御最险要之处。炮垒峨峨，高耸入云，仰头才能望到。附近有炮台数座，皆以胸墙相连，蜿蜒曲折，沿山构筑，其长度连万里长城似也要退避三舍。敌军据守炮垒，实行其擅长之防守战术。①

冬青顶炮台设有8厘米口径行营炮8门，守军为巩军新右营500人。营官周家恩也堪称敢战之将，附近村民都说他是"硬汉子"。他明知众寡难敌，但抱着与炮台共存亡的决心与敌拼战到底。

日军进攻冬青顶炮台的部队，是大寺安纯少将指挥的右路纵队左翼支队。是日上午7点半，大寺下令发起攻击。冬青顶守军枪炮齐射，附近炮台及港内军舰也发炮支援。在清军交叉火力的打击下，日军颇有死伤。大寺亲自督战，日军爬过鹿砦，却踏响了连环地雷，顷刻间有不少敌兵丧命。对此，日方记载说：

> 我军立即进逼垒下，敌发大炮防战，我亦发山炮应战。两军战正酣，山动谷鸣，地轴为倾。敌兵在垒下预设地雷，我兵误逾其上，爆然燃炸，黑烟冲天，我兵势稍沮。②

日军进攻受挫后，便改变战术，先占领冬青顶西侧的山头，然后向冬青顶发起冲锋。周家恩指挥全营官兵打退了日军的几次冲锋。日军三次爬上炮台，守军与之展开肉搏战，全歼了爬上炮台的日兵。据

---

① 《日清战争实记》，第20编，第26~27页。
② 《中国近代史资料丛刊·中日战争》，第1册，第270页。

当日正在远处山头观看的村民说:"清军大旗倒了三回,硬是竖起来三回。"日军仗着人多势众,三面合围,同时发起冲击。炮台守军全部战死。周家恩全身多处受伤,腹部肠子流出,为不被敌人俘虏,跳下山崖,未死,又在山沟里爬行了两三里,因血流尽而牺牲。

冬青顶炮台是在守军全部阵亡的情况下陷入敌手的。大寺安纯一时喜不自胜,要亲自观看战况,与部下徒步登上炮台。此时,停泊在港内的定远等舰见冬青顶上突然竖起日本旗,一齐发炮轰击。大寺胸部被炮弹洞穿而亡,随行的日本《二六新报》记者远藤飞云亦中弹丧命。大寺在日本国内曾被誉为"一代良将",是甲午战争中第一个被清军击毙的日本将军。日人江间些亭有悼诗云:

威海壁垒摩天岭,榮戟林林攒锐锋。
石破天惊炮声震,阵云惨澹啼黄龙。
宁测骥足忽屯蹶,将军马前铁弹裂!
将旗裂处笔折处,六尺之躯云变灭。
马革裹尸所曾期,只见沙场满腔血!

日军攻占冬青顶炮台后,直逼龙庙嘴炮台,守台清军坚持不退,与冲上炮台的敌人拼死搏战。目击这一惊心动魄场面的村民说:"炮台上死了好几十个官兵,尸首横七竖八,许多尸体上既有枪伤也有刀伤。"战斗一直打到守台的勇士们全部壮烈牺牲。

炸毁巨炮 南岸战斗持续到1月30日傍晚,各炮台先后失陷,只剩下最大的皂埠嘴炮台了。炮台有克虏伯大炮5门,其中28厘米口径2门,24厘米口径3门。由于它的炮火猛烈,日本军舰一般是不敢驶近威海南口的。此日之战,日军为攻占南岸仅存的这座炮台,一面从陆上进攻,一面从海上用舰炮轰击。在日军猛烈炮火的夹击下,守军奋勇抗敌,前仆后继,无一人后退。直到最后,日军从几个方面冲上炮台，才发现守军已全部牺牲。

在日军进攻之前，丁汝昌即担心皂埠嘴炮台一旦落入敌手，必将对刘公岛及港内军舰造成极大的危害。因为巨炮是否为敌所用，是直接关系到北洋舰队能否坚守的严重问题。因此，他同刘公岛护军统领张文宣商定，派护军前营帮带洪占魁及定远舰炮手头李升，带奋勇25人乘艇泊于炮台之下，专等事急时炸毁巨炮。下午1点多钟，日军拥上皂埠嘴炮台，刚把日本旗竖起，"炮台突时坍塌，台上日兵飞入空中"。"艇遂退，而巨石盘空下，当泊艇处坠水，激波入空际，退稍缓，人艇并碎矣。"

当时，在威海南口外观战的西方海军军官，目睹这种奇勇行动和壮烈场面，无不为之惊心动魄。

卫城失陷 南岸战斗结束后，日军右路纵队随即从南路向卫城进逼。与此同时，其左路纵队则绕至威海以西，从西路向卫城进逼。2月1日，北岸炮台守军纷纷逃散。丁汝昌闻讯，即至北岸与戴宗骞商议对策。戴宗骞无可奈何地说："所散兵勇招集不回，并台、墙守军亦溃西去，全台只剩19人。"丁汝昌知北岸已不可守，称："孤台不支，恐资敌用，我船及岛将立见灰烬。"他劝戴宗骞暂去刘公岛。戴宗骞叹曰："守台，吾职也。兵败地失，走将焉往？"丁汝昌强挈之行。到刘公岛官码头上岸时，戴宗骞望丁汝昌一眼，惨然一笑，对搀扶他的水手说："老弟，谢谢了。我的事完了，但看丁军门啦！"上岛后即愧愤自尽。丁汝昌复遣奋勇至北岸炮台，将火药库、大炮尽数炸毁，大火连烧数昼夜始熄，未留一炮一弹遗敌。

2月2日上午，日军左、右两路纵队会师于威海卫城。自此时起，除刘公岛和日岛外，威海全区都处于日本侵略军的铁蹄践踏之下了。

第二节 刘岛师熸

威海陆地尽失之后，北洋舰队失去后防，刘公岛成为其唯一的依托。先是1月30日，为配合第二军攻占南岸炮台，日本海军对刘公岛的进攻还只是用舰炮攻击。但从2月2日起，情况有所改变，日军便开始采取水陆夹击的进攻方式了。

水陆夹击 1月30日日军进攻南岸炮台时，丁汝昌怕台上巨炮为敌所用，或预伏奋勇炸毁，或用舰炮轰毁。对此，日军早在预料之中，不但准备了应有的克虏伯炮零件，还专门带来了技师，所以占领南岸后立即着手修理毁坏的大炮。南岸的3座海岸炮台，共有各种口径的克虏伯大炮13门，到2月2日已经修好了其中7门。这样，每当日本海军从海上来攻时，陆军必从南岸发炮夹击，使刘公岛守军和港内各舰陷于苦战之中。

战后，北洋舰队的一些军官总结失败教训时，都指出："南帮炮台失守，误却大局。"丁汝昌自杀前曾派专弁送信到烟台，也认为：南岸失陷，巨炮资敌，反击港内舰只和刘公岛，贻害不浅，是岛、舰不能久撑的一个重要原因。

日艇夜袭 日军在修复7门南岸巨炮之后，又两次派鱼雷艇进港偷袭。

第一次，定远搁浅。2月5日凌晨3时以后，月落威海西山，夜色蔽海，咫尺难辨。伊东祐亨派两支鱼雷艇队，共10只雷艇，从威海南口潜入港内。当时，定远舰停泊在刘公岛铁码头西侧，丁汝昌正在舰上与诸将彻夜议事，忽见火箭冲天，报告敌舰闯入。遂急登甲板观察，发现左舷正面半公里处有两个黑影移动。这正是日本的九号艇和十号艇。九号艇先放一雷，击中定远舰尾部，仅受轻伤。随后，十号艇又放一雷，击中定远舰底部，只听轰隆一声巨响，舰身随之剧烈震动。丁汝昌命令关闭防水门，但已来不及，海水骤然从升降口喷出，舰身逐渐倾斜。于是，赶紧砍断锚链，驶向铁码头东侧岸边搁浅，以做"水炮台"用。最后无奈装上棉火药，将其自行炸毁。

事情发生得十分突然，作为定远舰管带的刘步蟾，悲愤难禁，自责说："身为管带，而如此失着，实有渎职之罪。今唯一死谢之！"丁汝昌劝慰之，曰："此乃余之罪也，切莫存有此念！"遂将督旗移于镇远舰，后又移于靖远舰。

第二次，来远沉没。2月6日凌晨2时45分，纤月没于山后，漫天暗晦如墨。伊东祐亨重施故技，派5只雷艇再次进港偷袭。4时，日艇开始向来远等舰接近。舰上用探照灯照射，其灯光两次从日艇上扫过，却没有发现日艇，而日艇反借照光看清了各舰的位置。日艇"小鹰"号进至距来远舰250米处，发雷击中，来远舰翻转入水，露出红色舰底，舰中有30余人遇难。随之，练舰威远也中雷沉没。

日本鱼雷艇两次夜袭，使港内的北洋舰队余舰遭受毁灭性的打击。仅存的5艘战舰中，镇远舰伤重不能出海，定远舰搁浅，来远舰又中雷沉没，整个舰队已经名存实亡了。

艇队出港　日本鱼雷艇两次夜袭北洋舰队，北洋舰队也有左一、福龙等大小13只鱼雷艇，它们又在干什么呢？2月7日，日本海军继鱼雷艇袭击之后，伊东祐亨又下令对刘公岛发起总攻。这次总攻是从上午7点半开始的，随后即发生了鱼雷艇队出港事件。它们出港做什么？当时有两种说法：

第一种，逃跑说。这是英籍洋员戴乐尔的说法。他说当时看到鱼雷艇队"以全速向西港口（又称北口）进发"，继向港外"逃遁"。时人姚锡光说得更具体："我管带鱼雷艇王登瀛等率雷艇12艘从西口驶逃。"

第二种，出击说。这是香港《孖剌新闻》战地通讯员肯宁咸的说法。他说鱼雷艇队是"出去攻击"，因为没炮舰援助，所以到了港外就想"逃避"。此说后来又演变成"突围"说，有的著作里就写道："中国鱼雷艇队企图突围。"

艇队出港究竟是逃跑还是出击？20世纪50年代，我在准备写《中日甲午威海之战》时遇到了这个问题，觉得难以作出判断，便询问曾经参加过此役的北洋舰队的一些老水手。他们异口同声地说："鱼雷艇管带王平带着福龙、左一等十几条鱼雷艇，从北口私自逃跑，多半被日本军舰打沉。"其中，特别是来远水手陈学海的一番话，更说出了艇队出港的全部经过：

> 我在来远中雷后被救上岸，派在铁码头上站岗。十二日（2月6日）晚间，我知道了这件事。有个要好的朋友在鱼雷艇上，偷偷告诉我十三日（2月7日）早上在码头上等着，好随鱼雷艇跑。我说："这样干不对！"他说："王船主有命令，谁敢不从！"我说："咱高低不能干这号事！"他说："唉！没有法子。"我没有说服他，但我也不敢声张。果然，十三日早晨，王平领着福龙、左一、左二、左三、右一、右二、右三这七号鱼雷艇，两个中艇（中甲、中乙），四个"大头青"（定一、定二、镇一、镇二），还有飞霆、利顺两条船，从北口子逃跑了。……当时领头逃跑的还有穆晋书和蔡廷幹。（1956年10月记录）

陈学海提供的这些情况，都是他的亲身经历，所以谈得很具体，而且还指明领头逃跑的是三个人，即王平、穆晋书和蔡廷幹。

王平 字登云，又作登瀛，天津人。1884年毕业于天津水师学堂第一届驾驶班。时以知县衔任鱼雷艇队队长兼左一鱼雷艇管带。曾参加黄海之战，救出致远、经远落水官兵不少。后到威海之役，日军攻上皂埠嘴炮台，丁汝昌怕台炮资敌，先派王平率奋勇预伏台下，当即将巨炮炸毁。王平以此受到嘉奖。不料3天后，日军将皂埠嘴炮台28厘米口径大炮修好一门，对港内舰只造成了重大威胁。丁汝昌再次命令王平率奋勇7人前去炸毁这门大炮。当时奋勇之一的陈学海回忆说：

> 王平坐的是左一鱼雷艇，除原来艇上有30多人外，还临时有7个自告奋勇来的。其中有我，另外我只认识4个人，2个天津人，2个荣成人，都是水手。出发前，丁统领为了鼓励俺这些人，给左一官兵各发了30两银子，俺这7个自告奋勇来的各发了60两银子。……快靠近南帮时，被敌人发现了，向我们射击。王平怕死，不敢上岸，转舵向后跑，还威胁我们回去不许说出实情。王平自己却回去向丁统领报功，说去到南帮后，因时间仓促来不及炸炮，用坏水（镪水）浇进炮膛把炮废了。丁统领信以为真，高兴地说："刘公岛能够久守了。"王平怕谎报战功的事被丁统领发觉，办他的罪，就和他的亲信商量逃跑。（1956年10月记录）

王平身为鱼雷艇队队长，若不是他领头逃跑，十几条鱼雷艇不可能那么整齐划一地一块行动的。

穆晋书 天津人。1880年，入天津水师学堂第一届驾驶班，与王平是同班同学。曾任北洋海军中军左营守备，充济远舰鱼雷大副。丰岛海战时，穆晋书正在鱼雷舱中，日舰来逼，却放鱼雷不出。战后被革职。因与王平是同乡兼同学，情好谊笃，得上左一鱼雷艇栖身。日军围困刘公岛后，便与王平一起密谋逃跑。

蔡廷幹 字耀唐，广东香山（今中山）人。1873年，作为第二批官学生赴美学习。曾在大沽炮台鱼雷艇队任职。积功至都司衔补用守备。1889年，升署北洋海军鱼雷营都司，委带左一鱼雷艇。1892年，改为实授。不久，调任福龙鱼雷艇管带。参加黄海海战，正与日舰西京丸相遇，连放两枚鱼雷，只因技艺不精，皆未命中，致使乘坐该船的日本海军军令部部长桦山资纪中将得以保全性命。到刘公岛遭围困的危急关头，遂与王平密谋策划了鱼雷艇队的逃跑。

蔡廷幹逃跑被俘后，被日方关押在大阪某寺院中。战后，日方遣返被日军俘虏的清军官弁，其中却无蔡廷幹其人，这是什么缘故？原来《马关条约》签订后，蔡廷幹知道自己一旦遣返回国，必被追究逃跑责任，颇为惴惴不安。因为他收到一位英国朋友的来信，告诉他清政府已发出通缉令，归案后就要斩首。正在这时，他在美国的授业老师诺斯罗普博士来到日本，看望了尚在关押中的他。随后，他给诺斯罗普写信称："当此先生关怀旧门生之时，恳请先生竭其全力，务使我得以暂居日本。"由于诺斯罗普帮助活动，日本当局同意暂不遣返他，使他脱逃了被处斩的命运。这充分表明，对鱼雷艇队的出港逃跑，蔡廷幹也必是负有重大责任的。

根据以上所述，我认为，戴乐尔的逃跑说是可信的。但我当时还无法否定肯宁咸的出击说，所以在《中日甲午威海之战》中便这样写道：

（2月）6日，丁汝昌为回击敌人的偷袭，命令左一鱼雷艇管带王平率大小雷艇13艘出口袭击敌舰，但是，无耻的王平贪生怕死，竟与其他鱼雷艇管带一起密谋逃跑。7日早晨，……非但没有出口袭敌，反而趁机从北口逃走，结果不是被敌舰俘获，就是被击沉。

这实际上是在肯定逃跑说的同时,也把出击说肯定了。

直到20世纪80年代初,我看到了蔡廷干被俘后的《供词》,才发现出击说的提出完全是受蔡氏误导的结果。肯宁咸说到鱼雷艇队"出去攻击"时,前面有"据说"两个字,但未说明其出处何在,这才知道他根据的就是蔡氏受审讯时的《供词》。蔡氏于2月7日出港时被俘,当天,接受过日本海军军官的审讯,从这份审讯记录中可以看到这样的内容:

问:日本军队和日本舰队封锁威海卫,鱼雷艇接受了什么任务?

答:防御。

问:前天夜间击沉贵国3艘军舰以后,鱼雷艇接受了什么任务?

答:仍然是防御。

问:今天早晨我舰队炮击时,鱼雷艇来到港外,是根据什么命令?

答:根据丁汝昌的命令,尽可能击沉敌舰。

问:有击沉敌舰的任务,却又逃跑,为什么?

答:本应击沉日本军舰,但被吉野舰发现,遂未能达到目的。

很明显,肯宁咸的出击说就是误信了蔡廷干的供词。

起初,我也相信鱼雷艇出港是根据丁汝昌的命令,后来逐渐发现蔡廷干所供有三大疑点:

其一,与他人供词不一。照蔡廷干所供,丁汝昌是在2月7日临时命令鱼雷艇"尽可能击沉敌舰"的。但是,当天被日军俘虏的还有4名鱼雷艇乘员,他们的供词却说法不同。如其中一人供称:"见定远、来远、威远等舰被击沉,一心想一有机会就逃。但丁提督训令严格，不能逃走。不料本日闻炮声猛烈，……大家不约而同地从西口逃出。"还有一人供称："我是跟随定远舰的鱼雷艇上的乘员。艇长曾策划逃跑，受到刘步蟾严厉训斥。"再与陈学海在前一天就知道鱼雷艇逃跑的消息相印证，可知各鱼雷艇之间早就串联密谋逃跑，并不是因为丁汝昌命令出击才逃跑的。

其二，与实际情形不符。关于鱼雷艇队从威海北口出港时的情景，目睹此幕的戴乐尔写道：

> 我方鱼雷艇队已准备毕，以全速向西港口进发。我方舰队亦已准备毕，而循同一方向前进。彼等似皆离港者，实则不然。逃遁者为鱼雷艇队，而诸舰追阻之。我方各舰、岸上兵士及适在口外之六大敌舰齐向之轰击。……此耻辱事之负责将校予姑隐其名。①

如果鱼雷艇是奉丁汝昌之命出港击敌的话，那么，港内军舰和刘公岛炮台怎么会向它们发炮呢？显而易见，这是绝对不可能的。

再就是戴乐尔"姑隐其名"的"负责将校"，究竟所指为谁？这也很值得注意。我们知道，在领头逃跑的三位官员中，王平仅为"知县尽先补用，加同知衔"；穆晋书革职前则是五品守备；只有蔡廷幹是四品都司，官职最高。不仅如此，蔡廷幹后来从日本回国后，又受到重用，一路官运亨通：宣统末年，出任海军部军制司司长；袁世凯窃国后，被任命为总统府军事参议，授海军中将；1926年，又成为北洋政府的外交总长，晋升海军上将。所以，戴乐尔"姑隐其名"的"负责将校"暗指何人，也就十分清楚了。戴乐尔公布他的这段回忆是在1929年，此时蔡廷幹虽已下台，但他毕竟是曾经显赫一时的大人物，因此"姑隐其名"也是可以理解的。

---

① 《中国近代史资料丛刊·中日战争》，第6册，第64~65页。

其三，与海军报告不合。鱼雷艇队逃跑后，丁汝昌派专弁送报告到烟台，内称：

> 十三（2月7日）晨，敌全力攻扑东口，炮声一响，我小雷艇十（三）只畏葸，擅由西口逃出西去，倭分队尾追，被其获去九只，余被击沉。以我艇资敌用，其害与南台同。自雷艇逃后，水陆兵心皆形散乱。……各艇既不得力，且复擅逃，其官弁人等必由浅沙登岸，务请各帅严拿正法。①

丁汝昌说日军炮声一响，鱼雷艇队就擅由西口逃出，根本不是他下令出击的，故请各帅务必"严拿正法"。可见，蔡廷幹的《供词》说丁汝昌下命令，要鱼雷艇出港"尽可能击沉敌舰"，纯属编造，完全不是事实。肯宁咸的出击说缺乏确凿的证据，是难以成立的。

鱼雷艇队的逃跑，造成了极其严重的后果：威海日趋危殆的战局更加不可收拾了。所以，丁汝昌把鱼雷艇队逃跑视为刘公岛保卫战不能久撑的另一个重要原因。

日岛撤守　当鱼雷艇队逃跑之际，日军又向日岛发起猛攻。日岛在刘公岛以南2公里处，为一座14亩（约9 333平方米）方圆的礁石岛，设有20厘米口径地阱炮2门及其他炮6门。守将为康济管带萨镇冰。

萨镇冰　字鼎铭，福建福州人。先世为色目人，原籍雁门（今山西代县）。后徙居福州。1872年，毕业于福州船政学堂第二届驾驶班。1876年冬，船政选派第一批学生出洋，萨镇冰入选，进入美国格林尼次海军学校学习。回国后任南洋水师澄庆炮舰大副。后调北洋，先后任天津水师学堂教习和威远兵船管带。1887年，调任康济练船管带。积功晋副将衔，实授游击。威海吃紧后，丁汝昌以日岛炮台地位重要，

---

① 《清光绪朝中日交涉史料》，卷三十二，第14页。

为加强该岛的防御力量，特令萨镇冰带康济水手 30 名到日岛镇守。

在此日的战斗中，日舰扶桑、筑紫等共 13 艘，轮番向日岛轰击。威海南岸各台也向日岛猛轰不已。萨镇冰激励水手坚守岗位，誓死拼战。刘公岛炮台也频频发炮支援，双方展开了激烈的炮战。肯宁咸对当时的作战情况，有这样一段叙述：

> 萨管带领了 30 名水兵来守这炮台。他在这岛被攻时非常奋勇，虽然冒着不绝的炮火，他亲自把守着速射炮。从战争开始到停止，日岛当着南岸三炮台的炮火；地阱炮升起来后，更成了那三炮台的标的。这些炮并没有附着镜子，所以升炮的人一定要到炮台上面去，结果这人立受对方炮击，这是很危险的职任；可是那些年轻的水兵仍旧坚守着这些炮，奋勇发放。一次，三个水手守着一个炮，冒着凶猛的轰击，……其中有一个因炮弹爆发，颈上、腿上和臂上三处受了伤，可是一等伤处裹好，他仍旧坚决地回到他的职守，只手助战。①

经过这场苦战，日岛炮台虽然打退了日本舰队的轮番进攻，但本身损失也很严重。一座地阱炮被轰扑倒，又妨碍了另一座地阱炮的使用。岛上的弹药库也中弹爆炸了。这样，日岛炮台已经失去了使用的价值，丁汝昌只好下令放弃该台，命萨镇冰并水手撤回刘公岛。

靖远被沉 几天以来，先有日本鱼雷艇两次夜袭，后有我鱼雷艇队逃跑，加上日军的轮番水陆轰击及日岛炮台被迫弃守，北洋舰队仅余一艘不能出海的铁甲舰镇远，以及两艘快船靖远和济远了，元气业已大伤，只能艰难支撑了。尽管如此，各舰将士仍在刘公岛炮台的支援下坚持抵抗。伊东祐亨见硬攻难下，便决定继续围而困之，一面加强水陆夹击，一面不断派鱼雷艇袭击，以消耗北洋舰队的战斗力量殆

---

①《中国近代史资料丛刊·中日战争》，第 6 册，第 321 页。

尽为止。

2月9日上午8时，日舰第三游击队驶近刘公岛，纵横左右行驶，猛烈射击，到10点钟，第二游击队也加入战斗。与此同时，日军不但从南岸发炮与舰炮配合，而且还在北岸架起12门行营炮，向刘公岛排轰。丁汝昌亲登靖远舰，与敌拼战。战至中午时，南岸发射两颗炮弹命中靖远舰左舷，穿透铁甲板又穿过右舷舰首，于是船头下沉，随之搁浅。丁汝昌正在督战，见状意欲与靖远舰管带叶祖珪随船俱沉，被在船水手拥上小艇。他被抢救上岸后，叹曰："天使我不获阵殁也！"后又派广丙舰用鱼雷将其轰沉。

孤岛援绝 靖远舰之沉，对于北洋舰队来说，又是一次十分沉重的打击。尤其是人心不稳，士气大挫，作为全军提督的丁汝昌，确实感到已经面临山穷水尽的绝境了。

丁汝昌 字禹廷，安徽庐江人。曾任淮军马队营官。积功至总兵。1879年，李鸿章筹建海军，奏请将丁汝昌留北洋海防差遣，派充炮舰督操。旋命统领北洋海军。1888年，朝廷批准《北洋海军章程》，北洋海军正式成军，授北洋海军提督。当日军逼近威海时，丁汝昌筹划防务，联络各军，颇尽心力。他的行动，赢得了全体官兵的信赖，在一定程度上稳定了军心。因此，他指挥舰队，与刘公岛炮台相依辅，先后打退了日军的7次猛烈进攻。

自2月7日鱼雷艇队逃跑之后，刘公岛上军心浮动，出现一股策动投降的暗流，给丁汝昌造成了巨大的压力。当时，海陆军高级将领都认为不能放弃报国之义，包括丁汝昌、刘步蟾以及护理左翼总兵兼署镇远管带杨用霖和护军统领张文宣等，都誓死反对投降。当时，要求向日军投降的主要是四种人：

第一，海军所聘洋员。如德籍炮兵教习瑞乃尔、英籍洋员戴乐尔、英籍医官克尔克等。他们秉持西方人的观念，认为兵败投降是很自然的事情。瑞乃尔便劝丁汝昌说："可战则战；否则，若士兵不愿战，则降不失为适当之步骤。"丁汝昌表示：投降为不可能之事，在有生之时绝不能坐睹此事。

第二，后勤行政官员。如威海营务处候选道牛昶昞、工程司山东候补道严道洪等。这些人的特点是不出面公开活动，只是暗地里与主降的洋员串联，共同商量办法。

第三，岛上一群绅士。刘公岛吃紧时，岛上绅士王汝兰出面，领着一帮商人面见丁汝昌，劝丁汝昌以百姓生命为念，与日人洽降。

第四，岛上护军营兵。刘公岛上原驻护军两营，战时又招募两营，仓促招成，既未经训练，又成分甚杂，其中有一些就是专为吃饷而来的兵痞。这些人便趁此混乱时刻出来闹事，向丁汝昌和张文宣"哀求生路"。丁汝昌晓以大义，勉慰回营，并许诺说："若十七日救兵不至，届时自有生路。"

十七之诺 夏历正月十七日，是阳历2月11日。以十七日为期的许诺，究竟包含着什么意思？恐怕很少有人注意到，在"生路"这个字眼的背后，其实还另外隐藏着相反的含意。

因为对于丁汝昌来说，当时确实面临着生与死的抉择：生的前提是刘公岛之围得解；否则只有一死。而死中求活之法只有一个，就是有大支援军开到。先是1月22日，已有廷旨命北上各军驰援威海。北上援威之清军有步队20营和马队5营，共25营。李鸿章电告丁汝昌等要"力图保威，以待援应"，并称："外省必有援兵大队前来。"李秉衡认为："如威能二十日无事，添此兵力当可挫贼。"从1月22日奉旨援威算起，过20天为2月11日，即夏历正月十七日。这就是丁汝昌许诺以十七日为期的原因。丁汝昌既公开许诺以十七日（2月11

日）为期，因此他盼援的心情最为焦急。2月7日，他派人送信给烟台登莱青道刘含芳，求"飞电各帅，切恳速驰各路援兵，星夜前来解此危困，以救百姓十万人性命"。9日，再次派专弁致函刘含芳，告以："十六七日援军不到，则船、岛万难得全。"并请刘转致北上骑队统领、总兵陈凤楼一函，内称："此间被困，望贵军极切，如能赶于十七日到威，则船、岛尚可保全。日来水陆军心大乱，迟到，弟恐难相见，乞速援救。"可见其急迫的企盼之情。但是，北上马队刚进入山东，又被调往天津。其他各军则迟迟不前，虽电催札饬，急如星火，也无济于事。丁汝昌的盼援终于落空了。

2月11日，丁汝昌的"十七之诺"已经到期，他知道援兵绝望，遂于当晚饮鸦片，延至12日晨7时而死。刘步蟾和张文宣也在此前后自尽身亡。于是，洋员及诸将齐集牛昶昞家，公推杨用霖出面主持投降事宜。杨严词拒绝，口诵文天祥"人生自古谁无死？留取丹心照汗青"诗句，回到舰舱内引枪自击而死。

1895年2月11日深夜丁汝昌拒降饮药的情景（日本《风俗画报》绘）

最后，美籍洋员浩威倡议假丁汝昌名义以降，并亲自起草降书。诸将及各洋员皆无异议。即译成中文，由牛昶昞钤以北洋海军提督印。并决定派广丙舰管带程璧光将其送至日本联合舰队旗舰。

签订降约 2月14日下午，牛昶昞与程璧光来到日本旗舰"松岛"号，交出中国将弁、洋员名册，刘公岛陆军编制表，并告以担任武器、炮台、舰船委员名单。随后，牛昶昞与伊东祐亨共同签订《威海降约》。根据《威海降约》规定，刘公岛护军官弁40人及士兵2 000人，北洋海军官弁183人、海军学生30人及水手2 871人，合计5 124人，皆在遣归之列。另外，岛上13名洋员也应同时遣归。

2月17日上午8点半，日本联合舰队以旗舰松岛为首舰，鱼贯自威海港北口进，徐徐驶入港内。10时许，北洋舰队各舰皆降下中国旗，而易以日本旗，唯一的例外是康济舰，其舰尾悬挂着黄龙旗，它是留下来载送丁汝昌灵柩的。刘公岛各炮台也都升起了日本旗。

下午4时，康济舰载着丁汝昌、刘步蟾、杨用霖等人灵柩，以及陆海军将弁及洋员，在潇潇冷雨中离开威海港，向烟台驶去。名震一时的北洋舰队就这样全军覆没了。

海军遗恨 1879年11月，李鸿章奉旨筹建北洋海军，委派记名提督丁汝昌督操炮船。是为北洋海军建军之始。12月，时任两江总督沈葆桢卒于任所，遗折称："日本自台湾归后，君臣上下早作夜思，其意安在？若我海军全无能力，冒昧一试，后悔方长！"他的警言意味深长，却未引起朝廷的重视。虽然北洋海军在1888年正式成军，但仅仅6年之后，这支庞大的舰队终于被日本所败，全军覆没了。他的话不幸而言中了。当年的海军爱国将士勇抗强虏，而殉国者抱恨而死，幸存者遗憾终生，究竟是什么缘故？冰冻三尺非一日之寒，北洋海军走向覆没的原因也是多方面的。

首先，从造船工业看。海军是近代工业化的产物，也是资本主义生产力发展的成果。中国本来没有海军。英国发动鸦片战争，凭借坚船利炮，轰开了长期闭关锁国的中国的大门，才使中国人第一次知道了海军之为物。于是，当时先进的中国人开始萌发了建立海军的思想。1866年，根据左宗棠的建议，福州船政局成立，不仅建造兵船，同时培养造船和驾驶人才，本想为尔后建立海军奠定基础。甲午战前的25年间，船政共造船25艘，其中虽有11艘拨给了北洋海军，但都难任海战。在当时的中国，造船业是一个新生事物，在其创建之初即遭到守旧派官员的反对，甚至面临下马的危险。因此，它每行一步都是困难重重，最终未能达到建造外海作战战舰的水平，只能靠购买外国军舰作为主力战舰，才使北洋海军得以勉强成军。造船能力上不去，不能不对北洋海军的后续发展造成严重的制约。

其次，从建军目的看。清政府是在外国侵略的刺激下着手筹建海军的。1874年日本发兵入侵台湾，清廷才觉察到日本为中国永久之大患，有必要创建海军。1884年马江之役，福建海军全军覆没，清廷又宣称要"大治水师"。从表面上看来，清政府要建海军的决心似乎是很大的，但要建成一支怎样的海军，却并没有长远的规划和目标。

1888年10月，清政府批准《北洋海军章程》，北洋海军正式成军。从此，它的发展却进入了停滞的阶段。本来，成军之初，北洋海军的实力是超过日本海军的。但是，稍有所成之后，当政者开始忘乎所以，早把海军的发展置诸脑后。1891年，清廷竟降旨停购外洋船炮2年。1894年春，丁汝昌建议在主要战舰上添置新式快炮，约需用银60万两，此区区之数竟筹拨为难，拖而不办。反观日本，为发动一场大规模的侵华战争，明治政府锐意扩建海军，天皇睦仁甚至节省宫中费用拨内帑以为造舰经费。北洋海军成军后的6年间，日本平均每年增添新舰2艘，其舰队规模及装备质量已经远远超过了北洋舰队。

再次，从海防经费看。北洋海军成军之日，正是清廷大修园工之时。时任总理海军衙门事务大臣的醇亲王奕譞，为投慈禧太后之好，想出了一个妙招，就是筹建昆明湖水师学堂。翁同龢在日记里指出，这一招就是要"以昆明易渤海"。"昆明"即颐和园；"渤海"暗指北洋海军。意谓借训练水师的名义，用海防经费行修建颐和园之实。

据不完全的统计，迄于甲午战争爆发时，清政府用于颐和园工程的经费为库平银1 100多万两，其中挪用海防经费约为860万两。不仅如此，清政府还在三海工程上大量挪用海防经费，甲午战前的10年间即挪用了约460万两。这样，清政府大修园林共花银1 560多万两，其中挪用海防经费约为1 300万两。当时，北洋舰队的主力是从德、英两国购置的7艘战舰，用银为778万两。若用这笔大修园林的钱购置新舰，就可以再增加2支原有规模的北洋舰队，甲午海战的结局便会完全不同了。

仅从上述几个方面看，便可知道，清朝统治者只求苟安，不思忧患，无所作为，自甘落后，是导致当时未能建成一支像样的海军的根本原因。几十年来，每一次列强海上入侵之后，当政者都要表一番大治海军的决心，然而过不了多久，决心便丢到脑后去了。北洋海军只是在形式上勉强成军，却认为声势已壮，可以高枕无忧，从此不再添置一艘战舰，也不再更新一门舰炮，以致错过了这次发展海军的大好时机。所以，从根本上说来，北洋舰队在刘公岛前折戟沉沙，樯橹灰飞烟灭，完全是清朝统治者自毁海上长城的结果。这一惨痛的历史教训，昭彰于史册，是值得后人永远记取的。

第三节 身后疑案

丁汝昌在中国近代史上是个颇有争议的人物。他的一生富有传奇色彩，却在身后留下了一连串的疑案。如他的身世或早年经历，即疑云重重；他的自杀身亡更成为历史之谜，时逾百年仍争论不休。20世纪50年代，我作甲午战争调查时，就很想解开这些谜团，但限于当时的条件，难有大的进展。

直到1978年冬，我才有机会到安徽作调查。起初计划，先到位于合肥的安徽省图书馆查阅有关资料，再到丁汝昌的家乡庐江县进行调查。但在查阅资料的过程中，听一位老馆员说，丁汝昌的后裔不在庐江，而在巢县。这才决定改变行程，直奔巢县，开始了这次探访之旅。

探访之旅 到达巢县后，我立即投入了紧张的调查活动。兹将调查经过略述如下：

第一，丁氏后裔。到巢县后，打听到丁汝昌后裔有两个人在县城工作：一是其重孙丁荣涛，为县药材公司职工；一是重孙女丁亚芝，为县饮食服务公司职工。当时很高兴，决定先向丁氏后裔了解情况。不想这次采访并不顺利。

丁荣涛当时是47岁，从部队退伍回来，对家世已了解不多，对其曾祖父丁汝昌的情况也很模糊，或者可能不愿多谈。只是说："老家在庐江，祠堂也在庐江。"问："怎么来的巢县？"答道："何时搬来巢县，我并不清楚。"因不得要领，也不便再去多问。

考虑到时光荏苒已近百年，社会经历沧桑巨变，以丁亚芝的年龄和经历，恐怕谈不出来多少有价值的东西。所以，我也没再去采访她。

第二，贫协主任。采访丁氏后裔收获不大，未免有些失望，感到调查很难再进行下去。这时，听说贫协主任汪章鉴知道丁家情况，突然有了柳暗花明之感，立即去访问汪章鉴。

汪章鉴，当时是56岁，与丁汝昌是邻村。他的祖父见过丁汝昌，他自己也去过丁氏故居，所以知道不少事情，并提供了下一步调查的重要线索。他说：

> 丁汝昌的故居在县南乡的汪郎中村。我家在栗树汪村，离汪郎中不远，小时候去过。我记事的时候，那里只有丁氏一家，其余住的都是佃户。汪郎中村建村晚，先有山陈村，到丁汝昌起家后，又在旁边盖了汪郎中村。现在山陈归汪郎中大队四队。故居一直保存到"土改"。不过，汪郎中村也不是丁汝昌的老家。听我的祖父讲，丁汝昌从军后常年在外，那年他家里准备给他庆六十大寿，不料不到过生日就死了，活到59岁。（1978年11月22日记录）

他的话引起我的极大兴趣，觉得应该到汪郎中村走一趟。

第三，探访故居。从县里到高林公社的汪郎中村，约30公里，有长途汽车可通。那天上午10时许，车在村边过路站停下，一下车就进村先去看丁汝昌故居。

眼前的丁汝昌故居，已经残破不堪，除尚留下两间居室勉强可住人外，尽都是断壁颓垣。故居后边的花园早已荒芜，只有一座假山石还在那里孤寂地兀立着。原来宅前有一方水塘，现在成了鸭群的嬉戏之所。故居里已经找不到任何遗物了。

幸运的是，在村里打听到了一位丁家的四世孙。他叫丁荣准，62岁，曾在合肥一家工厂当工人，退休后回家。丁荣准并不是丁汝昌的嫡系后代，其曾祖与丁汝昌是本家弟兄辈，但其父活到90多岁，而且见过丁汝昌,并熟悉丁汝昌家里一些人的情况。从儿时起,丁荣准便常听父辈讲丁汝昌的故事。当年,汪郎中村随丁汝昌去当海军的有十几人,其中有一些人回到村里后,也常讲起甲午那年的见闻。每次,丁荣准都听得津津有味,一直记在心里。所以,他知道的事情还真不少。

关于丁汝昌的里籍和身世,丁荣准讲了一些重要情况:

> 丁汝昌的老家在庐江县丁家坎村,丁氏的祠堂也在那里,旧时凡遇上冬至和清明节,本村丁氏人家还要去丁家坎祭祖和扫墓。丁汝昌是给人家磨豆腐出身,也当过长工,替人家放过鸭子。18岁跑出去当兵。那年他准备过60岁生日时庆寿,还未来得及举行就自殉了。他活了60岁。(1978年11月23日记录)

根据丁荣准所谈,丁汝昌原籍是庐江县,在丁家坎村出生,但其故居为何在巢县汪郎中村,却说不清楚。当时觉得,多日来的调查虽不够圆满,还是有不少收获,为不使这次调查半途而废,应该去丁家坎一行。

第四,访问丁家坎。丁家坎村属石头公社(原叫石头嘴乡),在庐江县以北约15公里,也有长途汽车可通。于是,先到石头公社找了一家旅店住下,准备第二天再去丁家坎。

丁家坎在石头东南,相距大约1.5公里,步行20分钟可到。这天是11月25日,是难以忘怀的一天。因为这在村里是件大事,村民们听说有人来调查丁汝昌,大都出来观看,儿童更是喜欢凑热闹,围了一大群。几位大队干部都出面接待,非常热情。据介绍,丁家坎共有160多户,其中140多户姓丁,又因该村地势较高,故称丁家坎,现称丁坎大队。

随后,大队干部找来五六位岁数大的村民前来座谈。在这几位老者中，有两位谈的情况很重要：一位是 72 岁的丁发勤；一位是 76 岁的丁代松。

丁发勤说：

> 丁姓的排辈是先、代、发、荣、昌五个字，丁汝昌是"先"字辈，原名叫先达，汝昌是后来改的名。他无兄无弟，小时候帮人放牛，打长工，也给人家放过鸭子。他有个堂叔住在荒圩（音为 wéi），就去投奔他。他是从堂叔那里去当兵的。（1978 年 11 月 25 日记录）

我插了一句："丁汝昌是本村人，怎么把房宅盖在巢县？"他回答道："那是 10 年以后的事。丁汝昌做官以后，算命的说他的姓犯地名，丁（钉）不在庐（炉）嘛。他听了算命人的话，就搬到巢县去了。"

丁代松补充说：

> 丁汝昌小时候孤苦一人，独自生活，本村人没有收留他。后来给人家放鸭子，雨天披蓑衣坐在塘边，因为太疲劳打起盹来，一翻身掉到塘里。村里人都笑话他懒，不成才。他有个叔在荒圩开豆腐铺，就去投奔。有一次，他把豆腐挑子弄翻了，他叔打他，又跑回本村，告诉人想出去当兵。过年祭祖，丁汝昌磕头时，公鸡叫了三声。旁边有个小伙伴逗他说："你能当成兵，再连叫三声！"果然鸡又叫了三声。（1978 年 11 月 25 日记录）

我连忙追问："丁汝昌当的是什么兵？"他的回答竟出乎我的意料："他投的是太平军，不过后来离开了。他有一身好马上功夫。"

听了几位老者的谈话，我明白了两件事：（一）丁汝昌做官后，为避讳地名而把家搬到汪郎中村，这就是他的后裔和故居都在巢县的缘故。（二）丁汝昌最初投的是太平军，这便为了解他的早年经历提供了重要线索。

这时，我突然觉得，应该查一下丁氏家谱，与口碑相印证，问题就会更清楚了。大队干部说："原先村里不少丁姓住户都有家谱，'扫四旧'时不敢留，都烧了。现在只怕一部也找不到了。"

第五，查到家谱。 我只好带着惋惜的心情告别，又回到石头，在街旁等待过路的长途汽车。当时是下午4点多，冬季天短，太阳已经偏西，我准备乘末班汽车，在天黑前赶到庐江县。这时，突然有一位30岁左右的男子跑到跟前来问："是来调查丁汝昌的吧？"我点点头。他说："我知道哪里有家谱，丁昌柏家里就有。"我抬头看了一下天色，又觉得人生地不熟，不禁犹豫起来。他明白了我的意思，说："我送你去！请稍等一下，我去借车。"过了片刻，他开了一辆中型载重车过来，让我坐进驾驶室右边的座位上，就向丁昌柏家开去。

在路上，他跟我拉起来，说他叫丁发展，是石头公社的农机管理员，家在丁坎大队，回家听说来人调查丁汝昌，还打听家谱的事，便赶了过来。

车开到丁昌柏家时，天已经黑了下来。丁昌柏，40多岁的年纪，十分热情，立即抱来了整套的家谱，并点亮了煤油灯。一看，厚厚的十大册，线装木刻版，民国十一年刊印，题签为《丁氏宗谱》。我一页一页、一册一册地翻阅，直翻到第10册，眼睛为之一亮，真的有不少关于丁汝昌家世及生平的资料。赶紧取出笔记本，一字一字地抄录着，直到晚上9点钟才抄完。虽然有大半天没吃饭，因为一心抄写，腹中也没有丝毫饥饿的感觉。好客的主人事先并未说起，就端上了热气腾腾的馄饨和荷包蛋，真是令人感动！

这次安徽调查，总算取得了比较满意的结果。根据所搜集到的口碑资料，再结合《丁氏宗谱》及查到的其他文字资料，也就不难对丁汝昌身后留下的诸多历史之谜逐一作出解答了。

身世之谜 丁汝昌的身世问题涉及许多方面，现仅就一些不为人所了解之处加以说明。

其一，生于何年？ 丁汝昌死于光绪二十一年正月十八日（1895年2月12日），卒年一说59岁，一说60岁，相差一年。《丁氏宗谱》载明，丁汝昌生于道光十六年十月初十日（1836年11月18日）。按中国传统的习惯，人生下来就是一岁，每过一次春节就长一岁。由此可知，丁汝昌死时不但已经过了59岁的生日，而且又过了乙未年的春节，应该是60岁了。

其二，水师出身？《清史稿》说丁汝昌"初隶长江水师"，是来自李鸿章的《丁汝昌统领海船片》，其中有一句话："该提督曾在长江水师管带炮船。"对于此说，当时即有人提出质疑。如英国远东舰队司令斐利曼特中将就指出：丁氏出身于陆军骑兵，"少年时仅充马队营官，中年以后始登战船"。翰林院编修曾广钧也否认丁汝昌的长江水师经历，并指斥其为"皖捻余孽"。所有这些，恐非空穴来风。

根据调查，丁汝昌18岁当兵，而且当的是太平军。丁汝昌18岁时是咸丰三年。这年十二月二十日（1854年1月18日）太平军攻陷庐江县后，丁汝昌投了太平军。后隶于太平天国受天安叶芸来部，驻守安庆。他在太平军一干就是7年，所以曾广钧才说他是"皖捻余孽"。

其三，投降湘军。 丁汝昌在太平军中，一直在程学启手下。程是桐城人，长丁6岁，两人"倾怀效能，意气相得"。1860年，湘军曾国荃部围攻安庆。翌年3月29日，程学启偕丁汝昌率300人出降，被编入湘军。湘军攻陷安庆后，程学启授参将，领开字营。丁汝昌在开字营任哨官，授千总。

其四，改隶淮军。1862年春，李鸿章招募淮军成军开赴上海，曾国藩拨程学启开字 2 营助之。丁汝昌遂改隶淮军。是年秋，调至刘铭传的铭字营，仍充哨官，统步队百人。后领马队营。1864 年，统马队 3 营。丁坎大队老人说他"有一身好马上功夫"，斐利曼特说他"少年时仅充马队营官"，都是真实的。

其五，迁家巢县。1864 年，丁汝昌参加了围攻太平天国天京之战。是年 7 月 19 日，天京陷落，他以功擢升副将。这时，他遇到了从太平天国女营散出来的一个女孩，姓魏，时年 15 岁，湖北钟祥县（今钟祥市）人。他一见此女，非常喜欢，娶之，成为继配夫人，人称魏夫人。丁坎大队老人说："魏夫人当过太平军女兵，有武艺，常见她舞剑。"为了安置新人，又相信了算命人"丁不在庐"的话，于是丁汝昌决定迁离庐江，在巢县西南乡汪郎中村建宅居之。

其六，转入海军。丁汝昌转入海军任职时是 44 岁，所以斐利曼特说他"中年以后始登战船"。

先是太平天国失败后，丁汝昌统马队随刘铭传参加镇压捻军诸役。1868 年，晋升总兵，加提督衔。旋授直隶天津镇总兵。1874 年，朝廷裁兵节饷，刘铭传欲裁马队，置丁汝昌于闲散。丁汝昌不满，致书抗议。刘铭传大怒，命将招之。丁汝昌疑将不利于己，遂驰归故里。

1877 年，丁汝昌家居已 3 年，便去天津乞李鸿章给一差使，因留于北洋差遣。1879 年，从英国购买的镇东等 4 艘炮船来华，李鸿章便命丁汝昌督操炮船。1881 年，李鸿章又派丁汝昌赴英接带超勇、扬威两艘快船回华。至此，北洋水师拥有快船 2 艘和炮船 8 艘，已经初具规模。于是，李鸿章奏请丁汝昌统领北洋水师，并为了争取朝廷的批准，给丁汝昌编造了一段"曾在长江水师管带炮船"的经历。此丁汝昌以陆将转统领海军之经过也。

自杀之谜 丁汝昌身后留下的诸多疑案中，恐怕他的自杀之谜是其中最大的疑案了。

此事的缘起乃来自《牛昶昞禀》。丁汝昌死后，牛昶昞禀称：

> 丁汝昌见事无转机，对昶昞等言，只得一身报国，未能拖累万人，乃与马格禄面商，不得已函告倭水师提督伊东……派广丙管带程璧光送往倭船。程璧光开船之时，丁汝昌已与张文宣先后仰药，至晚而死。①

这就是丁汝昌"已降复死"说之由来。

但是，《牛昶昞禀》提出的丁汝昌"已降复死"说，当时即有人表示不同意见。时人姚锡光著《东方兵事纪略》，称："（丁汝昌）仰药，张文宣继之，十八日（2月12日）晓夜四更许相继死。牛昶昞召诸将并洋员议降。"就是说，丁汝昌自杀在前，牛昶昞议降在后。池仲祐撰《丁军门禹廷事略》，甚至认为："世之无辜受谤，未有如公之甚者也。"这种意见可称之为"死而后降"说。

"已降复死"说与"死而后降"说，何者为是呢？按常理说，牛昶昞是事件的当事人，所述情况应该是真实可靠的。但他作为北洋舰队投降的主持者，与伊东祐亨会晤过两次：一次是在十九日（2月13日）上午，当时他怕伊东不接纳他，对伊东说："我在刘公岛，丁提督次级也。今来贵舰，幸与我共议事。"会谈时，他答应将刘公岛炮台、军械及军舰皆交给日本军队；一次是二十日（2月14日）下午，与伊东签订《威海降约》。可知牛昶昞与北洋舰队的投降大有干系，甚至会关系到他本人的身家性命，所以对他的禀报不能完全信之无疑，时人提出质疑是有缘由的。

20世纪50年代，我在写《中日甲午威海之战》时得出了三点结论：（一）"丁汝昌不愧是一个有民族气节的将领，他在各种威逼利诱

---

① 《中国近代史资料丛刊·中日战争》，第3册，第522页。

之下没有丧失民族立场，动摇降敌。"（二）"丁汝昌（2月）11日接到李秉衡移驻莱州、陆上援兵已经绝望的消息后，……于当天夜里被迫自杀殉国。"（三）"丁汝昌死后，洋员马格禄、浩威、瑞乃尔等齐至牛昶昞住所会议，决定由浩威起草投降书，伪托丁汝昌的名义向敌投降。"

我当时作出这样的结论，其根据是什么？主要是以下三条：

其一，谷玉霖口述。谷玉霖是威海北沟人，1887年参加北洋海军，是一名老炮手，还给丁汝昌当过护卫。他说：

> 我15岁在威海参加北洋水师练勇营，后来当炮手，先是二等炮手，每月拿16两银子，以后升上一等炮手，就每月拿18两银子。我在广东艇、康济、镇北、来远舰各干了两年。……来远在刘公岛中雷以后，我又调去给丁提督当护卫。……

> 丁军门先在定远，后上靖远督战。但为投降派所逼，知事已不可为，就从军需官杨白毛处取来烟膏，衣冠整齐，到提督衙门西办公厅后住屋内吞烟自尽。我当时是在提督衙门站岗的十卫士之一，亲眼所见，所以知道详细。丁军门自尽后，工程司严师爷为首集众筹议投降事。（1946年5月18日记录）

"严师爷"即山东候补道严道洪，他与牛昶昞一起参与了策划投降的阴谋。谷玉霖所谈为其亲历目睹之事，而非道听途说之言，是重要的第一手证据。

其二，苗秀山口述。苗秀山是威海刘公岛人，从小与北洋舰队水手们接触，故对水师情况颇为熟悉，后上镇北舰当水手，经历过威海之役。他说：

> 刘公岛吃紧时，岛上绅士王汝兰领着一帮商人劝丁汝昌投降。丁统领说什么不答应，还把他们训了一顿。张统领（文宣）倒是

个硬汉子，想守到底，后来实在不行了，丁统领一死，他就在西瞳的王家服毒死了。领头投降的是牛提调（昶昞），当时派镇北去接洽，我也在船上。受降地点在皂埠东海面上，我们船靠近日本船时，只听日本人用中国话呵斥："叫你们抛锚啦！"弟兄们都低下头，心里很难受。去接洽投降的中国官有五六个。结果港里10条军舰都归了日本，只留下康济运送丁统领等人的灵柩。岛里的官兵都由镇北装出岛外，由日本兵押解到烟台。（1961年10月13日记录）

苗秀山虽不是丁汝昌自杀的目击者，但如此大事在岛上闹得沸沸扬扬，所以军中大都知道丁汝昌和张文宣已经先死，牛昶昞才领头去投降的。苗秀山是在派去接洽投降的镇北舰上，对此当然更是一清二楚了。

其三，瑞乃尔报告。 瑞乃尔是德籍洋员，担任岛上的炮兵教习，曾与戴乐尔等洋员往见牛昶昞，策划投降之事，并亲自出面劝丁汝昌投敌，始终参与其事。但他的报告至今没有找到，以下引用的是戴乐尔的转述。戴乐尔在《中国事记》中写道：

12日清早，丁提督自杀身亡。我不曾亲临目睹当时所发生的一切，唯得自传闻及事后发表的瑞乃尔报告而已。盖丁氏死后，马格禄、浩威及官员数人上岸，至牛道台寓所，瑞乃尔已在。浩威建议，伪托丁提督名义作降书，并亲自拟稿。译成中文，并钤提督印。……我采取瑞乃尔报告所述，以其可靠性颇高。

瑞乃尔是整个投降事件最积极的鼓动者和参与者，他的话自属可信。

当时，我就是根据以上三条，才决定对"已降复死"说弃而不取。将瑞乃尔报告与谷玉霖等人的口述相印证，完全可以证明：牛昶昞等为了推卸罪责，才精心编造了丁汝昌"已降复死"说。《牛昶昞禀》是绝对不可信的。

1978年冬，我到庐江丁坎大队访问，对丁汝昌的自杀问题又有了新的发现，就是找到了《丁氏宗谱》。《丁氏宗谱》载明：

  丁先达，赏穿黄马褂戴双眼花翎西林巴图鲁正一品封典北洋海军提督，讳汝昌，字禹廷，生于道光十六年丙申十月初十日巳时。……卒于光绪二十一年正月十八日辰时初。

或认为，《丁氏宗谱》所载没有什么价值。其实不然。因为它载明了丁汝昌死的具体时间，这是十分重要的。照中国的传统，恭录先人的生卒年月日及时辰，是至肃至敬之事，不会马虎从事的。何况当丁汝昌死时，他的次子代禧就随侍在身旁，并由其扶榇回里的。所以，《丁氏宗谱》所载丁汝昌死的时间，是必定不错的。

《丁氏宗谱》载明丁汝昌死于"正月十八日辰时初"，说明什么呢？它说明了两点：（一）"十八日辰时初"是2月12日晨7时许，与瑞乃尔所说的"12日清晨"正可印证，从而证明了瑞乃尔报告所述的可靠性。（二）丁汝昌是喝鸦片自尽的，有一段弥留的时间，他咽气的时间是"十八日辰时初"，喝鸦片的时间必是十七日（2月11日）夜，延至十八日（2月12日）晨7时许而死。而程璧光乘镇北舰去接洽投降却是在十八日（2月12日）上午8点钟以后。这便进一步揭穿了"已降复死"说之虚妄。

第七章　马关议和

第一节　和战之间

在甲午战争期间，主战与主和两种政治力量的斗争，贯穿于整个战争过程的始终。这一斗争起初集中表现于军机处内部。

易枢之争　早在1889年，慈禧太后已撤帘归政，但实际上仍掌握大权。自1884年朝局之变，尽罢恭亲王奕訢等军机大臣，已历10年之久，军机处还是当年的原班人马。其中，除病免或病故外，入值军机处的还有四人：

世铎　礼烈亲王代善的七代孙。同治年间任内务府大臣。1884年，醇亲王奕譞与奕訢争政成功，史称"甲申易枢"。因奕譞以太上之尊不便入值军机处，便举世铎以代之。世铎性耽安逸，每日入直最晚，散直最早，遇事模棱，从不建言，但也无从疾言厉色。他身为亲王之尊，却对内侍尤恭谨，总管太监李莲英向他屈膝，他也屈膝报之。因此，宫内左右争誉世铎之贤。奕譞举其为首席军机大臣，不过是让其充当傀儡罢了。

额勒和布　字筱山，觉尔察氏，满洲镶蓝旗人。咸丰初，以翰林院庶吉士补主事，记名军机章京。迁翰林院侍讲。同治年间，历任理藩院右侍郎、察哈尔都统、乌里雅苏台将军等职。1883年，调户部尚书，授正白旗汉军都统。旋补总管内务府大臣。额勒和布是官场上的不倒翁，他的最大特点是木讷寡言，唯上是从，从不揽权，故深得慈禧欢心，对他有两句评语：一句是"练达老成，持躬端谨"；一句是"服官四十年，谨慎小心，克称厥职"。

张之万 字子青，直隶南皮县（今属河北）人。道光二十七年（1847年），中一甲一名进士，授翰林院修撰。咸丰初，出任河南学政。其后，历充日讲起居注官、上书房行走、翰林院侍讲学士、詹事府詹事等职。1861年，慈禧策动"祺祥政变"（又称"辛酉政变"），奕谟知张之万素不附肃顺，密与策划。肃顺等死，即令署兵部侍郎。旋授礼部侍郎。曾参与编纂《治平宝鉴》，其中汇集历史上垂帘听政的事例，以为慈禧掌权制造舆论。1882年，升任兵部尚书，又调刑部尚书。1884年，入值军机处。到甲午战争爆发时，已是84岁的龙钟老翁，尸位素餐而已。

孙毓汶 字荣山，山东济宁州（今济宁市）人。咸丰六年（1856年），中一甲二名进士，授翰林院编修。以丁父忧在籍期间，首抗捐饷，被人参奏。时恭亲王奕䜣秉政，将其革职遣戍。后以输饷复原官。因对奕䜣怀有私愤，便极力逢迎奕谟，渐与闻机要。1884年，慈禧罢黜军机大臣，谕世铎及孙毓汶等人入值军机处，遇有重要事件则同醇亲王奕谟商办。此后，内外臣工奏折皆由孙毓汶送至醇亲王府，谕旨也由孙毓汶传达，同列不得与闻，故孙毓汶遂专中枢权柄。1886年，光绪已届亲政之年，孙毓汶在奕谟的支持下，游说六部九卿，出示亲拟折稿让众官署名，请求慈禧以"训政"之名，行"听政"之实。疏上，慈禧十分欢喜。孙毓汶以此宠信日固，成为后党的中坚。

甲午战争

　　四人皆因善体慈禧之意，位居枢府达 10 年之久。光绪帝想要有所作为，必须将此局面加以改变。他做不到像"甲申易枢"那样尽撤军机大臣，只能采取一步一步来的办法。但是，慈禧是何等老谋深算，岂能听之任之！于是，在光绪帝与慈禧之间，便展开了一场易枢之争。其间，进行过多次较量。其中最主要的有以下四次：

光绪帝载湉

　　第一次，"集思广益"。 光绪帝想整顿军机处，感到能够依靠的只有两位大臣，即翁同龢和李鸿藻。翁同龢是他所信赖的老师，李鸿藻是当时清流派的首领；他们又都是甲申易枢前的军机大臣，以其资历、威望与人脉皆可与孙毓汶等人抗衡。于是，在 7 月 15 日，即甲午战争爆发的前 10 天，光绪帝便以"朝鲜之事，关系重大，亟须集思广益"为由，特命翁同龢、李鸿藻参与军机处日常工作，并与亲王大臣们"会同详议，将如何办理之处，妥筹具奏"。

　　当时，翁同龢明知与孙毓汶等人政见相左，难以为伍，请求不参与军机处会商，未得同意。又一次，翁卧病数日，未能进宫，光绪帝见他未到班，军机大臣们皆到也不令会议，可见对其倚重之深。孙毓汶工于心计，便在拟折稿时将翁名列在礼亲王之前。翁此时只是参加会商，在名义上还不是军机大臣，这是有意让他出丑。折既上，翁才知道，便在军机处提出抗议。于是，决定军机处以后上奏，只递折片不具衔名。这场署衔风波才告平息。

　　慈禧不动声色，对朝局动向了然于胸，因礼部左侍郎徐用仪先已在军机处学习行走，便命其充军机大臣。徐用仪先在总理衙门上行走，与孙毓汶共事达10年之久，相习甚深，气味相投，遂成为孙的重要帮手。于是，他追随于孙毓汶之后，亦步亦趋，有时与翁同龢论事不合，甚至动色相争。

第二次，翁、李入值。光绪帝想让翁同龢和李鸿藻真正发挥作用，必须予以军机处行走名义，但此事不能不报知慈禧。慈禧虽表同意，却发下这样的懿旨：翁同龢、李鸿藻、刚毅均补授军机大臣。对刚毅的擢升很突然，在人们的意料之外。

刚毅早年以笔帖式议叙刑部主事。后补郎中。从1880年起，分发外省任职，已历10余年，却于甲午年（1894年）正月被特召来京，其原因颇费猜测。近年从中国第一历史档案馆里发现的有关档案，为我们解开了这个谜。原来，刚毅做了足以改变自己命运的两件事：

其一，江苏任上颂训政。1888年，刚毅调任江苏巡抚，时值光绪亲政之初，条陈新政者甚多。刚毅默察时局，上《直陈愚悃折》，为慈禧的"训政"大唱赞歌，称："唯我皇太后垂帘听政，一本祖宗成法，无偏无倚，卒使中外臣工，同心协力，廓清海宇，柔远服人，措天下苍生磐石之安，而还之皇上。"并乞请皇上"于用人行政之大端"，"时时以法祖为心，则宏图永固"。他敢对言新政者唱反调，唱到了慈禧的心里。

其二，广东任上采赤金。1892年夏，刚毅调任广东巡抚。甲午十月初十日为慈禧的六旬诞辰，清廷几年前便开始筹备万寿庆典。刚毅上任之后，督同粤海关采办赤金1万两，源源解送北京。此外，还筹有专款报效。他因此大受慈禧的称赞。

由此可见，翁、李虽入值军机处，却又带进来一个慈禧的心腹刚毅，仍是后党占了上风。

第三次，奏参孙、徐。翁、李参与枢要，但无力改变后党把持的局面，只有依靠发动清议之一途。光绪帝也希望得外廷诸臣之协力。于是，帝党官员屡屡上疏，每事必争。其中，吏部右侍郎志锐指名奏参孙毓汶兼及徐用仪，更引起一场轩然大波。志锐指斥孙毓汶"秉政十年，专权自恣"，"皇上之所是，则腹非之；皇上之所急，则故缓之"，请求"立将孙毓汶罢斥，退出军机"。

此折深中孙毓汶的要害，当天孙、徐即行怠工，办奏片不肯动笔。军机诸臣皆不知所措。当天，慈禧阅折不悦，即召庆亲王奕劻面商。光绪帝无奈亲自召见孙、徐，对其温语慰劳，仍照旧办事。孙毓汶为慈禧所宠信，帝党想用釜底抽薪之法，将其赶出军机处，却未能成功。

第四次，练兵之争。先是平壤及黄海战后，德籍洋员汉纳根提出一份《练兵条陈》，内称："陆军应练兵十万人，前后分作两队，一统帅主之，一其号令，一其军械，一其阵法。"当时，清军的致命弱点是不善于大兵团作战，故在正面战场上难与日军抗衡。汉纳根有见于此，故上此条陈。他的建议很快得到光绪的批准，降谕"开招新勇，招募洋将即日来华，赶速教练成军"。并命驻天津办理东征粮台的臬司胡燏芬会同汉纳根办理练兵事宜。

在落实练兵计划的过程中，翁同龢以战事紧迫，提出先"招募三万人，枪械按三万人核算，洋将宜核减"，以便赶速成军。朝廷即从此意见裁定。但在执行时却受到后党的干扰。首先出面破坏练兵计划的就是胡燏芬。他本长期在李鸿章手下做事，乃其亲信，既对练兵甩开李鸿章心有不甘，又得到后党亲王大臣的背后支持，便大胆上疏反对此项练兵计划。我有幸从翁同龢家藏文献中发现了这件奏折的原稿，这才清楚原来此事背后也隐藏着帝后两党在战和问题上的较量。

从胡燏芬的奏折原稿看，起初他提出反对汉纳根练兵计划的理由有三：

其一，引寇入门。认为汉纳根是想"借练兵以侵权"，"纵令练成，幸而获胜，而他日之要求锡赉（音赖 lài，赏赐），恐有非财帛所能偿，且非朝廷所能主者"。

其二，淮军能战。认为淮军"非不能战"，也"不乏将才"，不必另练新军而"借才异域"。在淮军屡败之后，明显是帮李鸿章说话。

其三，募兵八旗。认为此次练兵可从八旗子弟中招募，因为"京师八旗闲散子弟，其中不乏骁健精壮之人"，可由洋将用西法挑练，"即由京师陆续挑足三万人之数，练成劲旅，内足备宿卫之师，外可供折冲之用"。这是为迎合宗室亲王大臣，给八旗闲散子弟安排一个吃饷的场所，因此不惜偷梁换柱，将新军变成八旗兵。

后两个理由编造得过于拙劣，胡折最后定稿时便只好突出第一条理由，强调："现虽借材异域，冀救目前之急，但恐操纵不能由我，他时后患更多。此约束之难也。"在后党的多方干扰下，这个练兵计划终于胎死腹中。

恭亲王出山 在帝党看来，起用恭亲王奕䜣是挽回时局的必要措施，也是抗衡后党主和的一张王牌。平壤之战后，帝党要求起用奕䜣的心情更为迫切，多次联衔上奏，请饬恭亲王销假主政，以挽艰危。光绪虽有此心，却不敢做主。慈禧先是对此事不表态，直到9月底才召见奕䜣。随后便有懿旨，起用奕䜣管理总理衙门和海军，并会办军务。

帝党认为，将奕䜣请出来，便可与后党分庭抗礼了。这完全是一种历史性的误会。奕䜣自1884年被罢黜后，曾集唐诗句云："猛拍阑干思往事，一场春梦不分明。"他想不通此事怎么会变成这样。10年的幽寂生活使他明白：他根本不是慈禧的对手，只有一切依着这位

"老佛爷"才有可能安居其位。应该说，帝党的这步棋完全下错了。

10月下旬，日军突破鸭绿江清军防线和登陆花园口后，朝廷震动，诸臣束手无策。翁同龢和李鸿藻往见奕䜣，痛哭流涕，请持危局，把希望寄托在恭亲王身上。11月1日，慈禧召见亲王大臣，问计将安出。孙毓汶首先提出，请各国出面调停。翁同龢立即表示反对，说："此事不可成，亦不欲与，盖将来无以为国也。"但也谈不出解决危局的办法。慈禧不动声色，但心里已有了主意。

第二天，即传下谕旨，派奕䜣督办军务，奕劻帮办军务，翁同龢、李鸿藻、荣禄、长麟会同办理。慈禧的这次任命和人事安排非常巧妙，反映出她的老辣和心计。因为在帝党看来，此项任命排除了孙毓汶等人，似乎真的要加强战争的领导了。其实，这正是慈禧的一项重大行动，她已经看准了必须内依奕䜣，外靠李鸿章，才能顺利推行求和方针。时人有诗云：

再起贤王晚，终凭伯父亲。

艰难扶病日，恐怕引嫌身。

前两句是指奕䜣的这次出山；后两句意思是说：如今的恭亲王已不是当年的贤王，罢黜10年之后，以年老多病之身，非常害怕重蹈甲申年之覆辙，已难能有所作为了。应该说，这位诗人是看得很准的。

再者，令帝党没有想到的是，慈禧命恭亲王督办军务，既管战又管和。果然，奕䜣派为督办军务之后，不是着手研究战局发展和军事部署，而是立即约请英、法、俄、美、德五国公使到总理衙门晤谈，请他们向各自的政府发电，共同出面调停，以获取对日和平。帝党指望奕䜣出来扭转局面的幻想完全破灭了。

荣禄其人 慈禧派奕䜣督办军务，会同办理的大臣却有四人。其中，翁同龢、李鸿藻、长麟三人皆属于帝党；那么，荣禄又扮演何等角色呢？

荣禄 字仲华，瓜尔佳氏，满洲正白旗人。早年先后在工部及户部任员外郎。同治初，充神机营翼长。累迁至副都统、总兵、内务府大臣等职。其为人猾巧而多智，以投靠慈禧为晋升之阶。1874年，同治皇帝载淳病逝，荣禄奉两宫太后之命，迎醇亲王奕𫍽子载湉入继帝位，是为光绪。当时，荣禄吁请："今上生有皇子，即承嗣穆宗（同治）。"两宫太后大受感动，即表示允行。此后，他一路高升，历任步兵统领、工部尚书及西安将军。1894年慈禧六旬寿辰，荣禄入京祝寿，授为步兵统领。他遂献"固畿辅"之策，调与自己关系密切的甘肃新疆提督董福祥等驻军京畿，以备缓急。这实际上是把整个京城的警备力量都控制在他自己手中。

不仅如此，荣禄还是慈禧推行乞和方针的重要谋士。在此期间，他与吉林将军长顺时有密信往来。长顺向荣禄献计说：

> 时局果至如此，势将不了。沈城、兴京旧都，陵寝禁严，岂容倭奴逼视，该贼凭陵不已，倘或挟此以要求，为臣子者将何计之从？……唯审量彼已之势，默揣当今之局，和则犯千古之不韪，战则尤兵将之不可恃。此中应如何安危定倾，非出自宸断，将无有以轻言进者。①

这些话包含三层意思：（一）仗绝打不赢；（二）不和难保陵寝重地；（三）臣子无人言和，非自"宸断"不可。荣禄复信委婉地表示赞许，并告其谨慎从事。

在荣禄与长顺的策动下，以陵寝总管联瑞为首的20多名官员，致电吁请与日本讲和，以保护陵寝重地。其电称：

> 东边为龙脉所在，天下安危，实系于此。……贼氛渐逼渐近，

---

① 《长顺函稿》。

窃虑倭人乘虚占据陵寝重地，上惊列祖列宗在天之灵。……因念夷狄侵扰中国，自古恒有，然历代圣贤之君，每为和戎、和番之举，不肯频事兵革者，为欲保全民命故也。①

此电不但说出了后党大臣们隐藏心中不敢说出的话，还为乞和之举制造了舆论。联瑞等人之所以敢于公然主和，是因为抓住了一个名正言顺的好题目。因此，连光绪帝看了这份电报，不但没有怪罪之意，反而颇为动容。

萧墙之内 进入11月下旬，讲和问题正式列入议事日程。奕劻提出请美国公使田贝帮中国讲和。条件有三项：（一）朝鲜自主；（二）赔偿军费；（三）先行停战。光绪阅稿后，大为不悦，说："冬三月倭畏寒，正我兵可进之时，而云停战，得毋以计误我耶？"这使慈禧大为恼火，已经失去了耐性，为扫除乞和道路上的最后障碍，不惜施展手段，以迫使光绪就范。

11月26日，慈禧在仪鸾殿召见枢府诸臣，趁光绪帝不在座之机，突然宣布："瑾、珍二妃，有祈请干预种种劣迹，即著缮旨降为贵人。"过了两天，慈禧依然怒气未消，当着群臣的面，大讲瑾、珍二妃的"种种娇纵，肆无忌惮"。盛怒之下，又宣谕将珍妃位下太监高万枝杖毙。数日之内，整个宫廷阴气森森，究竟为何？此举不单纯是打击帝党主战派，而主要是针对光绪本人的。

慈禧虽外置了瑾、珍二妃，然意犹未足。12月4日，她在仪鸾殿召见枢臣时，又宣布了三件事：（一）瑾、珍二妃之兄"举动荒唐"，命充乌里雅苏台参赞大臣，实则以此名义将其贬出京外。（二）授恭亲王奕䜣为首席军机大臣，使其集政治、军事、外交大权于一身，以便放手主持议和事宜。（三）撤满汉书房，以隔断光绪帝与其身边主

---

① 《清光绪朝中日交涉史料》，卷二十四，第15页。

战近臣的接触，将其孤立起来，使其成为空头皇帝。

慈禧的这几招儿真是够绝的。光绪帝自知无力反抗，只得命奕䜣在谢皇太后恩时为之求情。这表明他开始屈服了。慈禧见光绪帝愿意服输，也就给他留一点面子，谕曰："前日所论太猛，今改传满功课及洋字均撤，汉书不传则不辍之意可知。"通过撤书房之事，可知光绪帝虽有收揽大权之志，但终究跳不出慈禧这位"老佛爷"的手掌心。

从此，慈禧便可毫无顾忌地操纵并主持议和了。

第二节　决策乞和

甲午年十月初十日是慈禧太后的60诞辰，她本想大办庆典，不希望有战争发生。历史往往会有巧合之处，1874年她40诞辰时发生日本发兵侵台事件，1884年她50诞辰时发生了中法战争。1894年日本挑起战争之前，她对日本尚有轻视之心，故曾传懿旨主战，但随着初战的失利，便对战胜日本失去信心，转而急于求和了。

探询议和　慈禧由主战到主和的转变，是缘于9月15日夜的平壤溃败。自她归政后，常年住颐和园，很少还宫。这次是9月11日下午回到宫里。当时，朝廷上下都知道平壤将有一场大战，期盼有好消息传来。不料9月18日晚上8点钟，接前敌来电，证实平壤兵败。不仅慈禧本人，就连枢府诸臣都对战争前景悲观起来。翁同龢在日记中写道："连日军情水陆如此，鸭绿一线可危，即渤海亦可危。"

正在这时，慈禧的种种表现却极不寻常，兹举三例：

其一，连日召见二王。 从9月20日起，慈禧连日同时召见礼亲王世铎和庆亲王奕劻，此后连日如此。所谈虽秘而不宣，但必是在酝酿重大的决策。

其二，宣布暂不赴园。慈禧这次还宫，本来要在 9 月 26 日回颐和园，却在 24 日宣布暂不赴颐和园，表明她在宫里有重大事项要处理。

其三，懿旨停办点景。本来，整个京城都在为慈禧的 60 万寿庆典而大操大办，9 月 25 日却突然传懿旨，停办景点、经坛、戏台等事，只在宫中接受庆贺。看来，她已经明白，想战争一下子停下来是不可能的了。

到 9 月 27 日，慈禧与礼、庆二王所商密事终于揭开，是寻求对日讲和的办法。这天，慈禧与光绪同时召见军机大臣，便提出派翁同龢去天津，问李鸿章能否设法请俄国出面调停。翁开始提出不同意见，最后又不得不接受差遣。当时，慈禧与翁之间有一番对话：

慈：今喀（西尼）使将回津，李某能设法否？

翁：俄若索偿，将何畀（音必 bì，给以）之？且臣于此等始末与闻，乞别遣。

慈：吾非欲议和也，欲暂缓兵耳。汝既不欲传此语，则径宣旨，责李某何以贻误至此？朝廷不治以罪，此后作何收束，且败衄（音 nǜ，战败）者淮军也，李某能置不问乎？

翁：若然，敢不承。

慈：顷所言作为汝意，从容询之。①

慈禧想出此招儿，确实煞费苦心。她当着光绪帝的面提出此意，又派反对议和的翁同龢去天津，是有深意的。先是在战争爆发前后，俄国公使喀西尼路过天津，几次向李鸿章表示，俄国绝不容日本妄行干预

①《翁同龢日记》，第 5 册，第 2733 页。

朝鲜内政。后又派参赞巴福禄与李鸿章晤谈。李鸿章当即向朝廷报告："看来俄似有动兵逐倭之意。"当时，联俄之意遭到翁同龢的反对："俄不能拒，亦不可联，总以我兵能胜倭为主，勿盼外援而疏本务。"因为翁同龢曾反对议和，这次慈禧变着法儿叫他去，这样她既达到了探询议和的目的，又无须去担议和误国的骂名了。

9月30日，翁同龢到天津与李鸿章晤面。适在此时，由北京寄来一道廷寄，略云："闻喀使西尼三四日到津，李某如与晤面，可将详细情形告翁某，回京复奏。"盖慈禧怕翁见李后不谈喀西尼之事，故有此廷寄也。于是，翁对李说："出京时，曾奉慈谕，现在断不讲和，亦无可讲和。喀使既有前说，亦不决绝。今不必顾忌，据实回奏。"此时，李鸿章已体会到慈禧是真意主和，便表示相信俄国"不改前意"，并且保证"俄不占东三省"。

慈禧也好，李鸿章也好，都倾向和议，殷切希望俄国出面干涉，自是一厢情愿之举。其实，俄国政府经过慎重研究，已经决定放弃干涉政策，以免卷入中日的漩涡而不利于己。所以，喀西尼对李鸿章说："现值中日用兵之际，局面未定，如中日和议成后，日久踞韩，俄国必照前议出来干预。目前宜暂守局外之例。"婉言拒绝了清政府的请求。

邀英说和 慈禧是有病乱求医，求俄国不成，又想到求英国。10月上旬，英国公使欧格讷不在北京，慈禧便指示总理衙门与英人总税务司赫德接触，希望通过他请英国政府出面斡旋和议。英国政府回电让赫德劝说清政府接受赔偿军费的条件。其电云：

> 以朝鲜独立的单纯条件，是没有希望能开谈判的。提出发动战争的道义问题也没用，必须完全面对既成事实。……除非中国立即同意英国所提朝鲜独立，另加金钱赔偿的建议，恐将错过目

前有利于谈判的时机。①

13日，欧格讷回到北京，便正式代表英国政府提出，以中国允各国保护朝鲜、赔偿日本军费为条件，出面联合各国调停。

14日，慈禧召见枢府诸臣，表示："首一事故俯允，即第二事亦可商。"即接受英国提出的两个条件。对第一条皆无异议。翁同龢和李鸿藻闻赔款之说，大吃一惊，坚决反对。孙毓汶和徐用仪认为："不如是，则沈阳可危也！"翁同龢则说："允兵费不知为多少？且驷舌难追！"慈禧云："若多仍不允。"翁同龢又称："如不可从，终归于战。"慈禧乞和之心已定，赔款也在所不计，岂是翁同龢等所能挽回？当天，翁便在日记里写道："天意已定，似不能回矣！"

事实上，西方列强出于自身利益的考虑，对调停的态度并不是真正积极。对于日本来说，为满足更大的贪欲，正决定继续扩大战争，也不会在此时与中国进行和谈。10月23日，日军进攻中国本土的准备已经就绪，便由陆奥宗光照复英国公使巴健特，断然拒绝了英国的调停建议：

> 在日本军队处处获得胜利的今日，帝国政府认为，在战争的现阶段，事态的发展尚未达到足以保证在谈判上得到令人满意的结果。因此，目前根据何种条件来结束战争，帝国政府将保留自己的观点。②

24日，奕䜣在总理衙门会见西方国家公使，除俄国公使喀西尼托病不到外，其他各国公使皆来，唯无人谈及中日战事。最后，奕䜣实在憋不住了，便单独与欧格讷谈，询问调停事有无回音。欧格讷见眼前的亲王大臣个个愁眉苦脸的可怜相，不禁产生一种鄙夷之感，也就

---

① 《中国海关与中日战争》，第65页。
② 《日本外交文书》，第27卷，第806号。

毫不客气地回答说：

> 日本所志甚大，不在赔款。各国私议至少二千万元，又不能保无他索。中国果能致死，则将倭打入海去，更无他法。……倭布置已好，中（国）竟是瞎子！①

这些奚落的言语令奕訢等人甚觉难堪，暗恨这位英国公使之狂悖。其实，欧格讷说的是实话，只是这些亲王大臣听不进去罢了。

密使东渡 英国调停失败后，慈禧并不死心，又命奕訢约英、法、德、俄、美五国公使会晤，请他们建议本国政府共同出面调停。对此，英国政府出于维护在华利益的需要，表现出相当的热心，而其他各国则宁愿暂时采取观望的态度，以便伺机而动，摘取熟透了的果实，所以都不肯与英国共同行动。

美国虽然拒绝了英国联合调停的建议，但表示愿意承担单独的调停。日本政府始终坚持反对第三国介入，当然会拒绝美国的调停，却又感到美国有可以利用之处。但与美国政府协商，由美国充当居间传信人的角色。清廷唯恐和议之不速，当然求之不得。于是，美国驻华公使田贝和驻日公使谭恩二人，便成为中日两国间传递信息和交换意见的中间人。

先是11月上旬，旅顺前敌传来警报，奕訢等益感外国调停缓不济急，有另谋救急之策的必要。最后考虑还是要听取李鸿章的意见，决定派总理衙门大臣、户部左侍郎张荫桓携奕訢致李鸿章密函赴津。密函称：

> 阁下数月以来，独任其难，九重业已深悉。此时应如何设法以期了结之处，阁下受恩深重，义无旁贷。且系奉旨归我等数人办理，必可合力维持。②

---

① 《翁同龢文献丛编·甲午战争》。
② 《李鸿章未刊稿》。

张荫桓到天津后,与李鸿章反复商议,得出了"径达伊藤较联横说合为捷"的结论。就是说,最佳方案是直接派员赴日与日本内阁总理大臣伊藤博文会晤。

那么,派谁去日本好呢?李鸿章选中了在津海关担任税务司的德国人德璀琳。在他看来,若遽派大员赴日恐被日方轻视,选一忠实可信的洋员前往,"既易得彼中情伪,又无形迹之疑"。德璀琳此行,携带李鸿章致伊藤博文的私函,内称:

> 和局中辍,战祸繁兴,两国生灵同罹兵燹,每一念及,良用惋惜!本大臣日夜苦思,冀得善策,俾水陆之战一切暂时停止。……请问贵国命意之所在与夫停止战务重订和约事宜。①

行前,德氏借机请头品顶戴,李鸿章请旨不及,姑且越权,权宜授之。令李鸿章没有想到的是,日方认为接见德璀琳将是外国干涉的开始,所以德氏抵神户后即吃了闭门羹,不得不解缆归航天津。

德璀琳东渡是一场外交闹剧。对此,日人评论说:"德璀琳贸然而来,怅然而返,世人皆以为奇。"其实,这并无奇怪之处。派德氏东渡一事,表明慈禧以下乞和心情之迫切,已经到了不择手段的地步。

广岛拒使 日本政府让德璀琳吃闭门羹的公开理由,是德氏"乃非经正当手续的使节"。并提出:"倘有事商议,中国须通过正当手续,派遣具有能充分发挥实效之资格人前来。"与此同时,日本又通过谭恩致电田贝:"如中国派头等全权大臣与日所派大臣聚会,方能讲和停战。"这样,德璀琳虽无功而返,但日本政府总算表示愿意和谈了。

随后,中日两国政府便就有关会谈事宜交换看法,在以下四个问题上意见皆不一致:

---

① 桥本海关:《清日战争实记》,卷十四,第466页。

第一，媾和条件。清政府希望日本明示媾和条件，遭到日本政府断然拒绝，指责清政府"似尚未痛切感到有媾和的必要"。并威胁说："如果不经过具备正式资格之全权委员会商以后，日本不能宣布媾和条件。若中国政府对此不能同意，则此次之商议即可暂告终止。"

第二，会谈地点。奕䜣、李鸿章等担心遣使赴日受到要挟，希望以上海附近为会谈地点。但日本政府强调会谈地点必须在日本国内，最后确定为广岛。

第三，休战日期。按照国际惯例，开始议和谈判就要实行休战。因此，清政府希望日本任命全权委员之日，决定两国开始休战的日期。日本政府的答复是："至于休战条件，纵使日本政府许诺休战，亦须在两国全权委员会商后，始能明言。"这是说，即使开始议和谈判，也不一定实行休战。

第四，全权衔名。日本政府提出：在日本任命全权委员之前，中国应先将全权委员姓名、官职通知日本。清政府告知：中国所派全权大臣为总理各国事务大臣、户部左侍郎张荫桓和头品顶戴署湖南巡抚邵友濂。并希望日本告知所派大臣衔名。日本政府则称："日本须俟中国所派大臣到境有日，即日派出大臣，现时不必先言派几员，系何姓名、职衔。"又拒绝了清政府的要求。

清政府在十分屈辱的情况下，仍不得不派张荫桓、邵友濂东渡。1895年1月26日（夏历春节）午夜，张、邵乘英轮"王后"号从上海出洋，驶向日本。2月1日，张、邵与日本全权大臣伊藤博文、陆奥宗光会晤于广岛县厅，双方互换敕书。日廷敕书有"朕亲加检阅，果真妥善，即便批准"的话，而清廷敕书则有"转奏裁决"之语，两者都是一种意思。因此，双方代表的所谓"全权"其实都是不完全的。伊藤、陆奥二人却一口咬定中国代表无全权，而声称日本代表则实有全权。

2月2日，中日双方代表再次会晤于广岛县厅。伊藤博文首先宣读一份说帖，指责中国无讲和之诚意，不能开议。张荫桓也就敕书问题与之争辩：

伊："贵国敕书不足，不能开议。"

张："中国既派全权，一切权利包括在内。"

伊："这是中国自己所说，于公法不合。"

张："贵国初复田贝电云，中国派全权大臣，持有国书，本国亦派全权与议。中国即照此办法。"

伊："本国敕书，悉照公法办理，两相比较，自知不同。"

张："贵国敕书亦有'亲加检阅，果能妥善，即便批准'。是约本须候旨核阅，然后批行。两国所奉全权，都是一样。"

伊："总以敕书为凭，不照公法，断不能行。"①

遂关闭了会谈的大门。

当中国代表退出会场时，老谋深算的伊藤博文突然叫住中方的参赞官伍廷芳，请他留下，讲了一段意味深长的话：

贵国何不添派恭亲王或李中堂同来会议，郑重其事？现在兵攻威海卫，南边一带已得，但海面及刘公岛各炮台现尚鏖战，胜负未分，大约指日可攻取。军情万变，时刻不同，早和为宜。②

一则胁以兵威；一则指名要奕䜣或李鸿章到日本议和。伊藤留下非全权大臣的伍廷芳单独谈话，成为日本广岛拒使事件中的得意之笔。

---

① 《清光绪朝中日交涉史料》，卷三十二，第35页。
② 《盛宣怀档案资料选辑·甲午中日战争》下，第393页。

第三节 日本逼和

2月12日，张荫桓、邵友濂被迫离开日本回国。就在这一天，北洋舰队在牛昶昞的主持下向日本联合舰队投降。日本政府认为，这正是迫使中国派奕䜣或李鸿章来日和谈的最好时机，不能错过。日本之所以从拖延和谈变为急欲和谈，是由当时日本国内外的形势所决定的。

国际动向 日本挑起战争后，便密切注意西方列强的动向，以采取相应的对策。随着日本军队深入中国本土作战，已经出现了列强干涉的明显迹象。

其一，倒清密谋。密谋的策划者是美国人毕德格。他早在1874年来华，任美国驻天津副领事。后辞职入李鸿章幕下，担任外交顾问。战争爆发后，他认为清政府在日本的军事打击下将很难维持下去，要使中国从混乱中摆脱出来，李鸿章是最合适的统治者。美国前国务卿科士达对毕德格也表示支持，认为："最好是改朝换代，推李鸿章掌握权力。"但是，毕德格的密友、陆军军官威尔逊却写信将密谋计划告知了在日本驻美使馆担任法律顾问的美国人史蒂文斯，向日本人泄密。此事引起了日本政府的高度警惕。

其二，八国派兵。在清政府决策乞和的同时，西方列强也正在酝酿派兵进入北京的计划。其公开的名义是"保护使馆"。总理衙门虽多方阻拦，也无效果。后来，美、俄、英、德、法、意、比（利时）、西（班牙）八国的驻华公使，向总理衙门递来一份措辞强硬的联衔照会："本大臣等当必各操其权，俟自酌度缓急，即行拨兵由津进京，以资保护使署及本国人民。"随即各派一支数十名官兵组成的部队，强行进入北京。列强的剑拔弩张，当然不是单纯为了保护使馆。对此，伊藤博文心知肚明。所以，他向大本营提出："为使我得收战胜之利，则非善于权衡利害，慎重从事不可。"

其三，列强虎视。从中日两国酝酿和议时起，西方列强无不虎视眈眈，伺机而动。日本外务省也不断地接到驻外公使的有关报告。如驻俄公使西德二郎电称，"俄国之主要兴趣为扩张并占领朝鲜东海岸，以获得某些不冻港"。所以特别反对日本"占有满洲南方之一部分"。驻英代理公使内田康哉电告，他获悉欧洲各国之举动"有危险的迹象"，"故不应使军队靠近北京"。就是说，战争不能继续下去，应放弃直隶作战计划。驻意大利公使高平小五郎更转述该国外交大臣布朗克的劝告说："措施与条件应限于适当范围之内：第一，应避免割裂清国疆土或颠覆清国政府；第二，尽量不要搞乱正常秩序。"列强的这些反应使伊藤博文不能不认真考虑。

国内危机 日本派大军越海深入中国本土作战，已造成国内的严重危机。德国前驻华公使巴兰德指出：

> 日本国内的政治局势危机四伏，对于日本国家和当政的人们，不要说战败了，即使战争拖长下来，也是十分危险的。[1]

英国驻日公使楚恩迟也向国内发回多次类似的报告。如其一称：

> 战争已经使得日本的资源承受巨大压力，如果再持续一年，不管胜负如何，日本都会在财政方面捉襟见肘，难以为继。……如果中国拒和，转而采取其著名的消极抵抗政策（即持久战），日本将会处于严重危险的处境。（1894年12月24日发自东京，绝密）[2]

---

[1]《中国海关与中日战争》，第79页。
[2]《英国外交文件》下，第56号。

其二称：

>尽管日本人强作乐观，但该国的财政形势正日益变得严峻。所有情况都证实，今后几个月内这方面的压力将更加严重。问题不在于管理，而在于是否还能满足如此庞大的驻海外部队的巨额开支。去年12月29日，日本银行发行了总额为280万元的有息纸币，31日又发行了120万元。……除此之外，在今后两个月内，人民还必须向政府缴纳大约3000万日元的土地税和第二次战争贷款。如果中国不迅速接受条件，则完全可以预言，日本将在本年底前陷入严重的财政困难。(1895年1月4日发自东京)①

所以，到了战争后期，英国舆论一度不看好日本，认为"日本已筋疲力尽了"。甚至先前偏向日本的《泰晤士报》也开始改变腔调，说"继续作战对中国有利"。

可见，国内外形势已不允许日本继续作战，它必须抓住议和时机，否则战争真的长久拖下去，后果将不堪设想。

预定约稿 早在1894年10月间，陆奥宗光已经意识到，日本军队的进攻虽然暂时不能停止，但不可能无限期地继续下去，因此暗地里与伊藤博文商议，应该预先拟定一份合约草稿，以备议和条件成熟时使用。

此时，在日本国内，主战的气势仍然很盛，但有一点却是大多数人的共识，就是日本必须在列强干预之前结束战争。这就需要认真考虑媾和条件的问题。当时，日本有一种非常流行的观点，即想趁此次战争而置中国于万劫不复之地，故对中国索取赔款数额务求甚巨，割占土地面积唯欲其大。其代表性的意见略如下述：

其一，赔款数额？ 对此有以下三种意见：

---

① 《英国外交文件》下，第79号。

第一种，10亿日元。此意见以前任外务大臣大隈重信为代表。当时，有人提出赔偿军费至少在3亿日元（约合库平银2亿两）以上，大隈则主张索取10亿日元。10亿日元折合库平银约6.7亿两。他认为："在目前情况下，中国一次最多能拿出1亿日元。对剩下的9亿日元，日本必须要求5%的年息。此外，为保证得到全部赔款，必须根据债权要求得到关税和岁入。按此利息计算，年息可高达4 500万日元。中国要每年拿出这么一笔巨款，定将使其财力枯竭，无力付清本金或重整军备，从而实际上永远沦为日本的附属国。"

第二种，1亿英镑。此意见以驻英公使青木周藏为代表。1亿英镑，约折合库平银7亿两。他提出："赔款应为英币1亿镑，其中一半为生金，一半为银币，分10年偿清。"其后，日本强迫清政府用英镑偿付《马关条约》规定的赔款，即是青木的建议。

第三种，银10亿两。此意见以大藏大臣松方正义为代表。日本财政部门本来就企盼获得巨额赔款，松方再任大藏大臣后，便在大隈重信、青木周藏等人建议的基础上抬高数额，干脆要一个整数：库平银10亿两。

其二，割地何处？对此有多种意见：

第一种，割取台湾本岛。军政及社会各界人士，大多数都有此建议，认为割取台湾本岛非常重要。因为在日本看来，"台湾是日本以琉球群岛为终点的岛链上继续延伸的一部分，健全这条岛链对组成日本帝国非常重要。……就战略而言，日本不用多少年就能够在岛上建成军事基地。……这样，日本南有不亚于旅顺的军事基地的台湾岛，北有派驻精兵把守的辽东半岛，就再也不用担心中国东山再起，无论其未来的命运如何，日本都可以高枕无忧了"。

第二种，割取东北三省。此意见以民权论者大井宪太郎为代表。

他是自由民权运动的主要领导者之一。他对内讲民权，对外讲国权，在对外政策上主张国家主义的强硬论。当时，陆军方面主张割取辽东半岛，因为"辽东半岛是我国军队流血牺牲夺取来的，而且既控朝鲜的侧背，又扼北京的咽喉。为国家前途久远之计，绝不可不归我领有"。大井对此不屑一顾，主张割地就要一次割够，除割台湾外，还要割吉林、奉天（辽宁）、黑龙江三省。

第三种，割地包括直隶。此意见以青木周藏为代表。他建议："割取奉天省及不与俄国接壤的吉林省大部分，以及直隶（河北）省的一部分。另外，在中朝两国之间划出约5 000平方日里的中间地带，为将来我国掌握亚洲霸权的军事根据地。"5 000平方日里，约相当于77 000平方公里，比两个海南省的面积还要大。此建议值得注意之处有两点：（一）既割取朝鲜釜山港及其毗连土地，又使朝鲜成为日本的附属国，"将来无论东亚出现什么问题，都必须征求日本的意见"。（二）割占直隶北部土地，可使中国的首都北京经常处于日军兵力的威胁之下。

第四种，趁机瓜分中国。此意见以"硬六派"之一的立宪改进党为代表。立宪改进党主张在日本实行英国式的立宪君主制，也主张扩充国权，积极拥护日本政府的对外侵略扩张政策。此时提出："必须有瓜分四百余州的决心，届时应将山东、江苏、福建、广东四省划入我国版图。"

当时的日本，全国上下正处于战争的歇斯底里之中，为日本军队百战百胜的神话所陶醉。尤其是那些平时主张对外强硬的政客们，此刻更是高谈阔论，口出狂言，以逞一时之快。虽然也有少数有识之士对此不以为然，认为媾和条件过于苛刻恐非上策。甚至有人上书伊藤博文，其中引述1866年普奥战争的历史为戒，断言割占中国领土必将影响中日两国将来的邦交。有这种认识的人士究属凤毛麟角,而且也只是两三知交相聚一起,窃窃私议,是不可能挽回压倒一切的社会狂澜的。

但是,对于处在最高决策层的伊藤博文、陆奥宗光等人来说,却必须全面权衡各种利害关系,以确定最适宜的媾和条件。他们深知,要确定最适宜的媾和条件并不是一件简单的事情,必须要考虑三个方面的因素:

其一,国内因素。媾和条件要尽量满足日本国内各方面的贪欲和愿望,从中国榨取尽可能多的利益。

其二,国际因素。因为每一项媾和条件都会涉及西方各国的利益,何况列强正在专注于对媾和条件内容的获得,皆飞耳张目,百方探听,甚至间或发出猜测之说,表明对日本产生疑惧之感。特别是欧洲的几个强国,还显露出准备干涉的苗头。这是日本不能不警惕的。

其三,中国因素。清政府虽自认战败,但若媾和条件过苛,使清政府无法承受,势必难以迅速达成和议。其结果将会使战争拖延下去,这对于日本来说是十分不利的。

《和约底稿》 经过将近半年时间的酝酿和修改,日本内阁终于通过了一份准备交付中国全权大臣的《和约底稿》。在其反复修改的过程中,考虑最多的还是国际因素,即西方列强的反应。这主要表现在以下三例:

其一,关于朝鲜地位。当时日本有人鼓吹兼并朝鲜或使之成为日本的附属国,但其驻俄公使西德二郎多次电告陆奥宗光,对待朝鲜宜取慎重的态度,以免惹怒俄国。还郑重地向陆奥建议:"即令我有使朝鲜归我所属之意,但切勿骤现其形态,不能不考虑回避俄国干涉之策略。"西德二郎的建议深中肯綮,陆奥与伊藤博文商量后,随即作出决定："不损害朝鲜的独立,俄国政府的态度将会对日本有利。……近期赢得俄国之友善,对于缔结和约将证明是极为有用的。"这样,《和约底稿》对朝鲜的地位便有了"中国认明朝鲜国确为完全无缺之独立自主"的一段文字。

其二,关于割让土地。当时西方各国最为关注的焦点,是割让土地中是否包括中国大陆的土地。如英国《泰晤士报》刊文称:

> 列强在适当时候最终干涉,将完全不偏不倚,这是早已确定的。列强要等到中国承认失败,并老老实实地进行议和谈判之日,向中国要求开放港口。同时向日本指出,欧洲不许其吞并中国大陆的一寸领土。(1895年2月7日)

俄国《新时代报》发表社论称:

> 当此日本获得战胜结果之际,各国对所提条件之着重点,在于使日本保持从前之岛国地位,绝不可使之凭依大陆。……日本政府切莫忘记:不可逾此界限。如对朝鲜之无限保护权或割让满洲土地等,绝不允许。(1895年2月9日)

欧洲报纸反复警告日本不要染指大陆,不能不引起日本政府的极大重视。

但在日本政府看来,割占直隶北部土地或东北全境固不可行,而割取盛京(辽宁)省的部分领土还是有可能的。因为这样的话,反对者只剩俄国了。日本却有两点可资利用之处:(一)提出割占盛京省一部分要求时,俄国必然不满,而英国的政策是防俄南侵,则不会提出异议,仅俄国一国也难以力争。(二)俄国外交大臣吉尔斯刚刚病故,由倾向日本的副大臣基斯敬主持工作,新登基的沙皇尼古拉二世也是倾向日本之人,此时的时机也对日本有利。基于这样的分析,日本政府怀有侥幸的心理,认为坚持让中国割让盛京省部分领土应该不至于出什么问题。

为了摸清俄国政府的真实态度，陆奥宗光特于2月14日亲自约见了俄国公使希特罗渥。两人之间有如下的谈话：

陆："此事绝属机密，即日本不能不以割让土地作为讲和条件之一。"

希："时至今日对于领土割让问题，早已毋庸争论。然须视要求割让土地之不同情况，可能会招致多少外国干涉。"

陆："日清战争乃日清两国之事，不容第三者置喙。然而某一国家以有关欧洲之利益为由，竟有动辄干涉之倾向。……日本不希望侵犯俄国之利益，因此认为有必要事先了解其利益之所在。"

希："只要日本不侵犯朝鲜之独立，俄国亦不会格外提出异议。然为日本之最大利益计，接受清国大陆领土之割让实非上策。"

陆："本大臣之主张，在于竭力不与俄国之利益相抵触。但有关日本自身之利益，日本必须自己保护之。"[1]

这次谈话的最大问题在于：两个人都没有真正理解对方的真意所在。

本来，希特罗渥讲了日本接受大陆领土割让"实非上策"后，陆奥宗光回复了两句话：第一句是说日本竭力不与俄国之利益相抵触；第二句是说日本必须保护自身的利益。希特罗渥却只注意到第一句话，相信日本是不会割取中国大陆领土了，所以面上表现出喜悦之色，而对第二句话也就不大在意了。陆奥的第二句话恰恰是针对希特罗渥而说，而他看到的又是希特罗渥面露喜悦的表现。这样一来，陆奥更加断定先前对俄国的分析是正确的了。于是，《和约底稿》里便写上了中国让与日本"盛京省南部地方"的条款。当初，陆奥还不可能想到，后来这一条款却招致了俄、德、法三国的联合干涉。

---

[1]《日本外交文书》，第28卷，第561号。

其三，关于赔款军费。日本要中国赔偿军费，也要反复核算清政府的最大承受能力，最终在《和约底稿》里写下了赔付库平银3亿两。其后，陆奥宗光考虑到谈判的过程情况多变，又同外务省顾问美国人端迪臣商议，将赔偿军费要求确定为甲、乙两个方案：甲方案为白银2亿两；乙方案为白银3亿两。这样，在与中国全权大臣谈判时就有了两手准备，即力争达成乙案，以甲案为确保的底线。

对于日本来说，既然国内外形势已不允许把战争继续进行下去，对和约条款又已作了充分的准备，只盼抓紧时机议和了。到了2月17日，即日军占领威海刘公岛和俘获北洋舰队全部余舰的当天，日本政府便经谭恩转电北京，内称：

中国另派大臣，除允偿兵费、朝鲜自主外，若无商议地土及与日本日后定立办理交涉能以画押之全权，即毋庸派其前来。①

于是又引出李鸿章赴日和谈之一幕。

第四节　议和之旅

日本政府在广岛拒使之后，又表示愿意讲和，但挑明"须另派十足全权，曾办大事，名位最尊，素有声望者，方能开讲"。慈禧心里清楚，所指即是李鸿章，谓："即著伊去，一切开复，即令来京请训。"又谕云："我可作一半主张也。"

先是平壤溃败后，李鸿章被拔去三眼花翎并褫去黄马褂，旅顺失守后又受到革职留任并摘去顶戴的处分。朝廷不能派一个受处分的大臣出使，故慈禧有"一切开复"之谕。随即由军机处将廷寄电达天

---

① 北京美国公使馆：《节录中日议和往来转电大略》。

津，命李鸿章星速来京请训。

割地之断　2月22日，李鸿章至京。光绪召见于乾清宫，与军机大臣同入。当论及议和之事时，李鸿章奏称："割地之说，不敢担承；假如占地索银，亦殊难措，户部恐无此款。"翁同龢言："但得办到不割地，则多偿当努力。"孙毓汶、徐用仪则奏："不应割地，便不能开办。"光绪又问到海防情况，李鸿章答曰："实无把握，不敢粉饰。"君臣相对默然，皆计无所出。

连日来，李鸿章奔走于英、法、德、俄等国使馆之间，意在寻求帮助，皆不得要领。他既从西方各国找不到支持，也不再唱"割地不可行"的高调了。25日，光绪帝召见群臣时，李鸿章面奏，也露出割地之意。奕䜣陈述己见，亦有同感。翁同龢不表赞同，余者均不表态。殿内寂然无声，空气沉闷之至。

26日，慈禧得知李鸿章所奏及奕䜣所陈，甚感不欢，曰："任汝为之，毋以启予也。"她不是对朝中所有事情都撒手不管，而只是不管割地之事。看来，她也是怕落个割地的骂名。

到28日，光绪以派遣全权大臣事不宜久拖，谕军机大臣曰："汝等宜奏东朝，定使臣之权。"随后，奏事太监来传："慈体昨日肝气发，臂痛腹泻，不能见。一切尊上谕可也。"迫于事势，光绪卒予李鸿章以商让土地之权。

3月2日，李鸿章奏陈预筹赴东议约情形，云：

顷军机大臣恭亲王等传奉皇上面谕，予臣以商让土地之权。闻命之余，曷胜悚惧！……详阅日本致田贝两电，于兵费及朝鲜自主两节，均认为已得之利，而断断争执，尤在让地一层。唯论形势，则有要散；论方域，则有广狭。有暂可商让者，即有碍难允许者。臣必当斟酌轻重，力与辩争。①

3日，李鸿章奉廷寄："该大臣膺兹巨任，唯当权衡利害之轻重，情势之缓急，通筹全局，即与议定条约，以纾宵旰之忧，而慰中外之望。实有厚望焉。"同一天，奕䜣、奕劻等公奏慈禧。奏既上，慈禧仍在"养病"，默不表态。这样，割地之断作为"出自宸断"，就最后定下来了。

迁都之议 清廷被迫割地，君臣皆非情愿。当时，曾遍求各国驻华公使，也皆搪塞敷衍，唯德国公使绅珂冒出一句："若不迁都，势必割地。"翁同龢极称此议，谓："至言哉！"孙毓汶则以为，非割地不能了局。于是，翁、孙二人争于传心殿。孙毓汶驳曰："岂有弃宗庙社稷之理？"翁同龢亦不敢尽其辞。署台湾巡抚唐景崧致电总理衙门，内有请皇上"巡幸"之语。光绪以此询问诸臣何计，无人敢答。光绪叹曰："时势如此，战和皆无可恃！"又言及社稷，声泪俱下。亲王大臣无不"流汗战栗，罔知所措"。

兹考迁都之议，实始于翰林院庶吉士汤寿潜的《迁鼎论》。先是在1890年，时在山东巡抚张曜幕下的汤寿潜，刊印所著《危言》40篇，其首篇即为《迁鼎论》。此篇主张迁都的重要理由之一，是缘于国际环境的变化。他指出：

> 日本知三岛不足以自存，朝鲜者欧亚之枢，俄得之而为所逼，急欲郡县之以自蔽。甲申之变，我幸先发制之，而东顾之忧，旦夕间事也。……今之所患多在海氛，与夫同洲之强敌，故以择地为未雨绸缪，事固有不容一概论者也。

认为日本迟早会挑起衅端，不如早为之备。他主张迁都长安（今西安市），因为"万一江海卒磬（音请 qìng，动静），居高御下，尚可运筹徐理"。几年之后，日本便发动了这场大规模的侵华战争，果然应验

---

① 《李文忠公全集》奏稿，卷七十九，第47~48页。

了汤寿潜的预见。《危言》问世后，引起社会的广泛重视。时人评其"有疏通知远之用"。翁同龢读过此书后，也认为"论时事极有识"。他在争论割地时主张迁都，当是受了《迁鼎论》的启发。此时，他特召汤寿潜来府长谈，即其显证。

在此期间，帝党官员颇有人主张迁都。翰林院编修黄绍箕等联衔上疏，奏陈四事，其一即迁都之计。侍读学士文廷式认为："不顾恋京师，则倭人无所挟持。俄王保罗之败法主拿破仑第一，空都城以予之，是良法也。"奏曰："此时战既不足恃，和更不宜言，唯有预筹持久以敝敌之法。"并引用前英籍洋员琅威理之言称："中国言战，可百年不匮。若倭人战，不十年，必亡灭矣。"此时，礼部侍郎李文田也正在考历代迁都之得失，欲有所论。翁同龢密遣人问其所考得失情况，准备在讲解时向光绪提及。

先是辽东败耗传来，慈禧曾令顺天府备骡车2 000辆准备逃难，然终不行。及至张荫桓、邵友濂在广岛被拒后，慈禧亦惧，命顺天府仍备骡车。当时她一度有逃亡太原之意，召山西巡抚张煦来京，以预筹移顿事。踌躇久之，以决意乞和乃止，曰："西逃亦可，但无以服肃顺之心耳!"工部尚书孙家鼐老于官场，洞悉宫中之事，确知慈禧乞和之意已定，乃致书李文田，略云："勿奏请迁都，若倡迁议，必有奇祸。"翁同龢向孙询及迁都之策，孙亦力持不可。迁都之议乃止。清廷既不肯用迁都之计，只有割地之一法了。

求助英国 李鸿章奉命赴日议和，从内心说，他是不愿意接受这个差使的，曾向人透露心曲："很不愿意承担与日本谈判这一费力不讨好的任务。"他感到最棘手的还是割地问题。事实上，他也反对割地，但找不到阻止的方法。最后，他认为此时唯一的办法是说动英国出来助一臂之力。为此，李鸿章先后采取了三次行动：

第一次，密访欧格讷。2月23日，李鸿章私下里带着翻译来到英国使馆，开门见山地向英使欧格讷提出："中国拟抵制割地要求，能否得到英国的某种支持？"欧格讷答称："以个人之见，中国应与日本达成协议，以免出现北京被占领的结局。为了和平，中国值得作出巨大牺牲。"李鸿章又请其向国内发电转述此意，为此事提供支持。欧格讷含糊应曰："此时发电请示无疑为时尚早，因为日本之割地要求还不够明确，但必将尊意转告外交大臣。"

　　24日下午，李鸿章再次密访欧格讷，拿出一份《中英同盟密约草稿》，请英使过目。《中英同盟密约草稿》的大意是：

> 英国政府应代表中国政府同日本交涉，即由英国出面结束战争，挽救中国，使之不丧失任何领土。中国政府为报答这一援助，将实际上在若干年内将整个国家的管理权交给英国，并由英国独揽改组和控制陆海军、修筑铁路、开采矿山的权利，而且还为英国通商增开几个新的口岸。①

在欧格讷看来，所谓"密约"只不过是清政府设下的"诱饵"，要将英国钓住。他打定主意不上钩，对李鸿章讲了一大篇不着边际的话，实际上是婉言拒绝了订立"密约"的建议。

　　第二次，拜会金伯利。李鸿章密访欧格讷两次，皆无所获，便电令驻英公使龚照瑗速赴英国外交部，拜会外交大臣金伯利，向其求助。

　　25日，龚照瑗往见金伯利，提及割地问题时，金伯利说："中国的处境非常危险，所以有可能签订和约显然是有利的。授权给一位全权大臣就割地进行谈判，完全不是丢人的事情。欧洲列强曾有过在战败之后以此为前提求和的事。"龚照瑗问："阁下是否能对割让中国东北或台湾发表意见？"其实，英国此时已掌握了日本准备割占辽东半

---

① 《英国外交文件》下，第234号。

岛和台湾的情报，而金伯利却回答："我暂时不能发表意见，因为我认为现在就开始讨论这个问题为时过早。"

第三次，觐见英女王。李鸿章两次碰壁，仍不甘心，想做第三次努力。他与总理衙门商议，想法让龚照瑗觐见英国女王。

3月2日，龚照瑗奉到总理衙门寄来国家致英国女王电信一件，内称：

> 大清国大皇帝问大英国大君主好！朕现定派大学士李鸿章赴日本，与商停战订约，以全民命，息争端。素稔（音忍rěn，知）大君主以保平安为心，希设法力劝，总以公道议和为盼。①

总署还训示说："此电以亲递为慎重。"但是，英国政府经过研究，于3月8日回复，以"为接受政治信件之故，君主接见外国使节或公使，不符合一般外交惯例，也不合乎英国宫廷之习惯"为由，不同意中国公使觐见女王亲递国电。

李鸿章先是于3月5日离京返津，一面在天津候轮，一面等待伦敦的消息。至此，他始知佳音无望，怀着无可奈何的心情，于3月14日乘轮东航，开始了他的议和之旅。

全权三误 自李鸿章奉旨入京请训时起，就开始组建使团，并作各方面的准备。这是一个庞大的使团，除全权大臣李鸿章外，有随员33人。此外，还有管厨、厨师、茶房、打杂、轿班、剃头匠等仆从多人。合计随员及随从人等共135人。从这个使团的人员构成看，仆从竟有100人以上，看来生活安排想得比较周到。但从完成出使任务的角度看，作为头等全权大臣的李鸿章，却出现了三大失误：

其一，设参议。李鸿章使团在头等全权大臣之下，特设参议一职，其地位在几位参赞之上，以其嗣子李经方充之。李经方乃李鸿章六弟

---

① 《中国近代史资料丛刊续编·中日战争》，第6册，第592页。

昭庆之长子，因李鸿章年届40，尚膝下无子，遂过继李经方为嗣。后虽生嫡子，仍以李经方为"大儿"。李经方少时聪慧，极讨李鸿章的喜欢。李鸿章对他宠爱有加。李经方28岁中举后，李鸿章就为他捐钱以知府分省补用，获得了做官的资格。此后，李经方就随父亲在天津衙门里读书。1886年5月，曾随驻英公使刘瑞芬赴任，担任参赞。1889年春，回国参加会试不第。1891年1月，以江苏候补道出任驻日公使，翌年10月卸任。在使日期间，李经方与日本朝野关系十分密切，颇为世诟病。此李经方之主要经历也。

李经方一直是在李鸿章的庇荫下成长起来的，既没有经过多少历练，又没有显示出他有何才干和胆识，李鸿章却以"熟悉情形，通晓东西语言文字"的理由，让他担任参议，实际上是充当自己的副手。虽然古人有"内举不避亲"的佳话，但李经方却不是什么贤才。可见，李鸿章的此项安排完全是私心作怪。事实证明，日本方面正是看准了李鸿章的这条软肋，才在和谈的关键时刻向李经方施压，迫使李鸿章在日本预定的和约上签字的。应该说，这是李鸿章此次出使的一个重大失误。

其二，聘顾问。先是张荫桓东渡时美国人科士达被聘为法律顾问，这次又被李鸿章聘为首席顾问。科士达曾先后任美国驻墨西哥及俄国公使，并一度担任国务卿。他厕身美国外交界多年，与陆奥宗光的关系非同一般。陆奥任驻美公使时，两人便建立了友谊。1894年春，科士达有日本之行，又与陆奥过从甚密。当时，日美在华盛顿进行的修改条约谈判陷于停顿，陆奥密托科士达回国后去看望国务卿格莱星姆进行游说，使其态度有所转变。为此，陆奥写信向科士达道谢："感谢您现在对我的帮助。我希望您在将来以同样的态度帮助我们。"两个月后，日本新任驻美公使栗野慎一郎到职，又带给科士达一封信，内称:"现在委任栗野的最重要的工作是修订条约,我请求您给他友好的信任,给他最需要的帮助,使他的工作得到圆满的终结。"在科士达的帮助下,几个星期后栗野终于签订了这份日本渴望已久的条约。科士达自称:"多年来国内外都认为我是日本从治外法权解放出来的积极提倡者。"可知科士达的亲日倾向是人所共知的,而中国赴日谈判的使团却聘他为首席顾问,岂非咄咄怪事!

起初,陆奥宗光是反对科士达担任中国议和顾问的。他指示栗野慎一郎称:

> 作为我的私人朋友,科士达会在一些事情上对我们有所帮助。但我认为,让我的一位私人朋友站在我们的敌人一边,是很失策的。因此,如有可能,我特别希望能阻止他来。为达此目的,需要花费必要的费用,我不会反对的。①

从这份密电显露出的蛛丝马迹,完全可以看出,科士达肯定过去收取过日本的"费用";否则,陆奥不会也不敢贸然提出付给科士达"必要的费用"。但是,栗野认为,日本付出少量贿金并不能解决问题,因为科士达本人有更大的计划。复电称:

> 目前(科士达)不仅每年从清国政府领取不少于20 000美元之津贴,而且秘密侦知此行有一举置备终身家产之计划。故以若干金钱左右其进退,绝无希望。②

虽说如此,日本仍有办法达到目的,即由栗野慎一郎约科士达会面,说服科士达按日本政府的意图行事。其实,科士达早已心中有数,当即表态说:

> 尔来日本政府所取之措施至当。军国之机运将由此而起,乃

---

① 《日本外交文书》,第27卷,第874号。
② 《日本外交文书》,第27卷,第877号。

势所难免。阁下所示，为本人所充分了解者。故本人对清国之境地将予以相当之忠告。并不得不尽力斡旋，以使日本政府满意而许诺媾和。①

这样，日本政府没花费一分钱而有收买之实；清政府花费巨资礼聘的顾问却成了谈判对手利益的维护者。这是李鸿章此次出使的又一重大失误。

其三，旧密码。李鸿章此次出使日本还有一件奇事，就是带着早已被日本外务省破译的电报密码。先是在1894年6月22日，陆奥宗光致送清朝驻日公使汪凤藻一件照会，却改变以往的做法，先将日文译成中文，长达387字。次日，汪凤藻将一份长篇密码电报送日本电报局发往总理衙门，果然就是陆奥的照会。两相对照，日本外务省便掌握了这套密码的规律，并破译了汪凤藻与总署之间的全部往返密电。李鸿章却仍然带着这套旧的密码赴日，致使他在和谈期间与北京的往返密电内容，包括中方割地及赔款的底线，皆全部为日方所了解。这样，整个和谈进程都在日方的掌控之中，清政府还要求李鸿章在谈判中"不嫌反复辩驳"，其实都是白费的。这也是李鸿章此次出使的一个重大失误。

由于以上三大失误，李鸿章此次议和之旅会取得何等结果，也就不难预料了。

马关开议 3月19日，李鸿章一行抵达马关。20日，双方全权大臣在春帆楼举行首次会议。日方全权大臣是伊藤博文和陆奥宗光。会谈一开始，李鸿章就提出停战问题。伊藤胸有成竹，答以："此事明日作复。"21日，日方却故意提出占领天津、大沽、山海关三地，并在停战期内由中国支付军费等苛刻条件，以迫使中国方面打消停战的念头。

---

① 《日本外交文书》，第27卷，第877号。

日本马关春帆楼中日双方议和场面

当天，李鸿章即致电总理衙门，报告日方的停战要款。3月22日，电达北京，光绪为之动容，欲至寿宁宫谒见慈禧，而"慈躬未平"，不敢造次，逡巡而退。23日，总理衙门由孙毓汶拟电稿，告以："其停战期内认给军费一节，可以许诺；若彼执前说，而向索和议中之条款。"就是说，若日方坚持占领天津、大沽、山海关三地才允停战，不妨先开始谈判和议条款。此电于当天下午6时35分发到马关电报局，日本外务省破译后进行一番研究，直到第二天（24日）中午才送交到李鸿章手中。

日方将这封电报压了18个小时才交出，确实不同寻常。当时，李鸿章并不知道，日本正在利用和谈之机，一面坚拒中国方面的停战要求，一面下令日军向台湾省所属的澎湖列岛发动进攻，以为下一步割占台湾作准备。日方是在获悉日军在澎湖登陆的消息后才交出电报的。

割台预谋 日本对台湾垂涎已久。早在 1872 年，日本外务卿副岛种臣就私下里向美国驻日公使德朗透露："台湾也是我国渴望之地。"1874 年，又想利用出兵台湾之机，在台湾东部开辟居留地，永久占领。发动甲午侵华战争后，就谋划趁此机会夺取台湾及其附属岛屿，最后决定分三步采取不同的方式进行：

第一步，窃取。对钓鱼岛就是采取窃取的办法。钓鱼岛列屿，包括钓鱼岛、黄尾屿、赤尾屿及其他岛礁，自古以来就是中国的领土。1879 年，日本吞并琉球后，即企图染指钓鱼岛。1885 年，时任日本内务卿的山县有朋，是一位狂热的对外扩张论者，想将钓鱼岛划入日本的版图，在岛上建立"国标"。但是，时任外务卿的井上馨，认为此时并非将钓鱼岛划归日本的合适时机。他函复山县称：

> 此岛屿近清国之境，较之前番勘察已毕之大东岛方圆甚小，且清国已命其岛名。……此时若公然骤施立国标诸策，则易为清国所疑。窃以为目下可暂使其实地勘察，细报港湾之形状及有无开发土地、物产之望，建立国标、开发诸事可留待他日。……此次勘察之事，不宜见诸官报及报端之上，万望以之为念。①

就是说，要改变原先的思路，即变公然占领为暗地窃取。从此时起，日本政府便确定了伺机窃取钓鱼岛的方针。

从 1885 年到 1894 年的 10 年间，日本内务省和冲绳县费尽力量，始终没有找到一条有关钓鱼岛属于琉球的证据。相反，所搜索到的调查证明，旧记、书类也好，口碑、传说也好，都足以证明钓鱼岛是中国所属的岛屿。这就是日本未敢贸然下手的原因所在。到 1894 年底，日本所企盼的合适时机终于到来了。在中日战局胜败业已明朗的情况下，时任内务大臣的野村靖旧案重提，以"今夕情况已殊"，再次征

---

① 井上清：《钓鱼岛：历史与主权》，第103页。

询外务省对钓鱼岛标桩事的意见。陆奥宗光的答复是:"别无异议。"遂在陆奥的支持下,日本内阁通过了内务省的提案。

这样,在1895年1月,即中日两国尚未进行和谈之前,日本便以内阁会议决定的方式,非法地窃取了钓鱼岛。

第二步,攻取。对澎湖列岛就是采取攻取的办法。先是在12月4日,伊藤博文提出《进攻威海卫并攻略台湾之方略》,即主张在渤海进攻威海卫的同时,也要将台湾作为占领的目标。他认为:"苟欲以割让台湾作为和平条约的重要条件之一,我方如不先以兵力将其占领之,则无使彼将其割让之根据。"但在中日双方开始和谈的情况下,攻取台湾全岛已来不及,只有改为先攻取澎湖列岛,为下一步议定条约时割取台湾作准备。

3月24日,中日全权大臣举行第三次会谈。这时,伊藤博文已经获悉了日军混成支队于23日登陆澎湖的消息。所以,当李鸿章将停战之议搁起,要日方出示和款时,伊藤突然冒出一句话:"我国之兵已向台湾行进。"他见李鸿章听后面带惊愕之色,又称:"岂止台湾而已!不论贵国版图内之何地,我倘欲割取之,何国能出面拒绝?"伊藤露出口风要割占台湾,李鸿章却不敢正面拒之,这就让日方掌握了中方的底线。

第三步,割取。对台湾本岛就是采取割取的办法。日方已知李鸿章唯恐和议中梗,不敢拒不割让台湾岛,便准备在签订和约时公然割取了。

遇刺事件 3月24日下午第三次会谈结束后,李鸿章在返回寓所途中被暴徒开枪击伤,引起举世震惊。25日,李经方致电总理衙门称:"此事恐不能终局矣。"

陆奥宗光看到破译的李经方电报,猜不透是什么意思,非常紧张。

他有两怕：一怕李鸿章借口中断谈判回国；二怕列强插手干涉。他写道：

> 我观察内外人心所向，认为如不乘此时机采取善后措施，即有发生不测之危机，亦难预料。内外形势，已至不许继续交战的时机。若李鸿章以负伤作借口，中途归国，对日本国民的行为痛加非难；巧诱欧美各国，要求它们再度居中周旋，至少不难博得欧洲二三强国的同情。而在此时，如一度引出欧洲列强的干涉，我国对中国的要求将陷于不得不大为让步的地步。①

当天夜间，陆奥宗光亲至伊藤博文下榻之处，密商对策。两人一致认为，为使李鸿章衷心感到满意，只有允许他一再恳请之休战，较为得计。因为对日本来说，"今日善后之策，唯有与清使继续商谈，以预先避免各国之联合干涉"。3月26日，实行停战决定，得到了明治天皇睦仁的裁可。

在此期间，陆奥宗光因需要随时掌握中国使团的动向，与李经方多有接触，趁机向李经方透露："我天皇陛下以慈惠为心，不久必恩准无条件休战。"于是，李鸿章于3月27日傍晚致电总理衙门，称："诸医珍视再四，子嵌骨髓，碍难取出，皮肉医痊，约需月余。现唯静养，俟和款送到，再力疾妥议，随时电闻。"陆奥阅此电报后，断定李鸿章已无回国之意，也就放下心来。是日夜半，他急电告知伊藤博文：

> 李鸿章之情况大为好转，此际不仅无回国之意，而且似乎已下决心，必须在缔结条约完毕后回国。此事无论按李经方所言，或就以前密码电报观察，其意均甚明显。②

---

① 陆奥宗光：《蹇蹇录》，第137~138页。
② 《日本外交文书》，第28卷，第1037号。

虽说如此，陆奥宗光仍然主张迅速签订停战协定，以免由第三国提出，因为那将对日本甚为不利。于是，不等伊藤博文从广岛返回马关，陆奥便于28日亲往李鸿章住所，在其病榻前告知天皇允诺停战之意。30日，双方签订了《中日停战协定》。

这份停战协定的签订，是日本政府迫于各方面压力的结果。但是，日本在确定停战条款时，却巧妙地将自己的意志贯彻于其中。

其一，例外规定。协定虽规定停战，却有例外的规定，即将台湾和澎湖列岛排除在停战地区之外。

其二，停战三周。日本政府之所以允诺停战三周，是因为日本大本营已经作出决定，由参谋本部总长小松彰仁亲王任征清大总督，并将于近期成立"征清大总督府"进驻旅顺，以张声势，对清政府施加压力。

其三，逾期中止。协定规定停战期限，并谓"如期内和议决裂，此项停战之约亦即中止"，这实际上是逼迫中方在停战期限内满足日本的各项要求。

父子全权　李鸿章来马关和谈，以李经方为参议，却又升其为全权大臣，成为父子二人皆是全权大臣，人们皆以为奇。其实，这是清政府接受日方建议而作出的决定。

4月1日，双方举行第四次会谈。日方因伊藤博文尚在广岛，由陆奥宗光出席；中方因李鸿章枪伤未愈，委托参议李经方出席。陆奥出示《和约底稿》，要求中方须在三四日内答复。李鸿章阅过《和约底稿》后，认为其中第2款"割让盛京省南部地方、台湾全岛及澎湖列岛"和第4款"赔偿军费3亿两"过于出格，万不能从。当晚，他命分两次将日方《和约底稿》内容电告总理衙门。并述己见称："日本如不将拟索兵费大加删减，并将拟索奉天南边各地一律删去，和局必不能成，两国唯有苦战到底！"

对于李鸿章密电中"唯有苦战到底"的话，陆奥宗光并不担忧，因为刚刚收到北京电旨："李鸿章务当详审断酌，设法尽力磋磨，总其必成而后已，不可畏难避谤，废弃于半途，致误大局。是为至要！"这就是给李鸿章下了死命令，一定要谈成和约。因此，陆奥分析，"唯有苦战到底"的话，不过是为了"博得各国之同情，以借各国之力迫使日本减少其要求"罢了。于是，他一面训示驻西方大国公使，将媾和条件秘密提示给各驻在国政府，一面命外务次官林董分别约见各大国驻日公使，以展开一场广泛抵制中国争取列强支持的活动。

但是陆奥宗光也认识到，要想与中方沟通方便，并随时掌握谈判对手的情况，必须在李鸿章之外另建渠道，最理想的办法是设法让李经方也成为全权大臣。于是，他便以李鸿章伤病未痊为由，请谭恩致电田贝，建议添派李经方为全权大臣，随同李鸿章与日本商议和约。4月6日，清廷允行，并电知李鸿章。从此，伊藤博文、陆奥宗光二人与李鸿章还是李经方会谈，完全根据日方的需要而定。

从4月4日以来，双方就割地、赔款两项发生争论。在割地问题上，日方要求割让包括辽阳、鞍山等处在内的奉天南边地方，中方则答应让出安东县、宽甸县、凤凰厅、岫岩州等四处；在赔款问题上，日方要求库平银3亿两，中日则以1亿两应之。双方互不相让，一时陷于僵局。

几天来，陆奥宗光一直在认真研究李鸿章给总理衙门的来往密电，以便采取新的对策。特别注意到：4月6日李鸿章给总理衙门的密电有"若欲和议速成，赔款恐须过一万万，让地恐不止台澎"的话，4月8日上午总理衙门复电则称："纵敌愿太奢，不能尽拒，该大臣但须将何处必不能允，何处万难不允，直抒己见，详切敷陈，不得退避不言，以割地一节归之中旨也。"陆奥宗光立刻意识到：这是清政府将割地、赔款的或拒或允的决定权推给了李鸿章。本来，日方深感双方反复辩驳，只能延误时日，这对日本是不利的。而要早日结束谈判，只有对李鸿章采取威胁手段，也就是陆奥说的"在事实面前使他们就范"。但考虑到李鸿章的地位和影响，不宜直接冒犯，便决定从李经方身上下手。

随后，伊藤博文便派人请李经方到其寓所密谈。名为密谈，实则大施威胁，进行外交讹诈。声称："南北两处均要割让，仅让一处亦断不行。……所索三万万，即欲减少，能减无几。"最后，厉声恫吓道：

> 若不幸此次谈判破裂，则我一声令下，将有六七十艘运输船只搭载增派之大军，舳舻相接，陆续开往战地，如此，北京的安危亦有不忍言者。如再进一步言之，谈判一旦破裂，中国全权大臣离开此地，能否再安然出入北京城门，恐亦不能保证。此岂吾人尚可悠悠迁延会商时日之时期乎？[①]

李经方经此一吓，不知所措，对其威逼使臣的无礼之举不敢作一言之辩，连所携带的商改约稿节略亦不敢交出，连声哀求："（我方）答案万一不能使日本全权大臣满意时，希望不因此招致日本全权大臣之激怒，以致谈判破裂，使九仞之功亏于一篑。是以诸事皆请海涵！"

当天下午6时，李鸿章复电总理衙门，略述伊藤博文威胁之辞后，提出己见："让北地以海城为止，赔费以一万万外为止。倘彼犹不足意，始终坚执，届时能否允添？乞预密示。否则，只有罢议而归。"

李鸿章之如此沉稳，特别是其密电中"否则，只有罢议而归"的话，使日方感到意外。陆奥宗光感觉到，"让北地以海城为止，赔费

[①] 陆奥宗光：《蹇蹇录》，第147页。

以一万万外为止"两句就是李鸿章心中的底线,连忙与伊藤博文商量,对原先提出的《和约底稿》进行相应的修改。

4月10日下午4时许,双方举行第五次会谈。李鸿章伤处渐愈,出席会议。陆奥宗光因身体原因未到,日方仅伊藤博文出席。闲谈片刻后,伊藤拿出准备好的改定条约节略,其中重要的改动有两项:

其一,割地。因为李鸿章密电有"让北地以海城为止"的话,节略除要求割让台湾及澎湖列岛不变外,对割让盛京省南部地区的范围则作了较大的压缩,改为从鸭绿江口起,溯江至安平河口,由此划线而到凤凰城、海城及营口,此折线以南地方。如此划法,适与"海城为止"相符。

其二,赔款。因为李鸿章密电有"赔费以一万万外为止"的话,节略也从原先要求的库平银3亿两减下来,即从原先确定的乙方案3亿两改为甲方案2亿两。以此与"一万万外为止"相应。

李鸿章看完节略后,就割地、赔款两项进行辩驳。因日方已经摸准李鸿章的底线,伊藤博文绝不松口,反而态度非常强硬,说:

> 驳只管驳,但我主意不能稍改。目前最需要我等努力者,乃速定和约。我国在广岛已作好出征准备,有60只运输船随时可解缆出航。昨夜至今晨,渡海之运输船已达20只,其所向之地盖距天津不远。唯在停战期内,须严守停战之约耳。一旦时机到来,当即刻进发,而无可犹豫也。今日之事,所望于中堂者,唯允与不允之明确答复而已![1]

4月11日,伊藤博文阅总理衙门与李鸿章往来密电,知尚不肯遽然允诺日方条款,决定进一步施加压力,以表示态度之坚决。当天,他致函李鸿章称:

---

[1]《日本外交文书》,第28卷,第1089号,附件二。

所有昨交和约条款，实为尽头一著。中国或允或否，务于4日内告明。其4日期限，系从昨日算起。

并在函后附加数语云：

战争之为物，无论在战斗的措施上或在战争所发生的结果上，均有进而无止，所以请阁下勿认为今日可侥幸得到日本允诺的媾和条件，至后日亦仍可得允诺。①

当天，李鸿章致电总理衙门："伊昨面谈，语已决绝。今又来此函，似是哀的美敦书。应如何应付之处，伏候速示遵办。"此后数日内，伊藤博文或致函李鸿章，强调条款已让到极处，无可再让，或对参赞伍廷芳声言"恐不待停战期满，已先开仗"，极尽施压之能事。

4月14日，李鸿章再次致电总理衙门："事关重大，如照允，则京师可保；否则，不堪设想！"君臣皆唯恐京城不保，连复内容相同之两电，谕李鸿章即可定约："如竟无可商改，即遵前旨，与之定约。"既奉最后谕旨，马关缔约之事乃定。

签订合约 4月17日上午10时，中日双方全权大臣皆会于马关春帆楼，就和约签字事进行协商。11时40分，和约签字仪式结束。是为《马关条约》。其中重要的规定有以下五项：

第一，割让土地。中国割让辽东半岛、台湾全岛及所有附属岛屿给日本。

第二，赔偿军费。中国将库平银2亿两交与日本，作为赔偿军费。

第三，添开口岸。规定中国允在已通商口岸之外，另添开沙市、重庆、苏州、杭州为通商口岸，日船得驶入各口搭客载货。

第四，日人设厂。规定日本臣民得在中国通商口岸城镇，任便开设工厂，所有在中国制造之货，与进口货物一样应享受优待，免征一

---

① 陆奥宗光：《蹇蹇录》，第151页。

切杂捐。

第五，驻军需费。中国为保证履行约内条款，听允日军驻守威海卫，并每年将驻军费库平银 50 万两交付日本。

《马关条约》的签订，引起国际风云陡变，朝廷内外议论纷纷，全国舆论一片哗然，反对条约之声颇高。值得一说的事情很多，兹择其要者三事略述如下：

其一，三国干涉。由于日本不顾俄国的警告，执意要割占辽东半岛，俄、德、法三国于 4 月 23 日向日本政府提出严重交涉，要求日本放弃对辽东半岛的占领。这就是历史上的三国干涉还辽事件。

日本当然不肯放弃已经抢到嘴边的食物，采取多种反干涉的措施，皆不成功。日本政府自知独力难以与三国对抗，决定实行"对俄、德、法三国完全让步，但对中国一步不让"的政策。结果由中国出库平银 3 000 万两，作为收回辽东半岛的赎金。

在俄国发动的三国干涉还辽事件中，中国始终处于受人摆布、宰割的地位。前门拒一虎，后门进三狼。以三国干涉还辽为由头，列强瓜分中国的狂潮从此兴起了。

其二，押台计划。先是在 3 月间，李鸿章被授予割地之权而东渡议和，朝野皆知割让台湾已成难以挽回之事。署理两江总督张之洞提出了一个抵押台湾的保台计划，即仍由中国保留对台湾的主权，而将台湾各项事业的管理权暂时交由英国某企业组织。此以押台来保台计划之先声也。

《马关条约》签订后，台湾民众无比愤慨，官绅极度不满，急筹保台之策，于是想到了抵押台湾的方案。4 月 20 日，台湾巡抚唐景崧约见英国驻淡水领事金璋，请他会见一批当地民众的代表。见面后，他们向金璋递交了一项押台计划：

请英国和德国将台湾置于保护之下，以煤、樟脑、茶叶、黄金和硫磺的关税归英国所有，而中国则保留领土的行政权，并继续征收田赋。①

李鸿章虽然亲自签订了包括割台条款的《马关条约》，但这绝不表示他的签字是心甘情愿的。他回到天津后，知道台湾提出了一项押台计划，认为不失为权宜之计，不妨一试。于是，他于5月2日约见英国驻天津领事宝士德，谈及押台方案，提出："请函问欧格讷先生，贵国政府若感兴趣，最好他能来天津具体商谈。欧格讷先生同我在这里很快会达成协议。"

当然，李鸿章为推销押台方案所付出的努力，不会取得任何成果。从这次押台方案到先前列强调停的失败，说明一个深刻的道理：只有怀着必胜的信念，依靠自己的力量，发挥自身潜在的优势，才有可能克服一切困难，最终战胜来犯的敌人。这也是这次战争留给后人的重要历史教训。

其三，付款之争。根据《马关条约》，中国应赔偿日本军费库平银2亿两；在威海卫的驻军费每年库平银50万两，共支付3年为150万两。另外，还要付给日本赎还辽南费3 000万两。三项合计，为库平银2亿3 150万两。这本是十分简单的问题，不想日本新任驻华公使林董一到北京，就迫不及待地同总理衙门进行交涉，提出要商谈中国付款的办法。他认为有两个问题需要具体商定：

第一，纹银成色问题。马关和谈提出以库平银作为赔款计量的标准。所谓"库平"，本是清政府所规定的国库收支银两的成色标准，源于康熙朝。当时规定每1 000两纹银须含有935.274两纯银，即标准库平银每两含纯银35.292克。但是，在以后的长期流通中，库平银的

---

① 《英国外交文件》下，第222号。

成色在全国范围内未能保持一致，不仅中央与各省不同，即一省之内也有不同。以顺天府为例，三六库平成色即比康熙标准库平高出不少，而三四库平成色则比康熙标准库平低了许多。

日方看到中国银两流通中的这种混乱现象，认为这是一个绝好的敲诈机会。于是，日本便向中国提出了偿付的库平银必须"足色"的要求。林董致函总理衙门称：

> 库平一节，昨用同文馆所备之衡，试取数个一两，权称之，均有轻重，未知孰是？[1]

因此，林董要求库平必须足色。从表面上看，这是一个合理的要求，而且也不难解决，因为尽管库平银在流通中有不同成色，但有康熙规定的成色在，采取康熙标准库平银就妥了。

其实，林董提出"足色"问题是醉翁之意，借此无理取闹，否定康熙标准的合理性。他毫无根据地要求库平银成色必须达到988.890（每1 000两含纯银988.890两），即每两库平银含纯银37.312 56克。这不仅远远高于康熙标准库平，而且比顺天府的三六库平还要高。总理衙门与之力争，然在林董的坚持下也只好接受其无理要求。

这样一来，中国交给日本的赔款，与按康熙标准库平银计算相比，多付了1 325万两。

第二，赔款币种问题。 日本为从中国勒索更多的赔款，可以说挖空心思，无所不用其极。《马关条约》规定中国赔款按库平银计算，林董却要总理衙门用英镑在伦敦支付赔款。总理衙门只能答应下来，但也提出两点：（一）银价折合英镑早晚不定，应于交款之日就市按价计算。（二）用中国银市习惯上规银升库平之法，再合成英镑数。这本是一个相对合理的办法，却遭到林董的坚决拒绝。

---

[1]《翁同龢文献丛编·甲午战争》。

林董想了一个巧招儿，就是库平银换成英镑，要按本年（1895年）6、7、8三个月的伦敦市价折中计算。采用这种计算方法，显然没有道理。因为当时镑涨银跌已成总趋势，中国赔款以低价折合成英镑是一个死数，而以后用高价购买英镑支给日本，这就会形成巨大的"镑亏"。但总理衙门不敢与之力争，只能被迫按林董的计算结果办理。

这样，就"镑亏"而论，中国所赔日本之军费、赎辽费及威海卫驻军费，就得又多付给日本库平银1 494万两。

所以，从条约的字面上看，中国交付的赔款是三项，即军费库平银2亿两、赎辽费库平银3 000万两及威海卫驻军费150万两，计2亿3 150万两。其实，还应加上两项，即以库平银"足色"为借口多付的1 325万两和因"镑亏"多付的1 494万两。两者相加，约为库平银2.6亿两，折合日金3.9亿日元。

暴富之后 经过甲午一战，日本成了亚洲的战争暴发户。这次战争掠夺，使日本发了大财。日本前外务大臣、后任大藏大臣的井上馨，曾经踌躇满志地说：

> 在这笔赔款以前，日本财政部门根本料想不到会有好几亿的日元，全部收入只有8 000万日元。所以，一想到现在有了3亿5 000万日元滚滚而来，无论政府和私人都顿觉无比富裕。①

其实，井上馨所说的3.5亿日元，是按条约字面的数字计算出来的。再加上日本以库平实足、英镑支付等名义的勒索，中国支付的赔款总额数应该是3.9亿日元。

实际上，日本通过这次战争所掠夺的财富还不止这些。此外，光日军在战争中获得的金银及各种货币，即可折合库平银2 000万两，

---

① 波波夫：《日本的经济》，第23页。

相当于日金 3 000 万元。还有从中国获得的兵船、军械、军需物资等，约价值库平银 6 000 万两，相当于日金 9 000 万元。这两项相加，也有库平银 8 000 万两，相当于日金 1.2 亿元。

这样看来，日本通过这次战争，从中国掠夺的财富达到库平银 3.4 亿两，折合日金 5.1 亿元。这是一笔巨大的财富，其数目是当时日本年度财政收入的 6.4 倍。

日本当局这次真正尝到了发动侵略战争的甜头，切实感觉到了发动侵略战争是一本万利的买卖，这就更加刺激了它急欲对外扩张的野心。于是，它凭借这笔突然而至的巨款，大搞所谓"战后经营"，进一步扩军备战，使整个日本国家战争机器化，成为远东地区的主要战争策源地。在此后的半个世纪里，日本多次发动对外扩张的侵略战争，最后终于遭到了彻底的失败。

可见，日本虽然赢得了甲午战争，但这场胜利也为日本的最后失败埋下了伏因，成为日本军国主义最终败亡的起点。这就是历史的辩证法。

第五节　拒和运动

拒和声起　《马关条约》签订后，全国上下一片哗然。内外臣工交章论奏，纷纷反对和约，而其议论不尽相同。主要有以下三种主张：

其一，诸臣公议。认为若批准条约，后果严重，国将无以为国。建议朝廷饬下军机处亲王大臣再行妥议，或与大学士、六部、九卿、翰詹、科道共同议会，恭候圣裁。此主张反映了群臣对军机大臣数人"密谋臆决"的成法不满，但在当时是不可能被采纳的。

其二，结援制日。群臣中有些人不甘心割地赔款，但对自身的力量又缺乏信心，于是想出结外援以制日的办法。怎样才能使各国出手助我呢？提出了三种办法：

第一种，远交近攻。认为可利用西方国家与日本的矛盾，说服西方国家为我所用。如广东巡抚马丕瑶奏称：

> 环海各国，富莫如英，强莫如法，大莫如俄，三国各有不相上下之势，而更忌他国之驾乎其上。……倭若得志于中国，非特中国之不利，即英、法、俄三国之不利也。似宜乘此时势，说合英、法、俄各国，同心合力，联邦交和睦之谊，或伐倭使分其地，或责倭使阻其兵，利害兼筹，彼三国当必乐从。①

第二种，以财赂之。认为西人重利，可以利诱之为我用。如河南道监察御史宋承庠奏称：

> 洋人趋利如鹜，如以重赂饵之，必能出为我用。倭人索赔兵费二万万两之多，若以此款分赂各国，约为援助，谅必乐从。盖同费巨款，与其赂偿与敌国，不若酬犒夫邻邦。②

第三种，以地赂之。认为西人既重财又重地，可以地赂之，借其兵威以废约。如署南洋大臣张之洞奏称：

> 非借兵威不能废约，此时欲废倭约，保京城，安中国，唯有乞援强国一策。……乞援非可空言，必须予以界务、商务实利。窃思威、旅乃北洋门户，台湾乃南洋咽喉，今朝廷既肯割此两处与倭，何不即以赂倭者转而赂俄、英乎？所失不及其半，即可转败为胜。③

这些主张的提出者，既不了解世界大势，也不肯接受前此醉心列

---

① 《清光绪朝中日交涉史料》，卷四十四，第2页。
② 《清光绪朝中日交涉史料》，卷三十九，第11页。
③ 《清光绪朝中日交涉史料》，卷三十九，第12页。

强调停的教训，仍然对列强存在极大幻想，甚至想不惜用"前门拒虎，后门进狼"的办法来救燃眉之急，这无异于饮鸩止渴，可谓荒唐至极！这些主张不仅行不通，而且若一旦实行，必将招致无穷的后患。

其三，拒和备战。当时前敌的主要将领大都力主拒和备战。如帮办军务四川提督宋庆分析前此之失利，乃是"兵非久练"，提出当务之急是整顿军旅，"科简军实，去腐留精，尝胆卧薪，实事求是"，并表示"愿与天下精兵，舍身报国"。广东陆路提督唐仁廉认为有"十可战"，何况日本"显有外强中干之态"，"反复兴师糜饷，势将利在速战，久必不支"。"我即定三年军期，不战而专事守，彼亦未有不穷蹙而亡者。"黑龙江将军依克唐阿也认为："但能力与之持，不过三年，彼必死亡殆尽。"并表示愿"自任一路，督率所部，效死疆场，以图恢复"。

既要拒和备战，就必须有相应的制敌之策。其策有二：

第一，实行持久抵抗战略。早在战争爆发之后，即有人提出与敌久持的思想，但认识还不成熟。随着战争的进行，人们对持久战略的认识更为深入。因此，此时提出实行持久抵抗战略者颇多。如钦差大臣刘坤一奏称：

> 割地、赔款多节，目前固难允行，后患更不堪设想，宜战不宜和，利害轻重，事理显然。……在我只须坚韧苦战，否则高垒深沟，严为守御。倭奴悬师远斗，何能久留？力尽势穷，彼将自为转圜之计。况用兵两年，需饷不过数千万，较赔款尚不及半，而彼之所费愈多。"持久"二字，实为现在制倭要著。①

第二，迁都以避敌之要挟。在战争进行期间，即有不少主张迁都者，但都不敢正式入奏。《马关条约》签订后，许多官员认为只有定

---

① 《清光绪朝中日交涉史料》，卷四十，第28页。

迁都之策，才可使统兵将领放胆拼战，因其无内顾之忧也。如陕西巡抚鹿传霖奏称：

> 我皇太后、皇上暂时西幸，以避敌锋，犹远胜于听其要挟不能自存。而各军帅知乘舆已发，无内顾之虞，更可专力效胆，纵横荡决。彼倭逆深入重地，兵单饷竭，以我全力歼彼孤军，未有不能殄除凶暴，复我疆宇者也。即或一时难以底定，则卧薪尝胆，蓄养精锐，以图恢复兵力，财力尚有可为，焉可束手受制，失人心，辱国体，至于此极耶？①

实行持久战略，是当时唯一切实可行的作战方针，而迁都则是实行持久战略的必要条件。二者是相辅相成的。清廷既对抗战的前途完全丧失信心，就没有可能采用这两项重大的制敌之策，也只有走批准和约之一途了。

5月7日，清廷派二品顶戴候选道伍廷芳和三品衔升用道联芳为钦差换约大臣，前往烟台，与日本全权办理大臣伊东巳代治在顺德饭店完成了互换条约手续，《马关条约》终于正式生效。

公车上书 当时，正值全国各省举人会试北京，闻讯后莫不义愤填膺，纷纷上书都察院，反对和约，形成了轰轰烈烈的公车上书运动。对于公车之上书，都察院给予充分的肯定，认为皆为"有血气之作"，以求"挽回之术、补救之方"。

广东举人康有为联合18省举人，于5月初在北京城南松筠庵会议，草成14 000余言公呈，署名者有600多人。公呈的主题是：

"公车上书"题名（部分）

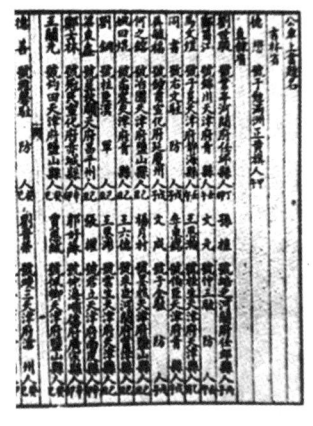

---

① 《清光绪朝中日交涉史料》，卷四十四，第2页。

"迁都练兵，变通新法，以塞和款而拒外夷，保疆土而延国命。"值得注意的是：康有为在公呈中提出一个"近之为可战可和而必不致割地弃民之策，远之为可富可强而必无敌国外患之来"的"大计"，即"迁都定天下之本，练兵强天下之势，变法成天下之治"。并开列钞法、铁路、机器轮舟、开矿、铸银、邮政六项"富国之法"。

康有为草完公呈之后，曾先令弟子梁启超等连日缮写，传遍京城，士气愤涌，产生了巨大的影响。因此，松筠庵会议实为戊戌变法之先声，维新派正式登上政治舞台之第一幕也。

振兴中华 与维新派登上政治舞台的同时，革命先行者孙中山也开始了他的革命生涯。

先是在1894年6月下旬，孙中山抵达天津，投书李鸿章，建议革新政治，"冀九重之或一垂听，政府之或一奋起"。然李鸿章以军务匆忙，不予延见。孙中山由天津到了北京，耳闻目睹，始知清政府积弊重重，无可救药，非彻底改造绝不足以救亡。此时，日本已经挑起了战争，其后又将战火烧到中国境内。11月24日，他便在檀香山组建兴中会，宣称："近之辱国丧师，剪藩压境，堂堂华夏不齿于邻邦，文物冠裳被轻于异族。有志之士，能无抚膺！"大声疾呼："亟拯斯民于水火，切扶大厦之将倾。"并发出了"振兴中华"的呼喊。

随着战争的步步失利，旅顺、威海卫相继沦陷，京、津岌岌可危，清廷之腐败暴露无遗，孙中山又于翌年2月21日成立香港兴中会总

部，提出"驱除鞑虏，恢复中华，创立合众政府"的口号，从而推动了民主革命思潮在全国的发展。后来成立中国同盟会时，又规定"驱除鞑虏，恢复中华，创立民国，平均地权"16字为纲领。

《马关条约》签订后，孙中山认为，拒和更应探求乞和之因及施治之方。他指出："甘于弃地，日就削亡者，清国之趋势也。……非彼之不欲自全也，以其势有所必不能也。"并强调："中国欲独立，不可不革命！我中国欲与世界列强并雄，不可不革命！我中国欲长存于20世纪新世界上，不可不革命！"他反对封建专制和建立民主共和的思想，是遗留至今仍值得珍视的精神遗产。为了拯救民族的危亡，以孙中山为代表的民主革命派，对中国革命的性质、方法和任务提出了一套新的思想体系，这在中国近代民族觉醒的进程中是一次重大的飞跃。

梁启超有言："唤醒吾国四千年之大梦，实自甲午一役始也。"以甲午战争为历史的转折点，经历过多次失败和反复探索，中国人民才有了这种新的觉悟，达到了这种新的认识。

第八章 台海风云

第一节 抗日保台

早在1894年7月初，朝廷鉴于日本大举派兵入朝，曾密谕台湾加强防务。后以台湾布政使唐景崧有"知兵"之名，令署理台湾巡抚，主持全台防务。唐景崧接抚篆后，做了一件值得注意的事，就是筹建义军。

义军初建 先是在7月间，清政府曾命太仆寺卿林维源督办台湾团防事务，但毫无成效可言。虽各地上报人数甚多，然大都有名无实。时人评之曰："村氓乌合，未受节制，虚报浮填，图领兵械，使应前敌，不堪一战也。"9月，在籍工部主事丘逢甲上书唐景崧，认为台湾孤悬海上，日人久垂涎于此地，应集各乡民众训练，并建议招募义军，以加强战备，防范日军来攻。

丘逢甲 又名仓海，福建彰化（今属台湾）人。他少负大志，毅然以天下为己任，颇留意中西时事，曾撰《中国学西法得失利弊论》，主张中西学之会通。1889年赴北京会试，中进士，钦点工部虞衡司主事。因目睹官场黑暗，遂绝意仕途，请假回乡。此后，他便往来于台南崇文书院、台中衡文书院及嘉义罗山书院，教授学生。

唐景崧同意丘逢甲筹建义军的建议，命其"召集健儿，编伍在乡，不支公帑，有事择调，再给粮械"。丘逢甲开始在台中召集义勇，到12月间造册登记26营。唐景崧遂奏请以丘逢甲总办全台三府义勇事宜。但这种编伍在乡的义勇，不立营垒，且无常规的军事编制，还称不上义军。

1895年3月下旬，日军攻占澎湖，台岛形势孤危。唐景崧正式任命丘逢甲为全台义军统领，统带营伍北上。丘逢甲即率义军5营驰赴台北后路，并刊刻统领各路义军关防。这是台湾抗日义军有编制之始。

自立民主　《马关条约》签订的当天，割台消息便传到了台湾。丘逢甲致书唐景崧，劝其学习民族英雄郑成功，挺身而出，勇担保卫台湾的重任。并上书朝廷称："桑梓之地，义与存亡，愿与抚臣誓死守御。……如倭酋来收台湾，台民唯有开仗！"后知割台之事已无可挽回，乃集绅民会商固守之计。前驻法参赞陈季同提出"民政独立，遥奉正朔，拒敌人"之策，众皆赞成。

5月下旬，丘逢甲等共议，自立为民主国，推唐景崧为总统，铸"台湾民主国总统印"。25日，台北绅民齐至巡抚衙门，送民主总统金印及国旗，唐景崧受之。于是，改年号为"永清"，布告中外，并晓谕全台，其文曰：

> 日本欺凌中国，大肆要求，此次马关议款，于赔偿兵费之外，复索台湾一岛。台民忠义，不肯俯首事仇，屡次恳求代奏

唐景崧

免割，总统亦奏多次，而中国欲昭大信，未允改约，全台市民，不胜悲愤。当此无天可吁，无主可依，台民公议自立为民主之国。①

正式宣告台湾民主国成立。

台湾民主国成立后，主要做了四件事：

其一，声明民主原委。台湾民主国成立的当天，唐景崧即电总理衙门说明成立民主国之缘由："台民前望转机，未敢妄动，今已绝望，公议自立为民主之国……遵奉正朔，遥作屏藩。"

其二，改变衙门名称。台湾民主国总统下设三个衙门：改布政司为内务衙门；改筹防局为外务衙门；改全台营务处为军务衙门。其余地方民事，仍由道、府、厅、县照旧办理。台抚对外称总统，对内仍旧衔相称。

其三，填补官员之缺。清廷割台明文下达后，台湾的道、府、厅、县官员大都奉旨内渡，便任命新的官员以填补空缺，使台湾全省抗日的领导体系得以维持，不曾因大批官员内渡而趋于瓦解。

其四，组建抗日体制。民主国成立后，建立了清军与义军联合抗日的新体制。除由全台义军统领丘逢甲统带义军10营外，还经丘逢甲推荐，唐景崧任命吴汤兴为台湾府义军统领，统带6营义军。其后，南澳镇总兵刘永福又檄简成功为义军统领，统带11营，协防台南。在当时看来，建立清军与义军联合抗日体制是一个创造，为尔后的反割台抗日武装斗争作出了很大贡献。

日军攻台 当台民酝酿自主之际，日本也在作进攻台湾的准备。5月29日，日军便在台湾岛东北角的澳底港登陆，开始向西进犯。4月2日，李经方在基隆港外船上与日方完成了交割台湾的手续。6月3

---

① 《中国近代史资料丛刊·中日战争》，第1册，第201~202页。

日，日军占领基隆市街后，又攻陷了狮球岭。台北外围险要尽失，危在旦夕。

6月4日，刑部主事、民主国内务大臣俞明震往见唐景崧，劝其退守新竹，与刘永福等军联合，以图再举。唐景崧不应。俞明震知事已不可为，退后书密函呈唐曰："唯计不退守新竹，公宜自为计，不可贻笑天下。"意在劝唐从速离台，勿落敌手也。是夜，前敌溃兵入城，台北大乱。唐景崧由抚署后门出，匿于德国洋行。既而微行至沪尾，乘德轮鸭打号内渡厦门。

此时，台北清军溃散，仅余后路丘逢甲这一支义军，势难支撑，遂退往新竹一带，继续抗击南侵的日军。

6月17日，日本政府新任命的台湾总督兼军务司令官桦山资纪，在台北主持所谓"始政典礼"，宣布台湾总督府正式成立。后来，日本政府将此日定为"始政纪念日"，视为在台湾殖民统治的开始。

"民主"性质　丘逢甲等人所推动成立的台湾民主国，究竟属于什么性质？长期以来，曾经广泛流行一种观点，认为台湾民主国是脱离祖国而成立独立的共和制国家。此说的始作俑者就是李鸿章赴日和谈的法律和外交顾问科士达。他在《外交回忆录》中写道：

> 在台湾，反对割让台湾的情绪很激烈，以致发生暴动，……建立了一个独立的共和国，发表宣言，声称新政权要用武力反抗移交。

科士达对台湾民主国提出了两个错误的论断：

第一，共和政体说。科士达把"民主"误解为德谟克拉西，视同为"泰西民主"，认为台湾民主国是一个共和制的国家。后之论者多从之。如江山渊著《丘逢甲传》，即认为台湾民主国"实为辛亥倡议之先声"。并指出：

>言共和之纪元，必推端于辛亥焉。然窃谓共和之制，辛亥前已有行之者，不徒见诸空言，且征诸实行；建总统，开议会，定国旗，更官制，远挹（音艺 yì，取）唐虞之遗风，近掇（音多 duō，采）法、美之良制，共和之规模初定，其时固在辛亥以前十余年也。

此说不妥之处起码有三：

其一，望文生义。台湾民主国的"民主"并非指"泰西民主"，而是一个特有的概念，乃是指"台民自主"或"民为自主"。如唐景崧奏称："此乃台民不服屈倭，权能自主。"台民禀电亦称："台湾已为朝廷弃地，百姓无依，唯有暂行自主。"刘永福在《盟约》中说得更清楚："改省为国，民为自主。"就是说，在《马关条约》割台条款签订的情况下，台湾民众只有暂行自主才能保台。将其理解为"泰西民主"，完全是望文生义，与台湾民主国文献本身的含义是不符的。

其二，见名遗实。"立议院"是主张民主国为共和政体的重要理由之一。确实，唐景崧在布告中说过"立议院"的话，并推在籍太仆寺卿林维源为议长。但是，林维源并未就议长之职，议院也从来未开过会议，只有拔贡陈云林等数名议员支撑门面。因为林维源当时是台湾首富，唐景崧此前曾经两次向其筹借现银 140 万两，其财力于此可知。可见，所谓"议院"，只是徒有其名，其实则非，不能理解为"立法机关"。事实上，这不过是一个筹饷机构罢了。

其三，误识官制。"改官制"是主张民主国为共和政体的另一个重要理由。其实，唐景崧的民主国总统称谓，是专门对外使用的，对内仍称旧衔。他接民主国总统印的当天，即向朝廷奏明：

>伏思倭人不日到台，台民必拒，若炮台仍用龙旗开仗，恐为倭人借口，牵涉中国，不得已暂允视事，将旗发给各炮台暂换，

印暂收存，专为交涉各国之用。①

他在这段话里连用几个"暂"字：暂允视事，是避免"牵涉中国"；暂改国旗，是防"倭人借口"；暂存印信，是"专为交涉各国之用"。所以，前辈学者范文澜先生说："所谓民主国总统实际上仍是满清的巡抚。"这话是颇有见地的。

第二，独立国家说。此说流传甚广，产生了非常负面的影响。连横著《台湾通史》，其第4卷述台湾民主国事，标题为"独立记"。但细阅全卷，一开头即点出主题是"台湾人民自立为民主国"，全卷没有一处提及"独立"，可见标题的"独立"显然是误用。然后之论者却不加细辨，接受科士达之说，对台湾民主国大加鞭挞，说它是搞"独立运动"，指斥"这种做法本身就是一种分裂主义行动"。

1983年春，我应人民出版社张作耀先生之约，正着手准备《甲午战争史》一书的写作。当时，考虑到书中有一些内容，或是学术界争论的热点问题，或是需要重新认识的问题，必须要认真对待。如关于台湾民主国性质，即属于应该重新认识的问题。但在"独立国家"说已在学术界被视为定论的情况下，我认为与其以后把自己的观点写在书里，不如先写成文章，听听各方面的反应。因为在我看来，这虽是一个学术问题，而其影响却不限于学术界，已成为一个敏感的政治问题了。

1984年是丘逢甲的120周年诞辰，广东要在年底举行一次学术讨论会，我感到机会来了。于是，我写了一篇题曰《丘逢甲乙未保台事迹考》的文章，寄给广州的《学术研究》编辑部。当时，为了谨慎起见，文中论丘逢甲推动成立台湾民主国事，只写了几百字的一段话，点到而已。不久，接到该编辑部的回信，说稿件准备刊用，但建议删

---

① 《中国近代史资料丛刊·中日战争》，第6册，第394页。

去论台湾民主国的一段。因为涉及敏感问题，编辑一时拿不准，采取回避的态度，是可以理解的。所以，我复信给编辑部，说删去那一段话并不影响文章的主要论点，尊重他们的处理意见。不过，我心里想，对敏感问题采取回避的态度总不是办法，这样我的《甲午战争史》也不用写了。所以，此事反而激励了我，决心要写一篇专论，冲破这道障碍。

我为什么要执意这样做呢？我认为，尊重历史本身和正确对待前人，是治史者应尽的本分。何况大量台湾民主国的事实及其文献，都证明科士达"独立国家"说之荒诞无稽，不能再容其谬种流传了。

其一，自主宣言。台湾民主国发表宣言称："今已无天可吁，无人肯援，台民唯有自主，推拥贤者，权摄台政，事平之后，当再请命中朝，作何办理。"这里说得很清楚："自主"是暂行的应变措施，事平之后还要请命中朝，与所谓"独立"是有着根本性的原则区别的。

其二，国旗图案。台湾民主国的国旗图案为"蓝地黄虎"，这也不是随便设计的，而是寓有深意。其用意有二：一是参照清朝的青龙旗，龙在天上，虎在地下，以示尊卑之分；二是"虎首内向，尾高首下"，以示臣服清朝。故其寓意正如刘永福《盟约》所说："变出非常，变省为国，民为自主，仍隶清朝。"

其三，年号永清。台湾民主国定年号为"永清"，实则宣布永隶清朝。唐景崧接总统印的当天发布告示，虽用"永清"年号，却在文中说："供奉正朔，遥作屏藩，气脉相通，无异中土。"就是说，仍用中国正朔，无异中国也。

以上所述，足以说明成立台湾民主国是台民在迫不得已的情况之下采取的非常之举，其目的是抗日保台，不但不是分裂国家，反而是要誓死保卫祖国的疆土，维护国家领土的完整和统一。将此诬为搞"独立运动"或成立"独立的国家"，是毫无道理的。

其四，自主效应。从实践方面看，台民自主的效应也是好的，对于反割台运动的发展起到了积极的作用。（一）民主国的成立，对维系人心和稳定局势起了很大作用，它作为号召抗敌的旗帜，对开展全台范围的反割台运动是有利的。（二）民主国一成立，便任命新的官员填补各地内渡官员之缺，使台湾抗敌的新体制得以形成。（三）民主国是台湾义军的组织者，并建立了义军与清军的联合作战体制，对当时的抗日战争作出了很大贡献。（四）民主国虽终告失败，但它播下了反抗的种子，迅速发展为席卷全岛的抗日武装斗争，并燃成了永难扑灭的抗日烈火。有论者嘲笑台湾民主国是"一幕滑稽戏"，"阻遏了台湾人民的抗日力量"，是完全没有根据的。

根据以上认识，我认为台湾民主国这个案应该翻过来。于是，我写了一篇题为《关于台湾民主国的评价问题》的论文，从台湾民主国产生的背景、性质、历史作用三个方面展开论述，对其作出了肯定性的结论。但是，这篇文章投到哪里？谁又敢发表它呢？我一时还拿不准。这时，我正好遇到了《北方论坛》编辑部的孙孝恩先生。他是山东梁山人，性格直率，我戏称他是"梁山好汉"。我跟他谈起台湾民主国问题，并说对历史上敏感或有争议的问题应该讨论，采取回避的态度是不对的。他非常赞成我的意见，马上说："你把文章给我。"不久，文章就见刊了。

12月，"纪念丘逢甲120周年诞辰学术讨论会"在广东举行，我也被邀与会。果然不出所料，台湾民主国成为会上激烈争论的热点问题。我在发言中详细介绍了个人看法，并将所带的《关于台湾民主国的评价问题》复印本分赠与会者，请提意见。经过反复研讨，大家终于在肯定台湾民主国历史作用的问题上取得了共识。

第二节　义军抗敌

闻道神龙片甲残，海天北望泪潸潸。
书生杀敌浑无事，愿与倭儿战一番！

——吴汤兴《北望》

吴汤兴　字绍文，广东嘉应州镇平县（今蕉岭县）人。父汤悦来只身来台，入赘于苗栗街吴家为婿。吴汤兴即其长子。少读书力田，负坚毅之气，以侠义闻乡里。及长，中秀才，充塾师维持生计。甲午战争爆发后，清军节节败退，敌寇深入国土，他悲愤至极，命笔写下《北望》一诗，其忠义奋发的忧国之情跃然纸上。清廷割让台湾后，吴汤兴誓抗朝命，经丘逢甲举荐，由唐景崧颁给台湾府义军统领关防。

吴汤兴是著名的台湾抗日三秀才之一，另外两人是徐骧和姜绍祖。

徐骧　字云贤。台湾苗栗头份人。祖籍广东。性刚毅，有胆识。年十八举秀才。后执教于头份。日本挑起甲午战争后，他就预感到日人包藏祸心，其志不小，对人言："台湾危矣！"《马关条约》签订后，他不禁义愤填膺，坚决表示："愿吾血随吾台俱尽，吾头与吾台俱碎！"日军侵台后，毅然投笔从戎，号召乡人"人自为战，家自为守"，组成义军一营，带之奔赴前敌。

姜绍祖　幼名金韫，号缵堂，新竹北埔人。原籍广东陆丰县（今陆丰市）。北埔垦首姜秀銮之曾孙，家巨富。姜绍祖捐监生。及中日战起，即奔走国事，散家财募勇，得500人，称敢字营。日军侵台后，即率敢字营北上，拟协防沪尾。因唐景崧内渡，遂率营返新竹。适吴汤兴自苗栗率军至，因与之会师。

湖口初战 台北失陷后，吴汤兴由苗栗率队北上，以期规复台北。6月10日，吴汤兴抵新竹城外，各路义军及清军诸营不期而会上万人，漫山遍野。众推吴汤兴为抗日义军首将。11日，吴汤兴集众列营祭旗，望北而誓，表必死之决心曰："是吾等效命之秋也！"众皆感奋，愿誓死抗敌。

当天，吴汤兴率部由新竹沿铁路线北上，以截击南侵之日军。此时，丘逢甲已由台北以西的南崁（音看 kàn）移师新竹，即命丘国霖率所部主力诚字3营来会，复派吴镇鈗带靖字正中营前来参战。因吴汤兴所部皆来自新竹、苗栗二县，故有新苗军之称。由于民众广泛地组织起来，台湾的抗日斗争便出现了新的局面。

6月14日，日军南侵部队进至大湖口（今湖口乡）火车站附近，发现与后方的联系已被义军切断。义军向日军步步逼近，从四面八方猛烈射击。双方展开了激战。据时人洪弃父《台湾战纪》载：

> 吴汤兴军自大湖口齐出赴战。徐骧军既前进向东路，汤兴、绍祖则率军自西而北，遍布官道。而西路日军适至，相遇，各开枪火。日军恃众，唯发排枪，弹如雨下，鲜命中。吴军多山民，善狙击，弹无虚发，日军仆者相续，遂大败退，止中坜，或退至桃仔园。

19日，日军集结大股部队，并加强了炮兵力量，继续向大湖口地区进犯。吴汤兴军本非素练，饷械不继，且系初次与敌作战，难敌日军的强大火力，遂退向红山崎。丘国霖部700人猛搏不支，也败绩而退。

22日，日军进至新竹城下，以炮火掩护步兵进攻。知县金国瑞弃城而逃。义军奋力抵抗，然牺牲太大，不得已撤出城外。新竹遂陷。

抗日三猛 日军虽占领新竹城，然城外各庄仍在义军控制之中。

事实上,新竹日军已处于义军的包围之中。但是,日本的台湾总督桦山资纪与侵台军近卫师团长、陆军中将北白川能久亲王,却对形势缺乏正确的估计,认为不难一举荡平,因此下达了"南征"的训令。令他们没有想到的是,不仅驻新竹附近的日军时常遭到义军的袭击,而且新竹以北一带义军蜂起,粮道受阻,难以继续南侵,不得不暂停执行"南征"的计划。

当时,台北、新竹间的抗日义军主要有三支,其首领被称为"三猛":

第一支,胡嘉猷为首。胡嘉猷,又名阿锦,号甫臣,新竹安平镇(今桃园市平镇区)人。原籍广东梅县。父胡珠光,于道光年间从军来台。1884年法军侵台,胡珠光为清军修炮械,以功授粮总官。胡嘉猷幼勤学,援例捐监生。及父死,袭其职,赏戴五品蓝翎。台湾民主国成立后,胡嘉猷起而响应,组织义军奋战。

日本"南征"军既占领新竹,胡嘉猷便以安平镇为根据地,屡次袭击日军兵站,使新竹日军后路受到极大威胁。日本某军官致东京友人书称:

> 安平镇乃贼首胡嘉裕(猷)的据点,构筑巢穴,呈割据之势。其队伍剽悍,与一闻炮声即逃的清军相比,实不可同日而语。他们在丛竹中实行坚固的家屋防御,经常袭击我兵站线,夺我粮食,杀戮我兵。我先头部队有此后顾之忧,而不能向新竹以南进兵。[①]

日军为解除新竹的后路威胁,于6月28日和7月1日两次进攻安平镇,均遭到失败。日军死伤40余人,义军伤亡仅10余人。7月6日,日军对安平镇又发动了第三次进攻。胡嘉猷因庄中水井被炮轰毁,汲饮困难,便率部转移,继续坚持抵抗。

[①]《日清战争实记》,第35编,第22~23页。

第二支，苏力为首。苏力，淡水县海山堡三角涌（今新北市三峡区）人。世代务农，至苏力始略读诗书。时刘铭传抚台，开山抚番，苏力勤于从事，家计以饶。他喜周济贫困，见义勇为，乡人称之。《马关条约》签订后，苏力号召乡人起兵，以抗击侵台日军。苏力义军屡次袭敌后路，日军苦之。

7月13日，日军运粮队经三角涌向南进发，即遭到苏力义军的伏击。日军护粮队35人，由特务曹长樱井茂夫率领，指挥抵抗。双方激战约3个小时。樱井中弹穿胸，日兵死10余人。余下的日兵见曹长已死，便向外突围，或中弹毙命，或死于义军刀下，最后只冲出3人。

北白川能久获悉日军护粮队在三角涌几乎全军覆没，即派骑兵队前去侦察情况。7月15日，日军侦察骑兵22人一路搜索而行。当骑兵进至三角涌以南约5公里时，地形变得复杂起来，因而迷失道路，进入一条不可通行的狭路。日方记载说：

> 当我军困顿路上，正在徘徊踌躇时，忽然枪声四起，响彻山中，眼看假装着农民的人们，三三五五，不知从何而来，拿起预先藏好的步枪，四面齐向我军乱射。……其间凡是树林桥荫，田里园里，都有人埋伏向我狙击，不知有多少处。……妇女童稚，全都勇敢地手携长枪，向我追赶而来，似乎老幼妇女都要当兵和我对抗。①

结果，日本骑兵侦察队22人，有19人丧生，只有3人逃回到台北。苏力义军又取得了一次歼敌战的胜利。

第三支，江国辉为首。江国辉，字国耀，号明亮，南雅厅大料崁（今桃园市大溪区）人，武秀才。原籍福建平和县，先祖随郑成功从军来台。江国辉好武能文，性急公好义，深孚众望。日军既占台北，

---

① 《中国近代史资料丛刊·中日战争》，第6册，第469页。

乡人共议，组织义勇，以保地方。于是，设忠义局，募义兵1 000人，以江国辉为统领。南雅厅乌涂窟贡生黄源鉴亦聚众抗日，与江国辉声气相通，联络呼应。同时，江国辉还同苏力义军建立了联系。

先是6月13日，日军一个中队和一个大队奉命扫荡大嵙崁，但行至福德坑，即钻进了义军所设的包围圈。据一名日军随军记者记述：

"敌兵！"一语未完之间，竟然以这一发空炮为信号，在四面的山腰山顶出现了2 000余名敌兵，一齐向我射击，枪炮恰如雨霰，或打碎岩角，或打折树枝，山谷响应，如万雷齐发。敌人据地物从上瞰射，我军全队都陷入研钵形的谷底中，……眼看之间已经十来名死伤。①

这支日军被包围了3天，四窜无路，伤亡尤多。

直到16日，北白川能久派来了大股援军和炮兵部队，才突破了义军的防线。最后，日军使出了火攻毒计，纵火焚烧义军据守的家屋。顿时，整个大嵙崁市街被笼罩于大火之中。黄源鉴负伤后，裹创再战，出围后乔装渔夫，潜渡鹭江。苏力突围后亦内渡。江国辉被敌所执，坚贞不屈，英勇就戮。被俘义民150余人，被敌人押至田心仔村，全部用刺刀刺死。

大嵙崁战斗后，日军基本上控制了新竹的后路。这更增加了台中抗日义军反攻新竹的困难。

反攻新竹　日军占领新竹后，全力进攻新竹与台北间的各路义军，这便给新苗军反攻新竹提供了机会。自6月下旬以来的一个月间，新苗军曾先后对新竹城发动了三次进攻。

第一次，6月25日。当日上午近11时，新苗军500多人向新竹日军前哨逼近，扛旗敲鼓，猛烈射击。在此前一天，新竹日军已得线人

---

① 《中国近代史资料丛刊·中日战争》，第6册，第471~472页。

报告，在城东南布阵，以防义军由此路来袭。果然，新苗军如期前来，日军哨兵急发信号，其机关炮队猛发排炮。新苗军占据有利地形，与之展开对射。日军又调山炮前来，进行轰击。战到下午 4 时许，新苗军难以前进一步，只好停止攻击。

第二次，7 月 10 日。参加这次反攻的兵力较多，规模也较大。因为此时的新苗军已发展为 6 个营。同时，民主国所任命的台湾知府黎景嵩，以为恢复有望，也命副将杨载云与新苗军会同作战。

杨载云 湖北人。从军来台，积功至游击，加副将衔。日军占领台北后，曾奉黎景嵩之命，率 1 营北上御敌，然未到新竹，新竹已为日军所占。杨载云遂驻扎于新竹以南。至是，黎景嵩又添募 1 营，并令原栋军 2 营隶之，共成 4 营，称新楚军，由杨载云统之。时人称："其勇虽为新募，颇娴规制，鼓以忠义，气皆兴奋。将官则有杨载云，尤为得力。"

此时，黎景嵩准备将苗栗县钱粮作为义军粮饷，并发给军装，无奈库款全无，未能多所接济。于是，发布告示筹饷，称：

现已派新楚劲勇数营开往前敌，会同义军，共图恢复，力扫倭氛。若非各属绅富激发天良，慷慨借助，其功必败于垂成，诚为可惜。……总望好义急公，勿存观望之见，庶几马腾士饱，无虞庚癸之呼。

由于黎景嵩力筹粮饷，新苗军才得以维持。从此，新苗军与新楚军配合作战，共同打击敌人，义军与清军联合抗日的体制，终于建立了起来。

7 月 10 日，是新苗军与新楚军合攻新竹城之期。然新楚军营官陈澄波无意中泄露师期，日军早已有备。上午 8 时，抗日联军开始攻城。杨载云会同吴汤兴先进攻南门，日军发射榴霰弹阻之。杨、吴军无法靠近南门，又从东南路进。不料日军先已占据东城 1 公里许之十八尖山，下山邀击。吴汤兴熟悉山路，亟先迎战。杨载云部左右并进。此时，徐骧见杨、吴等在城东激战，便向南拊敌之背，以牵制日军兵力。姜绍祖望见十八尖山战况，则登上一空宅之屋顶，枪击半山之敌军。于是，双方展开了一场山头争夺战。据洪弃父《台湾战纪》载：

> 日军凭山发炮，我军先后奋迅争上，夺其山，自山下发抬炮，弹丸及城中。日军则发大炮，我军伏避炮，十八尖〔山〕复为日军据。我军或从山后东径击其腰，日军复退下山，一上一下，如此数次。……我军卒以无大炮，乏子弹，被驱下山。

此战，姜绍祖被日军所俘，夜间与其他数名义军越狱而逃。不久，在一次战斗中，他又与敌人相遇，死于乱枪之中。

第三次，7月25日。当日午夜，抗日联军试图趁夜摸过新竹城，被日军巡逻哨兵发现。日军哨兵当即开枪鸣警。日军出新竹西门，用山炮向联军射击。联军从三面包围而来，枪声与炮声相应，战斗一度非常激烈。但日军炮火太猛，且有良好的掩体，联军虽奋力抗御，然处境不利，伤亡惨重，牺牲达130余人。丘逢甲部将丘国霖也不幸阵亡。战至上午8点半，抗日联军被迫向南撤退。

内渡遭谤 经过反攻新竹之战，丘逢甲所部损失严重，精锐丧尽，已经残不成军。此时，日军展开了搜捕丘逢甲的行动。丘逢甲先退到台中丰原，但藏身困难，感到只有内渡之一途。于是，他写下离台诗6首，其一称：

> 宰相有权能割地，孤臣无力可回天。
> 扁舟去作鸱夷子，回首河山意黯然！

便由梧栖港登舟内渡。

丘逢甲内渡后，谤议四起，攻讦之言颇多。其中最主要的有两条：一是未战先走；一是卷饷十万或十余万。百余年来，曾有人撰文为丘氏翻案，但都提不出确凿的例证，故很难有多大的说服力。1986年3月，台中市逢甲大学举办"丘逢甲与台湾历史文化学术研讨会"，我应邀与会，发现丘逢甲的这两桩公案仍无解决的迹象。中兴大学黄秀政教授是研究反割台抗日运动的专家，曾著有《台湾割让与乙未抗日运动》一书，他在发言中说，此前的翻案文章"并未有确切的文献资料可佐证，故依然是说者自说，疑者自疑，并无定论可言"。正点到了问题的要害之处。

当时，我正在为中华书局编辑《中国近代史资料丛刊续编》的《中日战争》卷，需要检阅大量有关台湾的档案资料，就冒出来一个想法：对丘逢甲的公案能否从史料的挖掘上突破？功夫不负苦心人。果然，从日本的台湾总督府旧档里发现了两条重要线索：

其一，丘氏行踪报告。本来，丘逢甲率义军驻在台北后路的南崁一带，自唐景崧内渡后，对他的去向没有任何记载，所以才有"未战先走"之说传出。事实上，日军占领台北后，对丘逢甲的行踪非常注意，安排许多线人为其提供情报。这些线人中，既有当地人，也有在台的外国人。如某德国商人向日军报告："改革台湾政府之首创者"丘逢甲，已从南崁"逃亡南部，并正募兵图与我抵抗"。另有一个当地人报告：丘逢甲"正勒兵守在新竹"。

这些线人的报告表明，丘逢甲并不是"未战先走"，而是转移到了新竹，并且参加了对日战斗。再联系时人吴德功《让台记》所载：

丘国霖引七百人，于二十五日抵新竹。越日，到大湖口接战。日军亦整队前进，枪子如雨，日军死者数十人。丘军猛搏不支，败绩而退。

丘国霖正是丘逢甲的部将，担任诚字正前营的管带。丘逢甲所部不但在大湖口与日军接战，而且其后还参加了反攻新竹之役。可知，所谓"未战先走"说，是完全不符合历史事实的。

其二，卷金内渡报告。更为奇特的是，日本台湾总督府旧档里确有一份线人关于卷金内渡的报告。不过，卷金者不是丘逢甲，而是唐景崧。这真叫人难以想象！报告称：

> 本月十三日（6月5日）上午1时，唐景崧自行放火于衙门，带官兵400兵，逃至沪尾，居民得悉，乃鸣锣予以追击。唐逃上轮船，沪尾居民追至渡头，放枪击之。一小时后，沪尾之王统领追至船上欲杀唐，唐涕泣求命曰："余将赠足下16万两。"终购得一命返香港，携银400两并带广东兵若干。①

报告所说的"王统领"是何人？据查，当时沪尾的清军将领只有一人姓王，就是定海营统领王佐臣，当即其人。当时，淡水关税务司马士给总税务司赫德的报告证实确实有从沪尾岸上射击轮船索银之事。再据英国驻淡水领事金璋给北京公使欧格讷的报告，认为这次清军闹事是与唐景崧此前将20万银元交某外国公司汇到日本神户有关。

20万银元是什么概念？当时，有多种外国银元在中国流通，其中以墨西哥银元最为常用，俗称"鹰洋"。台湾流通的银元即鹰洋。一般鹰洋1元相当于8钱银。20万银元正合16万两之数。金璋的报告正印证了线人报告的真实性。原来，唐景崧欲携银16万两内渡，先换成银票以便随带，最终成了他的保命钱。不想此事以讹传讹，竟张冠李戴地让丘逢甲无端背此恶名！

事实上，丘逢甲虽身为义军统领，却无兵饷可卷。先是在1894年10月下旬，唐景崧奏准令丘逢甲召集义勇，但规定"编伍在乡，不支公帑，有事择调，再给粮械"。翌年3月下旬，丘逢甲才由唐景崧奏准统领各路义军，这才是义军有正式编制之始。义军各营是在4月间陆续成编到达驻地的，而唐景崧则于6月初离台内渡，满打满算只能领

① 《中国近代史资料丛刊续编·中日战争》，第12册，第199页。

2个月的粮饷。

丘逢甲义军批准的编制是 10 个营,仿湘淮军营制而营哨规模缩小,创"小营"之制,即每营正勇 280 人。义勇皆食"半饷",每天粮钱0.7钱。在义军 10 个营中,有 8 个营的粮饷由丘逢甲支领。这样算下来,丘逢甲经手的饷银总共才在 19 000 两上下,而且还要逐日分发到各营。他哪里会有 10 万或 10 余万饷银可卷呢?

古人云:三人成虎。对丘逢甲的谤议正是这样。现在查清了事实,所谓"未战先走""卷饷 10 万"诸说,皆可以休矣!

第三节　黑旗誓师

台中抗日联军虽在新竹与日军相持,但苗栗县因筹饷困难,与新苗军发生矛盾,两造备文申辩,黎景嵩不能决,于是,两造乃禀请台南帮办军务刘永福核办。此时,日本近卫师团正集结新竹,一面进行南侵准备,一面派出前哨侦察。台中形势日趋危急,刘永福决定派队北上。是为黑旗军参战之始。

歃血联盟　刘永福在台南率众将歃血誓师,标志着台湾的反割台抗日运动进入了一个新的阶段。

刘永福　又名义,字渊亭,广东钦州(今属广西)人。早年参加天地会,失败后避入中越边境一带,创建了黑旗军。在抗击法国侵略的战争中,他屡建奇功,名扬中外。战后,回国任广东南澳镇总兵。甲午战争爆发后,奉旨帮办台湾军务,带

刘永福

6营赴台南。因台南城本有台湾道和台湾镇总兵驻守,与他们同居一城,名为帮办,实则无法号令,只好南移凤山之旗后海口驻守。刘永福曾亲至台北,与唐景崧会商全台防务,并提出留驻台北以协助处理军务,被唐回绝。唐虽在中法战争期间与刘在越南共事,然疑刘有异志,颇相猜忌,不肯假以事权也。不久,唐又令刘往台湾岛最南端的恒春扎守。此地至台南有8日路程,唐出此令,其意可知。日军从澳底登陆后,台湾镇总兵离台内渡,刘永福兼署台湾镇篆,始驻台南府城。

唐景崧内渡后,台南绅民公议,举刘永福为台湾民主国总统。刘永福恳辞曰:"今诸君送此印来,无非欲保身家、固土地,不甘为蛮夷牛马而已。诚宜决意抵敌,务须互相协力,筹军饷,为第一着紧要之事。盖军饷足用,士肥马腾,日本虽然厉害,吾岂惧哉!"卒不受印。

6月29日夜,刘永福率黑旗军将士设坛峄,祭告天地神祇,台南文武官员百余人并集,歃血联盟,并作《盟约》云:

变出非常,改省为国,民为自主,仍隶清朝。即各友邦,许为辅助,何况我辈,敢不维持?呜呼!为大清之臣,守大清之地,分内事也,万死不辞。一时千载,纵使片土之剩,一线之延,亦应保全,不令倭得。……永福为倡同人而立大誓:如有公忠体国,即来歃血联盟,甘苦誓必同尝,生死有所不计!①

黑旗军台南誓师,万众欢声如雷,极大地鼓舞了人心和士气。

援兵北上 先是新竹失陷后,刘永福拟派幕中记室吴彭年自备粮饷2个月,挥军北上,开往彰化,会合台中诸军,共图恢复。后不果行。直至7月中旬,为调和苗栗县和新苗军的矛盾,刘永福才决心派吴彭年率队北上。

---

① 《日清战争实记》,第46编,第31页。

吴彭年 字季篯,浙江绍兴府余姚县(今余姚市)人。年十八,为诸生,工诗文,赋气豪迈。后流寓广东,定居于广州顺德县(今佛山市顺德区)。1895年4月,以县丞赴任台北。适《马关条约》签订,因滞留台南。刘永福闻其才,延为幕客,任记室,掌管地方文卷,并参赞军务。当此时,戎马倥偬,军书旁午,批答公文,多出其手。刘永福见其韬钤谙熟,胆略过人,甚器重之,倚为左右手。至是,吴彭年奉命后,以爱国心切,希望早日规复台北,欣然北上,抵达彰化。

此时,日军一个混成旅团已从威海运抵台北,敌我形势发生了新的变化。这样,不仅侵台日军的力量更为增强,而且集结于新竹的近卫师团完全解除了后顾之忧。于是,北白川能久决定分三路出新竹,对抗日联军发动进攻。

8月10日,日军对新楚军驻地头份山发动了进攻。日军借优势兵力,四面环攻,抗日联军处于包围之中,拼死抵抗。杨载云奋不顾身,回救大营,身中数弹仆地。他本是一位智勇双全的战将,两月间作战十余次,颇有斩杀,受到台中民众的赞扬和信赖。自杨载云牺牲后,新楚军锐气尽丧,从此一蹶不振,台湾府的抗日力量更为削弱了。

日军既占头份,乘势南进,遂陷苗栗。自新楚军在头份溃散后,余勇零星逃回彰化。黎景嵩将新楚军交吴彭年兼统。从此,各军皆归黑旗军统属。当时,兵饷难筹,幸赖当地各界热情支持,城内外民众皆蒸饭到营,供给三餐,各军才暂时得以维持。

大甲伏击 8月22日,近卫师团开始向吴彭年驻地大甲进攻。日军以步兵在前,马炮队随其后。前队败,则马炮队列横阵猛击,弹急如雨,攻势甚锐。

吴彭年侦知日军战术,且敌强我弱,便先避敌锋,伏兵于大甲溪。及日军至,突起猛攻。日军遭到突袭,败退渡河,吴彭年麾军追之。

日兵渡河及半，徐骧率义军自对岸林中出，向敌射击。日军背腹受敌，仓皇逃窜。此战毙敌50余人，夺其枪械甚多。吴彭年收队时，道经海口，又见日军数艘粮船泊港口，便下令直扑粮船，戮日本运粮兵略尽，夺其粮船。

8月23日，日军再次进攻大甲。黑旗军首当其冲，与敌相抵；徐骧等义军左右迂回，攻敌两腋。日军不支，开始退却。适在此时，报后路为敌所断，黑旗军被迫后撤。大甲遂被日军占领。

喋血彰化 大甲失陷后，刘永福知日军必攻台湾府城，便令吴彭年择彰化境内险要扼守。

当时，吴彭年仅率黑旗七星队1营及新楚军4营驻彰化。另募新苗军2营由吴汤兴统领，徐骧分统。吴彭年以可战之兵太少，电请刘永福增派援军。随后，刘永福派黑旗军七星队王德标等4营及旱雷营1营抵彰化。这样，彰化守军的兵力稍有增强。

8月24日，日军占领台湾县城，驻彰化府县诸吏闻讯，皆议弃城南走。吴彭年以此电告刘永福，复电云："兵来御之，死守无恐！"吴彭年叹曰："吾与台事毫无责守，区区寸心，实不忍以海疆重地，拱手让人。今刘帅谕我死守，诚知我也。"吴汤兴、徐骧也力主抵抗，谓："不战而退，何颜见刘帮办乎？"

彰化城小，难防守，而城东八卦山可俯瞰全城，守山即足以守城，故八卦山为布防的重点。吴彭年命黑旗军2营及新苗军2营，共守八卦山；黑旗军2营则守中寮至茄冬脚一线。他本人亲自守茄冬脚指挥。

8月28日晨5时半，日军开始炮击黑旗军的正面防线。这是发起总攻击的信号。6时许，在强大炮火的掩护下，日军一个联队开始从八卦山东侧攻山。八卦山炮台以石垒壁，可容一营多兵力的兵营，设置各种炮4门，唯对后路未曾设防。守军见日军来攻，即发炮抗御。

日军依仗人多势众，从东、西、南三个方面向八卦山炮台发起冲锋。吴汤兴手持短枪，足蹬草履，帕首束腰，往来指挥，大呼杀贼。徐骧也麾军力战。然日军炮火炽烈，势不能支。黑旗军两管带先后阵亡。吴汤兴决心与敌死战，不幸中弹殒身，鲜血洒于八卦山巅。八卦山守军伤亡殆尽。唯徐骧率20人走后山，突围而出。

吴彭年正在茄冬脚督战，见八卦山已悬日旗，便勒马率军回救，并亲率黑旗军七星队300人夺山。日军猛放排炮，七星队伤亡甚众，难以向前。左右掖之而奔，吴彭年厉声斥之，仍奋勇击敌。而山上敌弹密如雨落，吴彭年身中数弹，犹奋力向前，终于不支倒地，壮烈殉国。时人作《哀季子歌》吊之，云：

巨炮雷轰力劈山，榴弹雨下响訇訇。

身中数枪靡完体，据鞍转战莫敢撄。

血溅衣襟溘然逝，凛凛面色犹如生。……

人居世上谁无死？泰山鸿毛权重轻！

日军既据八卦山，遂分兵东、南、北三门进入彰化城，满城搜索，路逢人则杀之。日本随军记者称："彰化城内，尸体到处可见。"战后疫病流行，日本近卫师团染病者达4 274人，占师团作战人员编制的三分之一。其中，旅团长山根倍成少将及将校多人染疾身亡。日人为之作诔文曰：

出征不归，客死千里。

待彼门者，茕茕（音穷qióng，孤单状）无依。

陟（音至zhì，登高）彼岵（音户hù，多草木之山）者，瞻望长跂（音气qì，跷脚）。

痛恨深憾，哀莫穷已！

死者命丧异乡，亲者长盼不归。词意悲凉凄怆，怨天恨地，殊不知这正是日本军国主义者制造的人间悲剧！

反攻台中 日军近卫师团占领彰化后，即分三路出动，连陷鹿港、员林、北斗、云林等地。8月30日，日军前锋指大莆林，薄嘉义县。台中诸城皆失，台南形势十分危急。刘永福决心抗敌，力撑危局。他颇感前敌统将乏人，特起用前署台湾镇总兵杨泗洪，令节制黑旗前敌诸军，各地义军咸归调遣。

杨泗洪 字锡九，江苏宿迁人。出身于拳技世家。早年投效湘军，积功保至游击。1884年，刘铭传奉旨赴台治军，杨泗洪以营官随行。时法军侵台，从沪尾登陆，杨泗洪率部勇战，驱敌下海。刘铭传奖之，由是名声大噪。累保记名简放提督，又奏署台湾镇总兵。刘铭传辞官离台后，继任巡抚邵友濂尽废前任之政，裁撤防军，降杨泗洪为营官。及日军侵台，连陷台中诸城，杨泗洪义愤填膺，决心守土不去，以恢复为己任。今既奉命节制黑旗前敌诸军，为刘永福之知遇和信任感泣不已，称："我当以身报大将军知遇之恩也！"遂集队宣誓，士气奋发，慷慨启行。

9月3日，杨泗洪率黑旗军北进，至嘉义城北之打猫庄，探知日军大股在大莆林街内。大莆林在嘉义城北15公里，为进入台南之孔道，是兵家必争之地。杨泗洪知日军怕后路被截，必派队回守他里雾，便一面下令将大莆林包围，一面派队乘虚袭击他里雾，并在大莆林以北设下埋伏。

当日下午，黑旗军突袭他里雾，住在神庙中的日本通信骑兵队见势不好，纷纷越墙而遁，走散者皆死于路，仅逃出3人。大莆林日军一个中队突围奔向他里雾，途中又遭到黑旗军截击。日军伤亡多人，无力再战，便伏在水田里，待日落后逃生，连夜奔向他里雾。前行约1公里，遇逃来的3名骑兵，才知他里雾已被黑旗军占领，又返回大莆林。

到9月5日夜，大莆林日军被围三昼夜，且与后方联系已断，半点接济全无，决定向北突围。6日晨，日军刚作好突围的准备，黑旗军就对大莆林发起了进攻。激战2小时后，日军数股奔出，遭到黑旗军截击，队形大乱。杨泗洪麾军从后追击，不幸腹部中弹，被部下救回后，延至8日而逝。刘永福痛失战将，亲至郊外哭奠。台南民众闻其死，多有巷哭罢舂者。

大莆林日军突围后，直奔莉桐巷，渡浊水溪，于9月9日至北斗镇始停。于是，台中之云林县收复。北白川能久增派部队，欲夺取云林境内的树仔脚。此处前临浊水溪，"溪中一带沙漠，数里无人居处，中多蔗园、林投、芦苇，可为埋伏之所。沙埔暗埋竹钉桶，上铺竹木，马军多陷于泥淖，人马死者甚多"。两军对峙于浊水溪达一月之久。

第四节　台南沦陷

黑旗军虽与日军相持于浊水溪，但台南的粮饷不继，兵力也得不到补充，已经无力再发动攻势了。

此时，桦山资纪知道仅靠近卫师团已难胜攻占台南之任，遂电请大本营调派第二师团和联合舰队前来，共同参加南侵作战，并组建南进军司令部。日本南进军规模庞大，包括近卫师团主力15 000人，及第二师团主力约25 000人，共计有40 000人。这是日本发动战争以来最大的一次用兵。

嘉义失守　10月3日，北白川能久率近卫师团出彰化南下。日军在南侵途中，遭到黑旗军和义军的节节抵抗。但日军兵力居于绝对优势,黑旗军和义军损失很大。8日,日军便从北、东、西三面包围了嘉义城。

嘉义,古称渚罗,南距台南府城约65公里,负山面海,颇据形势,为府城北路之屏障。城墙脚下垒石,上部砌砖,高2丈(约6.66米)有余,厚约1丈2尺(4米)。城墙之上有女墙,其箭垛适可为枪眼之用。城有四门,上建敌楼,便于瞭望。各门外皆筑瓮城。城外有宽3丈(10米)的护城河环绕,河堤上遍植竹林。此时,云林一带的黑旗军各营皆退至嘉义,刘永福令守备王德标据城固守。

王德标 里籍不详。黑旗军守备。随刘永福赴台协防,统带黑旗军亲军福字七星队。8月下旬,奉命增援彰化,驻城北5公里之大肚溪北岸。在大甲溪伏击战中,有日本运粮船自溪之下游至海滨,吴彭年命黑旗军阻之,日本护粮队不应。王德标亲率七星队下水牵之,夺粮船2只而还,不失一人。日军进攻彰化时,王德标守西路,力战受伤多处,仍坚持不退。回顾八卦山火起,左右强挟之行,暂避蔗园中。村民劝他埋军装,脱黑甲,则可脱身。他答曰:"我枪在,虽数百倭无如我何也!"越日,始回到嘉义养伤。

10月9日,日本近卫师团向嘉义发动了总攻。北白川能久此番率近卫师团进攻嘉义,倾巢而来,志在必得。然自侵台以来,历时将近半载,他身经多次苦战,伤病缠体,与率军侵台之初的心情相比,已经有了很大的变化。此时,他有一首《台湾偶作》诗,写道:

  远伐荆蛮百事辛,难堪恶水与炎尘。
  去京半岁君休笑,忽作白头黑面人!

此诗寄托了万端感叹,表现出这个日本侵略军头目精神世界的另一个侧面。半个月后,他便因伤病不治而死。

同日黎明,日军分三路逼近嘉义城,并在距城近1 000米处布置炮兵阵地。11 时 30 分，日军开始从三面炮击嘉义城。其炮火之炽烈，"恰如万雷落地，天地为之震撼"。嘉义城虽坚固，怎敌得住炮火的轮番轰炸？黑旗军只能紧靠堞墙，向城外敌人进行遥击。不久，东西两城门楼皆被敌炮轰塌。日军随即乘机架竹梯登城。黑旗军顽强抵御，但终究抵挡不住。到 12 时 15 分，日军已先后占领了西、北、东三座城门，并突进城内。

王德标率余部从南门出，退至曾文溪。嘉义遂陷。

曾文之战 在日本近卫师团攻打嘉义的当天，南进军司令部也正在召开作战会议，研究进攻台南的作战部署。最后决定：混成第四旅团为北军，从布袋嘴登陆，并与近卫师团取得联系，从北路进逼台南府城；第二师团余部为南军，从枋寮海岸登陆，从南路抄台南之背。

10 月 10 日，混成第四旅团从布袋嘴登陆，在其向南行进途中，时时遭到黑旗军和义军的猛烈抵抗。日本随军记者写道：

> 我军在布袋嘴登陆时，此地人顽冥不解事理，只认为敌兵一来于自己有害，须抵抗以保持自己的安全，似欲以死力防御到底。一方面刘永福亦利用其无知剽悍，企图借此防阻我军登陆，让其部下大肆煽动。因此，我军在东西南北，到处无不战斗。①

至 18 日，日军进至曾文溪以北 5 公里的茅尾港。

曾文溪距台南 17 公里，成为台南府城北路的最后一道防线。溪之北岸为沙地，不便步行；南岸有一条高丈余的长堤。刘永福想利用此处的地势，进行最后的抵抗。他命总兵柏正材统兵至曾文溪，兼统王德标七星队及义军。先是徐骧奉命至卑南招募义民，得 700 人。刘永福名之为先锋营，命徐骧统带开赴前敌，亦抵曾文溪。总兵力为 4 000 多人。

---

① 《中国近代史资料丛刊·中日战争》，第 6 册，第 499~500 页。

10月19日凌晨3时，日军混成第四旅团从茅尾港出发，向曾文溪前进。日军侦察骑兵先已探知，曾文溪正面防御非常严密：南岸高地筑有坚固的工事，沿溪岸有完备的掩体和炮兵阵地，4 000多黑旗军皆携带毛瑟枪；北岸约有40处埋有地雷，于各处设置陷阱，并且还在涉渡点水下敷设水雷。守军的精兵尽集于此。日军知道若从正面进攻，必定会招致重大的伤亡。于是决定先以两个中队自大道前进，佯攻黑旗军的正面阵地，使之无暇他顾，然后以主力从曾文溪上游涉渡，绕攻其右翼。

日军主力过溪后，乘朝雾急进，于晨5时逼近黑旗军右翼。柏正材没有料到，敌人会从上游涉渡，急起应战，始则激射，继而白刃相接。日军猛放大炮，掩护步兵齐攻。由于力量过于悬殊，黑旗军和义军势难抵御。徐骧率先锋营与敌步战，拼搏在前，首中敌弹，犹跃起而呼曰："丈夫为国死，可无憾！"仆地不起。他自高揭义旗抗日，转战各地，几乎每战必与，出生入死，艰苦备尝，屡挫屡奋，抗敌之意从未稍衰。他每战必身先士卒，抵曾文溪后誓曰："此地不守，台湾亡矣！吾不愿生还中原也！"对于他的牺牲，时人曾评之曰：

  蓬荜下士，闾阎细民，而能提三尺剑奋袂以兴，弃父母，捐顶踵，以为国家争尺寸之土。若徐骧其人者，尤可敬矣！[①]

曾文溪之战，是黑旗军保卫台南的最后一战，从此再也组织不起来有力的抵抗了。

矢穷内渡 从日军占领台北后，黑旗军先出兵台中，后保卫台南，已历时近5个月。至此，日军海陆俱进，南北夹击，台南府城完全处在敌锋之下，危在旦夕。

刘永福这位当年的抗法英雄，曾在越南战场上叱咤风云，名震

[①]《中国近代史资料丛刊续编·中日战争》，第12册，第465页。

宇内，如今却处于进退维谷的困境了。自率部来台，他既不为朝廷所信任，又受到上司的压制和排挤。他曾提出，招前在越南抗法的旧部3 000人来台，扼守台南，兼为北援。虽多方请求，言辞恳切，近于哀求，均不被允准。又曾屡次派人渡海向两江、闽浙、两广总督告援，请求接济粮械运台，皆无成效。台南外援既断，粮饷又复告罄，使刘永福进退失据。他当时的处境，正如时人吴质卿《感事》诗所说：

漫说兴亡归气数，休凭强弱论中倭。

兵穷食尽孤城在，空使将军唤奈何！

此时，摆在刘永福面前的只有两条路：一是进入内山；一是内渡大陆。他一直在这两条出路之间摇摆，内心矛盾重重，难以作出决断。事实上，他也作了进入内山坚持武装抗日的准备，但又感到自己年近六旬，早已不似当年，以迟暮之年能否胜任转战高山茂林之任，始终缺乏信心。10月18日，刘永福召集部将会议，或言出城决战，鱼死网破，或言转移东山，据山以守。议无所决。

10月19日，南路日军已由凤山（今高雄市凤山区）向台南进逼，北路曾文溪又遭败绩，使刘永福大为震惊。这位身经百战的英雄无计可施，只能求助于神灵，焚香跪求，得签云："木有根枝水有源。"解曰："求财不得；求病必死；求子生女；失物无回；出行多阻。"签语颇不吉利。适在此时，两广总督谭钟麟托人带信，促刘永福内渡。这样，他才不再犹豫，于当夜至安平港，乘英国商船爹利士号渡厦门。

台南陷落 本来，日军决定于10月23日对台南城发动总攻。21日凌晨1时，台南东门外教堂的英国传教士巴克雷等，到城南的日军第二师团前哨报信。于是，日军便改变计划，决定提前占领台南。是日黎明，日军从小南门进入府城。

台南的沦陷，标志着成立149天的台湾民主国终结了它的历史使命。10月27日，桦山资纪发布告示称："台湾全岛已全部平定。"11月18日，桦山又正式向日本参谋本部报告："台湾全岛平定。"但是，他高兴得未免太早了。

此后，在日本帝国主义统治台湾的半个世纪里，台湾人民反抗日本殖民统治的斗争从来没有停止过。据时人称：

> 日军之至各地，平民惧甚，路绝行人，炊火无烟，市街阒（音去qù，静）寂，民间相惊以倭，鸡犬无声。及肆为淫暴杀戮，民转藐之，相指诟不以人类目。军政施则宪兵可杀人，民政施则警察可杀人。①

台湾人民处于水深火热之中，被迫揭竿而起。于是，抗日义军纷起，几遍全岛各地，无虑数十百起。从此，义军抗日又进入了一个新的阶段，成为反割台抗日运动的继续。

1905年，中国同盟会成立后，在革命党人的影响和直接领导下，台湾人民武装反抗日本殖民统治的斗争又掀起了新的高潮。自兹以降，武装抗日起义此起彼伏，持续不断，仅有一定规模的反日起义即达10余次之多。这向世人昭示：任何势力想要将台湾从中国版图分割出去的阴谋，绝对不能得逞，都是注定要失败的。

---

① 《中国近代史资料丛刊·中日战争》，第6册，第350页。